문답식으로 풀어본
장기요양보험
정보와 혜택

저 김종석

법문 북스

문답식으로 풀어본

장기요양보험
정보와 혜택

편저 김종석

법문북스

머리말

현대 국가는 그 내용이나 정도에 차이가 있으나 모두 복지국가를 표방하고 있습니다. 대부분의 국가에서는 경제발전과 보건의료의 발달로 인한 평균수명의 연장, 자녀에 대한 가치관의 변화, 보육 및 교육문제 등으로 출산율이 급격히 저하되어 인구구조의 급속한 고령화 문제에 직면하고 있으며, 이러한 사회변화에 따른 새로운 복지수요를 충족하기 위한 것이 장기요양보험제도입니다.

우리나라도 고령화 사회로 급속하게 진전함에 따라 요양보호가 필요한 노인의 생활 자립을 지원함으로써 가족의 부담을 줄여주고, 늘어나는 노인 요양비와 의료비 문제에 적절하게 대처하고자 도입된 공적 제도가 장기요양보험제도입니다.

요양보호가 필요한 노인은 급격하게 늘어나고 그 비용 또한 크게 증가하고 있는 반면에 핵가족화와 여성의 사회참여 증가 등으로 가정 내에서 이들을 요양보호하기에는 한계가 있습니다.

노인장기요양보험법이 제정되어 2008년 7월부터 노인장기요양보험제도가 시행되었습니다. 이 제도는 신체적·정신적 기능장애를 기준으로 수발 비용을 지급하며, 주로 비의료적 서비스로 구성되어 있다는 점에서 질병치료를 목적으로 하는 건강보험과 차이가 있습니다.

이 책에서는 장기요양보험제도의 개요와 장기요양인정 및 이용절차, 장기요양급여종류 및 내용과 급여기준·수가, 장기요양기관 설립 및 운영, 치매의 개념부터 치료, 관리 및 지원 등에 관한 정보를 이론과 문답식으로 알기 쉽게 작성하여 모든 국민들이 알아두면 유용한 법령정보를 제공하고 부록으로 장기요양보험 용어사전과 관련법령을 수록하였습니다.

이러한 자료들은 국민건강보험공단 노인장기요양보험 자료와, 법제처의 생활법령 등을 참고하였으며, 이를 종합적으로 정리·분석하여 일목요연하게 편집하였습니다. 여기에 수록된 사례들은 개인의 법률문제 해결에 도움을 주고자 게재하였음으로 참고자료로 활용하시기 바랍니다.

이 책이 다양하고 신청절차가 복잡한 장기요양보험제도를 잘 몰라서 혜택을 제대로 받지 못하고 있는 분이나 또 이들에게 이 제도에 관해서 조언을 하고자 하는 실무자에게 큰 도움이 되리라 믿으며, 열악한 출판시장임에도 불구하고 흔쾌히 출간에 응해 주신 법문북스 김현호 대표에게 감사를 드립니다.

2020. 3.
편저자 드림

목 차

제1장 노인장기요양보장제도

제2장 장기요양 급여의 종류 및 내용

제3장 장기요양기관

제4장 장기요양 급여기준 및 수가

제5장 치매의 이해 및 예방

노인장기요양보장제도

제1장 노인장기요양보장제도

1. 노인장기요양보장제도 개요

① 현대 국가는 그 내용이나 정도에 차이가 있으나 모두 복지국가를 표방하고 있습니다.

② 대부분의 국가에서는 경제발전과 보건의료의 발달로 인한 평균 수명의 연장, 자녀에 대한 가치관의 변화, 보육 및 교육문제 등으로 출산율이 급격히 저하되어 인구구조의 급속한 고령화 문제에 직면하고 있으며, 이러한 사회변화에 따른 새로운 복지수요를 충족하기 위한 것이 장기요양보장제도입니다. 즉, 노화 등에 따라 거동이 불편한 사람에 대하여 신체활동이나 일상가사활동을 지속적으로 지원해주는 문제가 사회적 이슈로 부각되었기 때문입니다.

③ 특히, 고령화의 진전과 함께 핵가족화, 여성의 경제활동참여가 증가하면서 종래 가족의 부담으로 인식되던 장기요양문제가 이제 더 이상 개인이나 가계의 부담으로 머물지 않고 이에 대한 사회적 · 국가적 책무가 강조되고 있습니다.

④ 이와 같은 사회 환경의 변화와 이에 대처하기 위하여 이미 선진각국에서는 사회보험방식 및 조세방식으로 그 재원을 마련하여 장기요양보장제도를 도입하여 운영하고 있습니다.

2. 노인장기요양보험제도의 목적

고령이나 노인성 질병 등의 사유로 일상생활을 혼자서 수행하기 어려운 노인 등에게 신체활동 또는 가사활동 지원 등의 장기요양급여를 제공하여 노후의 건강증진 및 생활안정을 도모하고 그 가족의 부담을 덜어줌으로써 국민의 삶의 질을 향상하도록 함을 목적으로 시행하는 사회보험제도입니다.

3. 노인장기요양보험제도의 주요 특징

3-1. 노인 중심운영

① 우리나라 노인장기요양보험제도는 건강보험제도와는 별개의 제도로 도입·운영되고 있는 한편으로, 제도운영의 효율성을 도모하기 위하여 보험자 및 관리운영기관을 국민건강보험공단으로 일원화하고 있습니다.

② 또한 국고지원이 가미된 사회보험방식을 채택하고 있고 수급대상자에는 65세 미만의 장애인이 제외되어 노인을 중심으로 운영되고 있습니다.

3-2. 건강보험제도와 별도 운영

장기요양보험제도를 건강보험제도와 분리 운영하는 경우 노인등에 대한 요양필요성 부각이 비교적 용이하여 새로운 제도도입에 용이하며, 건강보험 재정에 구속되지 않아 장기요양급여 운영, 장기요양제도의 특성을 살릴 수 있도록 「국민건강보험법」과는 별도로 「노인장기요양보험법」을 제정하였습니다.

3-3. 사회보험방식을 기본으로 한 국고지원 부가방식

① 우리나라 장기요양보장제도는 사회보험방식을 근간으로 일부는 공적부조방식을 가미한 형태로 설계·운영되고 있습니다.

② 국민건강보험법의 적용을 받는 건강보험가입자의 장기요양보험료[건강보험료액 × 8.51%(2019년도 보험료 기준)

③ 국가 및 지방자치단체 부담장기요양보험료 예상수입액의 20% + 공적부조의 적용을 받는 의료급여수급권자의 장기요양급여비용

3-4. 보험자 및 관리운영기관의 일원화

① 우리나라 장기요양보험제도는 이를 관리·운영할 기관을 별도로 설치하지 않고 「국민건강보험법」에 의하여 설립된 기존의 국민건강보험공단을 관리운영기관으로 하고 있습니다.

② 이는 도입과 정착을 원활하기 위하여 건강보험과 독립적인 형태로 설계하되, 그 운영에 있어서는 효율성 제고를 위하여 별도로 관리운영기관을 설치하지 않고 국민건강보험공단이 이를 함께 수행하도록 한 것입니다.

3-5. 노인중심의 급여

① 우리나라 장기요양보험제도는 65세 이상의 노인 또는 65세 미만의 자로서 치매·뇌혈관성 질환 등 노인성질병을 가진자중 6개월 이상 혼자서 일상생활을 수행하기 어렵다고 인정되는 자를 그 수급대상자로 하고 있습니다.

② 여기에는 65세 미만자의 노인성질병이 없는 일반적인 장애인은 제외되고 있습니다.

4. 노인장기요양보험 적용

4-1. 적용대상

① 건강보험 가입자는 장기요양보험의 가입자가 됩니다(법 제7조제3항). 이는 건강보험의 적용에서와 같이 법률상 가입이 강제되어 있습니다.

② 또한 공공부조의 영역에 속하는 의료급여 수급권자의 경우 건강보험과 장기요양보험의 가입자에서는 제외되지만, 국가 및 지방자치단체의 부담으로 장기요양보험의 적용대상으로 하고 있습니다(법 제12조).

4-2. 장기요양인정

① 장기요양보험 가입자 및 그 피부양자나 의료급여수급권자 누구나 장기요양급여를 받을 수 있는 것은 아닙니다.

② 일정한 절차에 따라 장기요양급여를 받을 수 있는 권리(수급권)가 부여되는데 이를 장기요양인정이라고 합니다.

③ 장기요양인정절차는 먼저 공단에 장기요양인정신청으로부터 출발하여 공단직원의 방문에 의한 인정조사와 등급판정위원회의 등급판정 그리고 장기요양인정서와 표준장기요양이용계획서의 작성 및 송부로 이루어집니다.

④ 장기요양인정 신청자격 : 장기요양보험 가입자 및 그 피부양자 또는 의료급여수급권자 중 65세 이상의 노인 또는 65세 미만자로서 치매, 뇌혈관성 질환 등 노인성 질병을 가진 자입니다.

5. 노인장기요양보험 재원

5-1. 부담금

노인장기요양보험 운영에 소요되는 재원은 가입자가 납부하는 장기요양보험료 및 국가 지방자치단체 부담금, 장기요양급여 이용자가 부담하는 본인일부부담금으로 조달됩니다.

5-2. 장기요양보험료 징수 및 산정

① 장기요양보험 가입자는 건강보험 가입자와 동일하며, 장기요양보험료는 건강보험료액에 장기요양보험료율(2019년 현재 : 8.51%)을 곱하여 산정합니다.

② '장기요양보험료율'은 매년 재정상황 등을 고려하여 보건복지부장관 소속 '장기요양위원회'의 심의를 거쳐 대통령령으로 정하고 있습니다.

5-3. 국가의 부담

① 국고 지원금 : 국가는 매년 예산의 범위 안에서 해당 연도 장기요양보험료 예상 수입액의 100분의 20에 상당하는 금액을 공단에 지원합니다.

② 국가 및 지방자치단체 부담 : 국가와 지방자치단체는 의료급여수급권자에 대한 장기요양급여비용, 의사소견서 발급비용, 방문간호지시서 발급비용 중 공단이 부담해야 할 비용 및 관리운영비의 전액을 부담합니다.

5-4. 본인일부부담금

① 재가 및 시설 급여비용 중 수급자의 본인일부부담금(장기요양기관에 직접 납부)은 다음과 같습니다.

  1) 재가급여 : 당해 장기요양급여비용의 100분의 15

  2) 시설급여 : 당해 장기요양급여비용의 100분의 20

  3) 「국민기초생활보장법」에 따른 의료급여 수급자는 본인일부부담금 전액 면제

② 본인일부부담금의 60%를 감경하는 자

1) 「의료급여법」 제3조제1항제2호부터 제9호까지의 규정에 따른 수급권자

2) 「국민건강보험법 시행규칙」 제15조에 따라 국민건강보험공단(이하 "공단"이라 한다)으로부터 건강보험 본인부담액 경감 인정을 받은 자

3) 천재지변 등 보건복지부령으로 정하는 사유로 인하여 생계가 곤란한 자

4) 「국민건강보험법」 제69조제4항 및 제5항의 월별 보험료액(이하 "보험료액"이라 한다)이 국민건강보험 가입자 종류별 및 가입자수별(직장가입자의 경우 당해 피부양자를 포함한다) 보험료 순위가 0~25%이하에 해당되며, 직장가입자는 재산이 일정기준 이하인 자

③ 본인일부부담금의 40%를 감경하는 자

보험료액이 국민건강보험 가입자 종류별 및 가입자수별(직장가입자의 경우 당해 피부양자를 포함한다) 보험료 순위 25%초과~50%이하에 해당되며, 직장가입자는 재산이 일정기준 이하인 자입니다.

6. 기존 건강보험제도 및 노인복지서비스 체계와의 차이점

6-1. 국민건강보험제도와의 차이

① 국민건강보험은 질환의 진단, 입원 및 외래 치료, 재활 등을 목적으로 주로 병·의원 및 약국에서 제공하는 서비스를 급여 대상으로 합니다.

② 노인장기요양보험은 고령이나 노인성질병 등으로 인하여 혼자의 힘으로 일상생활을 영위하기 어려운 대상자에게 요양시설이나 재가기관을 통해 신체활동 또는 가사지원 등의 서비스를 제공하는 제도입니다.

6-2. 기존 노인복지서비스 체계와의 차이

① 기존 「노인복지법」 상의 노인요양은 주로 국민기초생활보장수급자 등 특정 저소득층을 대상으로 국가나 지방자치단체가 공적부조방식으로 제공하는 서비스 위주로 운영되고 있습니다.

② 「노인장기요양보험법」 상 서비스는 소득에 관계없이 심신기능 상태를 고려한 요양필요도에 따라 장기요양인정을 받은 자에게 서비스가 제공되는 보다 보편적인 체계로 운영되고 있습니다.

6-3. 노인장기요양보험제도와 기존 노인복지서비스체계 비교표

구분	노인장기요양보험	기존 노인복지서비스 체계
관련법	노인장기요양보험법	노인복지법
서비스 대상	-보편적 제도 -장기요양이 필요한 65세 이상 노인 및 치매등 노인성 질병을 가진 65세 미만자	-특정대상 한정(선택적) -국민기초생활보장 수급자를 포함한 저소득층 위주
서비스 선택	수급자 및 부양가족의 선택에 의한 서비스 제공	지방자치단체장의 판단(공급자 위주)
재원	장기요양보험료+국가 및 지방자치단체 부담+이용자 본인 부담	정부 및 지방자치단체의 부담

7. 위원회 및 관리운영기관

7-1. 장기요양위원회

① 설치 및 기능
1) 보건복지부장관 소속 심의기구
2) 기능 : 장기요양보험료율, 가족요양비, 특례요양비, 요양병원간병비의 지급기준, 재가 및 시설 급여비용 등 심의

② 구성
1) 위원장 1인, 부위원장 1인을 포함한 16인 이상 22인 이하의 위원
2) 구성위원(각 대표 동수로 구성)
- 적용대상자 대표(근로자단체, 사용자단체, 시민단체, 노인단체, 농어업인단체, 자영자단체)
- 장기요양시설 등 대표 (장기요양시설 또는 의료계)
- 공익 대표(학계/연구계, 고위공무원단 소속 공무원, 공단 추천자)

③ 운영
1) 장기요양위원회 회의는 구성원 과반수의 출석으로 개의하고 출석인원 과반수의 찬성으로 의결합니다.
2) 장기요양위원회의 효율적 운영을 위하여 분야별로 실무위원회를 둘 수 있습니다
3) 이 법에서 정한 것 외에 장기요양위원회의 구성·운영, 그 밖에 필요한 사항은 대통령령으로 정합니다

7-2. 관리운영기관

국민건강보험공단은 각호의 업무를 관장한다.
1) 장기요양보험가입자 및 그 피부양자와 의료급여수급권자의 자격관리
2) 장기요양보험료의 부과·징수
3) 신청인에 대한 조사
4) 등급판정위원회의 운영 및 장기요양등급 판정
5) 장기요양인정서의 작성 및 표준장기요양이용계획서의 제공

6) 장기요양급여의 관리 및 평가

7) 수급자에 대한 정보제공 · 안내 · 상담 등 장기요양급여 관련 이용지원에 관한 사항

8) 재가 및 시설 급여비용의 심사 및 지급과 특별현금급여의 지급

9) 장기요양급여 제공내용 확인

10) 장기요양사업에 관한 조사·연구 및 홍보

11) 노인성질환예방사업

12) 이 법에 따른 부당이득금의 부과 · 징수 등

13) 장기요양급여의 제공기준을 개발하고 장기요양 급여 비용의 적정성을 검토하기 위한 장기요양 기관의 설치 및 운영

14) 그 밖에 장기요양사업과 관련하여 보건복지부장관이 위탁한 업무

8. 장기요양심사위원회

8-1. 설치근거

장기요양심사위원회는 노인장기요양보험법 제55조 제3항 및 같은 법 시행령 제23조의 규정에 따라 2008. 4. 17 설치되어 심사청구 사건을 신속·공정하게 처리하고 심사청구에 대한 결정업무를 효율적으로 수행하여 국민건강보험공단의 위법·부당한 처분으로부터 국민의 권리를 보호하고 행정의적정한 운영을 기하는데 이바지하고 있습니다.

8-2. 성격

법령규정상 장기요양심사위원회의 위원장은 소관 상임이사가 되고 국민건강보험공단에 설치되나, 장기요양심사위원회는 서로 대립되는 신청인과 피신청인(공단)의 당사자 관계에서 벗어난 별도의 중립적이고 객관적인 비상설 심리기구입니다.

8-3. 구성

위원회는 위원장 1명을 포함한 50명 이내의 위원으로 구성되어 있으며 위원장은 공단의 장기요양사업을 담당하는 상임이사가 되고, 위원은 다음 각 호에 해당하는 자 중에서 공단의 이사장이 임명 또는 위촉합니다.

1) 「의료법」에 따른 의사 · 치과의사·한의사나 업무경력 10년 이상인 간호사
2) 「사회복지사업법」에 따른 사회복지사로서 업무경력 10년 이상인 자
3) 노인장기요양보험 업무를 담당하고 있는 공단의 임직원
4) 그 밖에 법학 및 장기요양에 관한 학식과 경험이 풍부한 자

8-4. 심사청구 심리 · 의결사항

장기요양인정·장기요양등급·장기요양급여·부당이득·장기요양급여비용·장기요양보험료에 관한 사항에 대한 심사청구를 심리·의결합니다.

8-5. 심사청구란?

① 장기요양인정, 장기요양등급, 장기요양급여, 부당이득, 장기요양급여비용 또는 장기요양보험료 등에 관한 공단의 처분에 이의가 있는 자가 심사청구를 제기한 경우 장기요양심사위원회의 심리절차를 통해 국민의 권리, 이익의 침해를 구제하기 위한 제도입니다.(노인장기요양보험법 제55조)

② 심사청구 대상
 1) 장기요양인정
 2) 장기요양 부당이득 징수고
 3) 장기요양등급
 4) 장기요양급여 비용의 심사·지급
 5) 장기요양급여
 6) 장기요양보험료

③ 단순 질의, 민원신청, 진정, 법령 및 제도개선 등은 심사청구의 대상이 아닙니다.

④ 구상금, 민사상 부당이득금 납부고지 등에 대한 분쟁은 민사소송의 대상입니다.

8-6. 심사청구 제기기간 및 방법

① 심사청구 제기기간
 심사청구는 처분이 있음을 안 날부터 90일 이내에 문서로 해야 합니다. 다만, 정당한 사유로 기간 내에 이의신청을 할 수 없었음을 소명한 경우에는 기간이 지난 후에라도 신청할 수 있습니다.

② 심사청구 방법
 공단(전국 지사, 지역본부 및 본부) 직접 방문, 우편, 팩스 및 온라인으로 신청해야 합니다.

8-7. 심사청구 절차

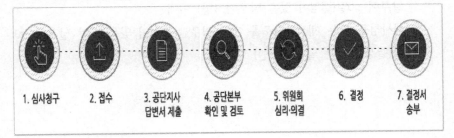

1. 심사청구 2. 접수 3. 공단지사 답변서 제출 4. 공단본부 확인 및 검토 5. 위원회 심리·의결 6. 결정 7. 결정서 송부

8-8. 심사청구 심리

① 심사청구 사건을 심리·의결하는 장기요양심사위원회는 사회 각 분야를 대표하는 위원들로 구성되어 있습니다.

② 위원회에서는 청구인 및 피청구인이 제출한 자료 등을 포함한 증거자료 및 전문가 자문 등을 통해 공단의 처분이 적법, 타당했는지를 심리합니다.

8-9. 심사청구 결정기간

공단은 위원회의 심리·의결에 따라 각하, 기각 또는 인용 결정을 하는데, 결정은 통상 심사청구 접수일로부터 60일 이내(부득이한 경우 30일 연장)에 이루어지게 됩니다.

8-10. 심사청구 결정에 대한 불복

① 재심사청구

공단의 심사청구에 대한 결정에 불복하는 사람은 그 결정통지를 받은 날부터 90일 이내에 보건복지부장관 소속 장기요양재심사위원회에 재심사를 청구할 수 있습니다.

② 행정소송

공단의 처분에 이의가 있는 자와 공단의 심사청구 또는 장기요양재심사위원회의 재심사청구에 대한 결정에 불복하는 자는「행정소송법」으로 정하는 바에 따라 행정소송을 제기할 수 있습니다.

1) 심사청구, 재심사청구를 거치지 않은 경우 : 공단의 처분이 있음을 안 날부터 90일(결정이 있은 날부터 1년) 이내
2) 심사청구 또는 재심사청구를 거친 경우 : 결정이 있음을 안 날부터 90일(결정이 있은 날부터 1년) 이내

Q 노인장기요양보험제도는 왜 필요한가요?

A 우리 사회의 급격한 고령화에 따라 치매·중풍·파킨슨 등 노인성질병으로 일상생활을 혼자서 수행하기 어려운 노인들이 급속히 증가하고 있습니다. 요양이 필요한 노인은 증가하고 있지만 우리사회의 핵가족화·여성의 사회참여증가로 가정에 의한 돌봄은 이미 한계에 도달하였습니다.

치매·중풍 등의 노인을 돌보는 가정에서는 비용부담, 부양문제로 인한 가족 간의 갈등이 빈번하게 발생하고 있는 실정입니다. 따라서 급속한 고령화로 인한 국민의 노후에 대한 불안을 해소하고 치매·중풍 등으로 거동이 불편한 노인의 '삶의 질' 향상과 그 가족의 부양부담을 감경하기 위하여 노인장기요양보험 제도가 필요합니다.

Q 노인장기요양보험에서는 어떤 서비스를 실시하나요?

A 노인장기요양보험은 고령 및 치매·중풍, 노인성질병 등으로 옷 갈
아입기, 세수하기, 화장실 이용하기, 식사하기, 조리하기 및 세탁하
기 등 일상적으로 수행하여야 하는 신체동작에 장애가 있어 타인
으로부터 장기간 동안 도움을 받아야한다고 인정되는 자에게 장기
요양서비스를 제공하고 있습니다.

노인장기요양보험에서 제공하고 있는 장기요양서비스는 신체활동 지
원서비스와 일상생활 지원서비스, 인지활동 지원서비스 등이 있습니다.

신체활동지원	
세면도움	얼굴과 목, 손 씻기 등, 사용물품 정리, 세면대까지의 이동포함
구강관리	구강청결(양치질 등), 양치 지켜보기, 가글액, 물 양치, 틀니손질, 필요물품 준비 및 사물물품의 정리
머리감기기	세면대까지의 이동보조 포함, 머리감기, 머리 말리기, 필요물품 준비 및 사물물품의 정리
몸단장	머리단장, 손·발톱 깎기, 면도, 면도 지켜보기, 화장하기, 필요물품 준비 및 사용물품의 정리
옷갈아입히기	의복준비(양말, 신발포함), 지켜보기 및 지도, 겉옷 및 속옷 갈아입히기, 의복정리
목욕도움	입욕준비, 입욕 시 이동보조, 몸 씻기(샤워포함), 옷 갈아입히기, 사용물품 정리
식사도움	식사 차리기, 식사보조, 구토물 정리
체위변경	체위변경, 일어나 앉기 도움

이동도움	침대에서 휠체어로 옮겨 타기, 집 안내 걷기 또는 보행도움, 산책
신체기능의 유지, 증진	관절구축 예방활동, 보행, 서있기 연습보조, 기구사용운동보조, 보장구 장치도움
화장실	화장실 이동지원, 배뇨, 배변도움, 지켜보기, 기저귀 교환, 용변 후 처리지원, 필요물
이용하기	물품준비 및 사용물품의 정리
인지활동지원	
인지자극 활동	인지자극 프로그램 준비, 교재 또는 도구를 활용하여 프로그램 실행, 준비물품 정리
신체능력 잔존, 유지	수급자와 함께 신체활동, 개인 활동 및 가사활동을 수행
정서지원	
말벗,격려	안부확인을 위한 방문 및 생활상의 문제 상담, 대화·편지·전화 등의 방법으로 급여대상자의 욕구파악 및 의사전달대행
가사 및 일상생활지원	
외출시동행	산책, 장보기, 은행, 관공서, 병원 등 방문 시 부축 또는 동행(차량이용포함)하고 책임귀가
일상업무대행	급여대상자가 원하는 식료품 구매와 은행, 관공서, 업무대행, 병원약 타오기 등
취사	식재료의 준비, 밥 짓기, 국·반찬하기, 식탁청소, 설거지, 행주 삶기, 음식물 쓰레기 분리수거 등
청소및	급여대상자가 주로 거주하는 장소(방, 거실) 청소, 화장실 청소, 쓰레기 분리수거
주변정돈	내부정리, 이부자리정돈, 화장대, 책장정리, 옷장, 서랍장 등 정리
세탁	급여대상자의 옷, 양말, 수건, 침구류, 걸레 등 세탁과 삶기 등

■ 노인장기요양보험제도와 국민건강보험제도의 차이는 무엇인가요?

Q 노인장기요양보험제도와 국민건강보험제도의 차이는 무엇인가요?

A 국민건강보험은 질병·부상이 있는 자에 대한 입원·외래 및 재활 치료 등의 의료서비스 제공을 목적으로 하는 반면, 노인장기요양 보험은 고령 및 치매·중풍 등 노인성 질병으로 인한 신체·정신기 능의 쇠퇴로 거동이 불편한 자에 대한 신체활동 및 일상생활 지원 등의 장기요양서비스 제공을 주된 목적으로 합니다.

■ 노인장기요양보험제도는 어떻게 운영되나요?

Q 노인장기요양보험제도는 어떻게 운영되나요?

A 국민건강보험은 질병·부상이 있는 자에 대한 입원·외래 및 재활 치료 등의 의료서비스 제공을 목적으로 하는 반면, 노인장기요양 보험은 고령 및 치매·중풍 등 노인성 질병으로 인한 신체·정신기 능의 쇠퇴로 거동이 불편한 자에 대한 신체활동 및 일상생활 지원 등의 장기요양서비스 제공을 주된 목적으로 합니다.

Q 노인장기요양보험제도의 혜택도 받지 못하는데 보험료만 내야 하나요?

A 노인장기요양보험제도는 장기요양의 문제를 사회적으로 공동 해결하기 위하여 노인 및 그 가족뿐만 아니라 국민 전체에 의한 사회적 부양이라는 측면에서 사회적 연대원리로 운영되는 사회보험제도입니다.
우리나라가 급속하게 고령사회로 진입함에 따라 치매·중풍 등의 노인 문제의 발생은 어느 가정에서나 닥칠 수 있는 현상으로, 장기요양급여를 제공받는 자만이 보험료를 부담할 경우 노인 가정의 재정 파탄 및 가정 파괴를 유발하게 되므로 이는 우리사회의 구성원 모두가 공동으로 해결해 나가야 할 문제라는 인식 개선이 필요합니다.

■ 노인장기요양보험제도에서 제공되는 급여에는 어떤 종류가 있나요?

Q 노인장기요양보험제도에서 제공되는 급여에는 어떤 종류가 있나요?

A 장기요양급여에는 시설급여(요양시설에 장기간 입소하여 신체활동 지원 등 제공), 재가급여(가정을 방문하여 신체활동 및 가사활동 등 지원, 목욕·간호 등 제공, 주간보호센터 이용, 복지용구 구입 또는 대여), 특별현금급여(장기요양 인프라가 부족한 지역, 전염병 질환자 등 특수한 경우 가족요양비 지급)가 있습니다.

Q 장기요양서비스는 어떻게 제공하나요?

A ①현물급여인 재가·시설급여의 경우
- 국민건강보험공단으로부터 장기요양인정서와 표준장기요양 이용
  계획서를 통보받은 수급자는 표준장기요양이용계획서를 참고하
  여 장기요양기관과 자율적인 계약을 통하여 장기요양급여를 제
  공받을 수 있습니다.
- 장기요양기관은 표준장기요양이용계획서를 고려하여 수급자와 계
  약한 내용에 따라 급여를 제공합니다.
  • 장기요양급여를 제공하는 장기요양기관은 시장 · 군수 · 구청장
    으로부터 지정을 받아야 합니다.
  • 실제로 장기요양급여를 제공하는 요양보호사, 간호사 등 장
    기요양요원은 장기요양기관에 소속되어야 합니다.
②현금급여의 경우
- 가족요양비를 지급받고자 하는 경우는 가족요양비 지급신청서와
  해당서류(장애인 등록증, 진단서 등)를 국민건강보험공단에 제출
  하여 가족요양비 지급대상자로 인정받아야 합니다.
- 국민건강보험공단은 가족요양비 지급대상자로 결정한 경우 장기
  요양인정서에 가족요양비라고 기재하여 수급자에게 통보하고,
  장기요양등급에 상관없이(인지지원등급 제외) 월단위로 15만원을
  지급합니다.
※ 월중에 가족요양비 지급사유가 소멸 · 변경된 경우에는 일할 계산

■ 노인장기요양보험제도의 재원은 어떻게 마련되나요?

Q 노인장기요양보험제도의 재원은 어떻게 마련되나요?

A 노인장기요양보험제도에 소요되는 재원은 장기요양보험 가입자들이 납부하는 장기요양보험료와 국가부담 그리고 장기요양급여 이용자가 부담하는 본인일부 부담금으로 운영됩니다.
- 장기요양보험 가입자는 건강보험 가입자를 준용하고 있으므로 건강보험의 모든 직장 및 지역가입자입니다.
- 국가부담(정부지원) : 국가는 매년 예산의 범위 안에서 당해 연도 장기요양보험료 예상수입액의 20%에 상당하는 금액을 부담합니다.
※ 국가와 지방자치단체는 의료급여수급권자의 장기요양 급여비용을 부담합니다.
- 급여를 이용하는 수급자의 본인일부부담 비용
  • 재가급여 : 당해 장기요양급여비용의 15%
  • 시설급여 : 당해 장기요양급여비용의 20%
※ 단, 국민기초생활수급권자는 100%, 의료급여수급권자는 50%, 감경대상자의 경우 40~60% 본인일부 부담금 감면

[참고] 장기요양보험료 납부대상 및 보험료율
• 장기요양보험료 납부대상 : 건강보험의 모든 직장 및 지역가입자
  ▷ 장기요양보험료=건강보험료액×장기요양보험료율(8.51%)
  ▷ 직장가입자의 경우 가입자와 사용자가 각각 50%씩 부담
• 장기요양보험료율 : 보건복지부 장관 소속 장기요양위원회 심의를 거쳐 대통령령으로 정하도록 하고 있음

■ 국민건강보험공단이 건강보험과 장기요양사업의 회계(재정)를 같이 하나요?

Q 국민건강보험공단이 건강보험과 장기요양사업의 회계(재정)를 같이 하나요?

A ①노인장기요양보험과 국민건강보험은 각각의 개별법에 의거, 보험료 수입 및 지출체계가 다르게 설계되어 있습니다. 건강보험료와 통합 징수한 장기요양보험료 등으로 구성되는 장기요양보험재정은 건강보험사업과 하나의 회계가 아닌 각각 독립회계로 관리 운영합니다.

②독립회계란 건강보험재정 등 다른 회계단위와 재정이전 등이 발생하지 않는 독립채산제 형태의 재정관리 체계입니다.

Q 장기요양위원회는 어떤 일을 하나요?

A 노인장기요양보험제도의 다음과 같은 주요 정책사항에 관하여 사회적 합의를 이끌어 내기 위하여 「노인장기요양보험법」 제45조의 규정에 따라 노인장기요양 보험사업과 관련된 이해관계인과 공익의 대표자로 구성된 위원회를 보건복지부장관 소속하에 두고 있습니다. 장기요양위원회 심의 사항은 아래와 같습니다.
- 장기요양보험료율
- 가족요양비, 특례요양비 및 요양병원간병비 지급기준
- 재가 및 시설 급여비용
- 의사소견서 발급비용 및 방문간호지시서 발급비용의 기준
- 장기요양급여의 월한도액
- 그 밖에 장기요양급여에 관한 사항으로서 보건복지부장관이 회의에 부치는 사항
※ 장기요양위원회는 효율적인 운영을 위하여 분야별 실무위원회를 둘 수 있습니다.

[참고] 장기요양위원회 위원
- 노인장기요양사업과 관련된 이해관계인과 공익의 대표자들로 구성하여 사회적 합의를 이끌어내기 위한 장기요양위원회 위원의 구성은 다음의 각 대표 동수로 구성
  ▷ 근로자단체, 사용자단체, 시민단체(「비영리민간단체지원법」에 따른 비영리 민간단체), 노인단체, 농·어업인단체 또는 자영자단체·가입자 및 수급자 대표
  ▷ 장기요양기관 또는 의료계 대표 : 공급자 대표
  ▷ 중앙행정기관의 고위공무원단 소속 공무원, 장기요양에 관한 학계 또는 연구계를 대표하는 자, 국민건강보험공단 이사장이 추천하는 자 : 공익대표

Q 보험자인 국민건강보험공단의 역할은 무엇인가요?

A 사회연대원리에 기초하여 운영되는 장기요양보험사업의 보험자이며 관리운영기관인 국민건강보험공단은 국민(노인 등)들이 장기요양서비스를 이용할 수 있도록 장기요양사업과 관련하여 다음과 같은 업무를 수행합니다.
- 장기요양보험 가입자 및 그 피부양자와 의료급여수급권자의 자격관리
- 장기요양보험료의 부과 · 징수
- 신청인에 대한 조사
- 등급판정위원회의 운영 및 장기요양등급판정
- 장기요양인정서의 작성 및 표준장기요양이용계획서의 제공
- 장기요양급여의 관리 및 평가
- 수급자에 대한 정보제공, 안내, 상담 등 장기요양급여 관련 이용지원에 관한 사항
- 재가 및 시설 급여비용의 심사 및 지급과 특별현금급여의 지급
- 장기요양급여 제공내용 확인
- 장기요양사업에 관한 조사 · 연구 및 홍보
- 노인성질환예방사업
- 부당이득금의 부과, 징수 등
- 장기요양급여의 제공기준을 개발하고 장기요양급여비용의 적정성을 검토하기 위한 장기요양기관의 설치 및 운영
- 장기요양사업과 관련하여 보건복지부 장관이 위탁한 업무

Q 노인장기요양보험 가입대상자와 가입제외대상자가 궁금합니다.

A - 장기요양보험의 가입대상자는 「노인장기요양보험법」 제7조, 제11
조에 따라 「국민건강보험법」 제5조의 건강보험가입자 및 제109
조에 따른 국내 체류 재외국민과 외국인 건강보험가입자로 정하
고 있습니다. 「국민건강보험법」 적용대상은 제5조 및 제109조에
서 건강보험가입자 뿐만 아니라 그 피부양자도 대상으로 정하
고 있고, 「노인장기요양보험법」 제12조 제1호에도 장기요양보험
가입자와 그 피부양자를 신청자격자로 규정하고 있어, 피부양자
또한 장기요양보험의 적용을 받습니다.

- 장기요양보험 가입에서 제외되는 대상자는 ① 「노인장기요양보
험법」 제7조제4항에 따라 장기요양보험 가입 제외를 신청한 외
국인, ② 「국민건강보험법」 제5조제1항에서 건강보험 가입ㆍ적용
제외자로 규정한 「의료급여법」에 의한 의료급여를 받는 자, ③
「독립유공자예우에 관한 법률」 및 「국가유공자 등 예우 및 지
원에 관한 법률」에 의하여 의료보호를 받는 자입니다.

- 다만, 이중 ②, ③에 해당하는 자는 장기요양보험의 가입에서는
제외되지만, ②는 「노인장기요양보험법」 제12조 제2호에 의하여
장기요양보험의 적용대상에 포함되어 장기요양 인정신청이 가능
한 반면, ③은 적용대상에 포함되지 않아 장기요양인정신청이
불가능 합니다.

Q 장기요양등급 판정결과 등과 국민건강보험공단의 처분에
불만이 있는 경우 어떻게 해야 하나요?

A ①장기요양인정 · 장기요양등급 · 장기요양급여 · 부당이득 · 장기요양
급여비용 또는 장기요양보험료 등에 관한 국민건강보험 공단의 처
분에 이의가 있으면 국민건강보험공단에 심사청구를 제기하거나
행정소송을 제기할 수 있습니다

②장기요양인정 · 장기요양등급에 불만이 있는 경우에는 장기요양인
정 재신청, 장기요양 등급변경신청, 심사청구, 행정소송을 제기할
수 있습니다.

◎ 재신청

장기요양인정을 받지 못한 경우에는 장기요양인정을 다시 신
청할 수 있습니다. 최초 신청할 때와 동일한 절차를 거쳐 30
일이내에 결과를 통보 받을 수 있습니다

◎ 장기요양등급 변경신청

장기요양인정을 받았으나 심신의 기능상태가 호전 또는 악화된
경우 장기요양등급 변경신청을 할 수 있습니다. 역시 최초 신청
할 때와 동일하게 30일 이내에 결과를 통보 받을 수 있습니다.

◎ 심사청구

최초의 장기요양인정 · 장기요양등급에 불만이 있는 경우뿐만 아
니라 장기요양인정 재 신청이나 등급변경 신청을 하여도 그 결과
에 불만이 있는 경우에는 심사청구를 할 수 있습니다. 다만, 심
사청구의 취지와 이유 등을 제출하는 등의 절차가 있으며, 심사
청구의 처리 결과 통보에 60일에서 90일 정도가 소요됩니다.

◎ 행정 소송

장기요양인정·장기요양등급에 불만이 있는 경우 등 국민건강보험공단의 처분에 이의가 있는 자는「행정소송법」으로 정하는 바에 따라 행정소송을 제기할 수 있습니다.

■ 심사청구의 절차와 방법은 어떻게 되나요?

Q 심사청구의 절차와 방법은 어떻게 되나요?

A 국민건강보험공단의 처분에 이의가 있는 자는 처분이 있음을 안 날부터 90일 이내에 문서로 심사청구를 하여야 합니다. 다만, 당한 사유로 90일 이내에 심사청구를 할 수 없음을 소명한 경우에는 그러하지 않습니다. 심사청구는 심사청구서와 주장하는 사실을 증명할 수 있는 서류를 구비하시면 됩니다.

국민건강보험공단은 심사청구를 받은 날부터 60일 이내에 결정합니다. 다만, 부득이한 사정이 있으면 범위 안에서 결정기간을 연장할 수 있습니다.

Q 심사청구는 어디에서 처리하나요?

A 노인장기요양사업과 관련된 심사청구를 처리하기 위하여 국민건강보험공단은 노인장기요양보험 관련 전문가 등으로구성된 장기요양심사위원회를 구성하여 운영합니다. 장기요양심사위원회는 다음과 같은 위원으로 구성합니다.

1. 「의료법」에 따른 의사 · 치과의사 · 한의사나 업무경력이 10년 이상인 간호사
2. 「사회복지사업법」에 따른 사회복지사로서 업무경력이 10년 이상인 자
3. 노인장기요양보험 업무를 담당하고 있는 국민건강보험공단의 임 · 직원
4. 법학 및 장기요양에 관한 학식과 경험이 풍부한 자

Q 심사청구결과에 불만이 있는 경우 어떻게 해야 하나요?

A ①심사청구에 대한 국민건강보험공단의 결정에 불만이 있는 자는 보건복지부에 있는 장기요양재심사위원회에 재심사청구를 하거나, 행정소송을 제기할 수 있습니다.

②심사청구 결정에 대한 재심사청구의 경우 심사청구에 대한 결정에 불만이 있는 자는 결정 처분을 받은 날부터 90일 이내에 보건복지부소속하에 있는 장기요양재심사위원회에 재심사청구를 할 수 있습니다.

- 재심사청구를 하려는 자는 재심사청구서와 주장하는 사실 을 증명할 수 있는 자료를 첨부하여 장기요양재심사위원회 에 제출합니다.

③장기요양재심사위원회의 결정은 재심사청구를 받은 날부터 60일 이내에 결정하여 지체 없이 청구인에게는 결정서 정본을 보내고, 이해관계인에게는 사본을 보내야 합니다. 다만, 부득이한 사정이 있으면 30일 범위 안에서 결정기간을 연장할 수 있습니다. 장기요양재심사위원회는 다음과 같은 위원으로 구성합니다.

1. 보건복지부의 4급 이상 공무원 또는 고위 공무원단 소속 공무원으로 재직 중인 자
2. 판사 · 검사 또는 변호사의 자격이 있는 자
3. 대학에서 사회보험 또는 의료와 관련된 분야의 부교수 이상 으로 재직하고 있는 자
4. 법학, 사회보험 또는 의료에 관한 학식과 경험이 풍부한 자

④국민건강보험공단의 처분에 이의가 있는 자와 심사청구 또는 재심사청구에 대한 결정에 불복하는 자는 「행정소송법」으로정하는 바에 따라 행정소송을 제기할 수 있습니다.

■ 제3자가 심사청구 대리인이 될 수 있나요?

Q 제3자가 심사청구 대리인이 될 수 있나요?

A 「행정심판법」 제14조제1항 각 호에서는 법정대리인 외에 행정심판 청구 등의 업무를 수행하기 위하여 청구인이 대리인으로 선임할 수 있는 자를 변호사에 한정하지 않고 청구인의 편의를 위하여 확대 하고 있습니다. 대리인의 범위는 다음과 같습니다.
1. 청구인의 배우자, 직계 존·비속 또는 형제자매
2. 청구인인 법인의 임원 또는 직원
3. 변호사
4. 다른 법률의 규정에 의하여 심판청구의 대리

■ 심사청구는 심사청구서로만 제기해야 하나요?

Q 심사청구는 심사청구서로만 제기해야 하나요?

A ①「노인장기요양보험법」 제55조제2항에 따라 심사청구는 서면주의 를 원칙으로 하고 있습니다. 즉, 심사청구는 문서로 작성하여 이 를 장기요양심사위원회에 제출해야 하며 「노인장기요양보험법 시행규칙」 별지 제32호서식을 사용하면 됩니다.
②심사청구서는 방문, 우편, 팩스의 방법으로 접수가 가능하며 이후 심사청구 사건에 대한 심리 역시 서면심리방식으로 진행되기 때문 에 심사청구서의 내용이 부실하거나 부정확한 경우 청구인이 불이 익을 받을 소지가 있으므로 정확하고 간명하게 작성해야 합니다.

Q 심사청구한 후 절차와 소요기간은 얼마나 되나요?

A ①심사청구 절차는 장기요양심사위원회에 심사청구가 접수되면 청구인과 처분을 한 피청구인(공단)에게 접수사실을 통지하고 피청구인(공단)으로부터 청구인이 제출한 심사청구에 대한 답변서를 제출받아 장기요양심사위원회에서는 요건심리 후 각하결정 통보하거나 내용확인, 검토보고, 위원회의 소집, 본안심리 과정 등을 거친 후 개별 안건을 심리·의결하여 청구인과 피청구인에게 결정 통지하게 됩니다

②소요기간은 「노인장기요양보험법 시행령」 제20조의 규정에 의하면 공단은 심사청구를 받은 날부터 60일 이내에 결정을 하여야 하고, 다만, 부득이한 사정이 있는 경우에는 30일 안의 범위에서 결정기간을 연장할 수 있다고 되어 있으므로 결과의 통지는 통상 60일이나 90일 이내에 이루어진다고 할 수 있습니다.

■ **심사청구에 대한 기각결정이 있은 후에 불복절차가 있나요?**

Q 심사청구에 대한 기각결정이 있은 후에 불복절차가 있나요?

A ①행정심판법 제51조의 규정에 의하면, 심판청구에 대한 재결이 있는 경우에는 당해 재결 및 동일한 처분 또는 부작위에 대하여 다시 심판청구를 제기할 수 없다고 규정하고 있습니다.

②이러한 「재심판청구의 금지」 규정은 이미 행정청의 처분에 대한 한 차례의 자율적 재검토의 기회를 거친 결과이므로 행정심판의 의의를 이미 충족한 것으로 보아 이에 대한 행정심판청구를 금지하도록 한 것이고, 이미 한 번 행정심판을 거친 동일한 처분 또는 부작위에 대하여는 무용한 절차적 반복에 따른 행정청 및 국민의 부담을 없애자는 의미에서 행정심판청구를 금지하는 것이라고 하겠습니다. 이 경우 "동일한 처분"이라 함은 행정청의 처분에 대하여 이미 심판청구를 제기한 적이 있는 그 당해 처분을 의미한다고 할 것입니다.

③따라서 노인장기요양보험법 제55조 및 제56조의 규정에 의하여 공단 장기요양심사위원회의 결정에 불복이 있는 자는 보건복지부장관 소속하에 있는 장기요양재심사위원회에 재심사청구를 하거나 원처분의 위법을 이유로 원처분의 취소 또는 장기요양심사위원회의 결정 자체의 취소를 구하는 행정소송을 제기할 수 있을 뿐, 다시 심사청구를 제기할 수는 없습니다.

[서식] 심사청구서

심 사 청 구 서

※ 뒤쪽의 작성방법 및 유의사항을 읽고 작성하시기 바라며, 어두운 란은 신청인이 적지 않습니다.

접수번호		접수일자		처리기간 60일
①신청인 (처분을 받은 자)	성명			주민등록번호
	주소	(전화번호:)		
②처분의 요지	(처분을 한 분사무소:) (여백부족시 별지 사용)			
③처분이 있은(도달한) 날		년 월 일		
④심사청구의 취지와 이유	(여백부족시 별지 사용)			

「노인장기요양보험법」 제55조 및 같은 법 시행규칙 제39조에 따라 공단의 처분에 대하여 위와 같이 심사를 청구합니다.

년   월   일

<신청인>
성명: (서명 또는 인)

<대리인>
성명: (서명 또는 인)
주민등록번호:
신청인과의 관계:
주소:
전화번호:

국민건강보험공단 이사장 귀하

첨부서류	주장하는 사실을 증명할 수 있는 서류

[서식] 심사청구 취하서

<table>
<tr><td colspan="4" align="center">심 사 청 구 취 하 서</td></tr>
<tr><td>①사 건 번 호</td><td colspan="3">제   -   호   사건</td></tr>
<tr><td>②신 청 인
(청 구 인)</td><td></td><td>③피 신 청 인
(피 청 구 인)</td><td></td></tr>
<tr><td>④취 하 이 유</td><td colspan="3"></td></tr>
<tr><td>⑤근   거</td><td colspan="3">장기요양심사위원회 운영세부사항 제11조(심사청구
의 취하)</td></tr>
<tr><td colspan="4">

위와 같이 심사청구를 취하합니다.

　　　　　　　　　.　　　.　　　.

　　　　　신청인 성명　　　　　　(서명 또는 인)

　　　　　장기요양심사위원회 귀중

</td></tr>
</table>

9. 장기요양인정 및 이용절차

9-1. 장기요양인정 신청

① 자격 : 장기요양보험가입자 및 그 피부양자, 의료급여수급권자

② 대상 : 만65세 이상 또는 만65세 미만으로 노인성 질병을 가진 자

 1) 노인성질병 : 치매, 뇌혈관성질환, 파킨슨 병 등 다음과 같은 질병

 2) 장애인 활동지원 급여를 이용 중이거나 이용을 희망하는 경우 장기요
  양등급이 인정되면 장애인 활동지원 신청 또는 급여가 제한됨. 단, 장
  애인 활동지원 신청 또는 급여 이용의 목적으로 인정된 장기요양등급
  은 포기할 수 있도록 등급포기절차 신설

노인성 질병의 종류

구분	질병명	질병코드
한국표준 질병·사인 분류	가. 알츠하이머병에서의 치매	F00*
	나. 혈관성 치매	F01
	다. 달리 분류된 기타 질환에서의 치매	F02*
	라. 상세불명의 치매	F03
	마. 알츠하이머병	G30
	바. 지주막하출혈	I60
	사. 뇌내출혈	I61
	아. 기타 비외상성 두개내출혈	I62
	자. 뇌경색증	I63
	차. 출혈 또는 경색증으로 명시되지 않은 뇌졸중	I64
	카. 뇌경색증을 유발하지 않은 뇌전동맥의 폐쇄 및 협착	I65
	타. 뇌경색증을 유발하지 않은 대뇌동맥의 폐쇄 및 협착	I66
	파. 기타 뇌혈관질환	I67

하. 달리 분류된 질환에서의 뇌혈관장애	I68*
거. 뇌혈관질환의 후유증	I69
너. 파킨슨병	G20
더. 이차성 파킨슨증	G21
러. 달리 분류된 질환에서의 파킨슨증	G22*
머. 기저핵의 기타 퇴행성 질환	G23
버. 중풍후유증	U23.4
서. 진전(震顫)	R25.1

(비고)
1. 질병명 및 질병코드는 「통계법」 제22조에 따라 고시된 한국표준질병·사인 분류에 따른다.
2. 진전은 보건복지부장관이 정하여 고시하는 범위로 한다.

③ 신청장소 : 전국 공단지사(노인장기요양보험운영센터)
④ 신청방법 : 공단 방문, 우편, 팩스, 인터넷(외국인은 불가능)
 ※ 갱신신청의 경우 유선으로도 신청이 가능 합니다. 이 경우 신청서는 제출하지 않아도 되며, 통화자의 신분확인 절차를 거친 후에 신청이 가능합니다.
⑤ 신청인 : 본인 또는 대리인
 ※ 대리인 : 가족, 친족 또는 이해관계인, 사회복지전담공무원, 시장·군수·구청장이 지정하는 자(대리 신청할 때 대리인 본인임을 확인할 수 있는 신분증을 제시 또는 제출하여야 하며, 팩스 및 우편 접수할 경우 신분증 사본을 제출)
⑥ 제출서류 : 장기요양인정신청서

[서식] 장기요양인정 신청서

[ ] 장기요양인정 신청서
[ ] 장기요양인정 갱신신청서
[ ] 장기요양등급 변경신청서
[ ] 장기요양 급여종류·내용 변경신청서

※ 뒤쪽의 작성방법 및 유의사항을 읽고 작성하시기 바라며, 어두운 란은 신청인이 적지 않습니다. (앞쪽)

접수번호		접수일		처리기간	30일

신청인 (수급자)	①성명		②주민등록번호	
	③주민등록지			
	④실제거주지 (※ 주민등록지와 동일할 경우 작성을 생략합니다)			
	⑤전화번호		휴대전화	

대리인	⑥성명		⑦주민등록번호	
	⑧주소			
	⑨전화번호		휴대전화	
	⑩유형	1. [ ] 가족 [ ] 친족 [ ] 이해관계인 (신청인과의 관계:) 2. [ ] 사회복지전담공무원 3. [ ] 치매안심센터의 장(신청인이 치매환자인 경우로 한정합니다) 4. [ ] 특별자치시장·특별자치도지사·시장·군수·구청장이 지정한 사람		

보호자	[ ] 보호자 있음 [ ] 보호자 없음		
	※ 대리인과 보호자가 동일할 경우 작성을 생략합니다		
	⑪성명	⑫신청인과의 관계	⑬전화번호

우편물 수령지	⑭수령인	[ ] 신청인(본인) [ ] 보호자(대리인과 동일한 경우)	
	⑮수령지	[ ] 주민등록지 [ ] 실거주지 [ ] 보호자주소지	
		※보호자주소지를 선택하는 경우에만 기재하며, 대리인과 보호자가 동일할 경우에는 작성을 생략합니다.	

⑯변경신청 시 사유

⑰1. 신청인 전염성 질환 보유 여부   [ ] 예 [ ] 아니오
　2. 정신 질환 보유 여부   [ ] 예 [ ] 아니오

「노인장기요양보험법」 제13조, 제20조부터 제22조까지, 같은 법 시행규칙 제2조, 제8조 및 제9조에 따라 위와 같이 신청합니다.

년   월   일

신청인　　　　　　　　　(서명 또는 인)
대리인　　　　　　　　　(서명 또는 인)

국민건강보험공단 이사장   귀하

⑦ 의사소견서 제출기한
  - 만65세 이상 노인 : 등급판정위원회에 자료 제출 전까지
  - 만65세 미만 중 노인성 질병을 가진 자 : 신청서 제출 시

9-2. 신청의 종류

종류	신청 사유	신청 시기	제출 서류
인정 신청	장기요양인정신청을 처음하는 경우	신청자격을 가진 자가 장기요양 급여를 받고자 하는 경우	- 장기요양 인정신청서 - 의사소견서
갱신 신청	장기요양인정 유효기간 종료가 예정된 경우	유효기간 종료 90일전부터 30일전	- 장기요양인정 갱신신청서 - 의사소견서
등급 변경 신청	장기요양급여를 받고 있는 동안 신체적·정신적 상태의 변화가 있는 경우	변경사유 발생 시	- 장기요양등급 변경신청서 - 의사소견서
급여 종류 내용 변경 신청	급여종류·내용 변경을 희망하는 경우	급여종류·내용변경 사유 발생시	- 장기요양 급여종류·내용변경신청서 - 사실확인서(제출 필요시)
이의 신청	통보받은 장기요양인정등급에 이의가 있을 경우	처분이 있는 날로부터 90일 이내	- 이의신청서 - 사실 입증서류

9-3. 「의사소견서」 발급

① 의사소견서는 인정조사 후 공단이 안내한 의사소견서 발급의뢰서에 따라 정해진 기한 내 반드시 제출하여야 합니다. 미제출시 등급판정을 할 수 없습니다.
② 제출대상자 중 '보완서류 제출 필요자'인 경우 치매진단 관련 보완서류를 포함한 의사소견서를 발급받아 제출해야 합니다.
③ 의사소견서 제출제외자 : 노인장기요양보험법시행령 제6조 (신청인의 심신상태나 거동상태 등이 보건복지부 장관이 정하여 고시하는 '거동불편

자'에 해당하는 자, 보건복지부 장관이 고시하는 도서·벽지 지역 거주자)

④ 의사소견서 발급비용

1) 공단에서 '의사소견서발급의뢰서'를 발급받아 의료기관에 제출하면 아래와 같이 국가 또는 지자체, 공단에서 발급비용 일부를 부담합니다.

   ※ 의료기관에 '의사소견서발급의뢰서' 없이 의사소견서를 발급 받는 경우에는 발급비용 전액을 신청인이 부담

2) 다만, 의사소견서 발급 시 본인이 전액 부담한 내용 중에서 장기요양급여 수급자로 결정되거나, 등급변경신청에 의해 등급이 변경된 경우와 장기요양인정신청을 최초로 신청하거나 갱신 신청하는 경우에는 본인이 전액 부담한 금액 중 본인부담 금액을 제외한 나머지금액(공단부담금)을 공단에 청구할 수 있습니다.

9-4. 의사소견서 발급비용 부담률

부담률	일반	저소득층,생계곤란자 경감대상자	「의료급여법」제3조제1항제1호 외의 규정에 따른 의료급여를 받는 사람	「의료급여법」제3조제1항제1호의 규정에 따른 의료급여를 받는 사람
본인부담	20%	10%	10%	-
공단부담	80%	90%	-	-
국가와지자체부담			90%	100%

9-5. 장기요양인정 신청의 조사

국민건강보험공단은 장기요양인정신청서를 접수한 때 소속 직원으로 하여금 다음 사항을 조사하되, 지리적 사정 등으로 직접 조사하기 어려운 경우는 시·군·구에 조사를 의뢰하거나 공동으로 조사할 것을 요청 할 수 있습니다.

① 조사자 : 공단 직원 (소정의 교육을 이수한 간호사, 사회복지사 등)

② 조사방법 : 신청인 거주지 방문 조사

   ※ 방문조사 일정은 사전 통보해 드리며, 원하는 장소와 시간은 공단직원과 협의하여 조정 가능합니다.

③ 조사내용 : 기본적 일상생활활동(ADL), 수단적 일상생활활동(IADL), 인
  지기능, 행동변화, 간호처치, 재활영역 각 항목에 대한 신청인의 기능상
  태와 질병 및 증상, 환경상태, 서비스욕구 등 12개 영역 90개 항목을
  종합적으로 조사하고 이 중 52개 항목으로 요양인정점수를 산정에 이용
  하고 있습니다.

9-6. 장기요양인정점수 구간별 장기요양인정등급

10. 장기요양 인정등급 포기제도

10-1. 신청대상

① 장애인활동지원 등 타 법령에 의한 사회복지 서비스 이용 등의 목적으로 이미 인정된 장기요양 등급을 포기하고자 하는 장기요양 수급자입니다.

   ※ 신청자 범위 : 수급자 본인, 보호자 또는 대리인(가족·친족, 사회복지 전담공무원)

② 제출서류

   1) 장기요양등급 포기 신청서

   2) 장기요양인정서 원본 : 반환한 인정서는 포기신청 결과통보 후 파기

   ※ 인정서 원본 제출을 원칙으로 하되, 분실 등 사유로 제출하지 못할 경우 '등급 포기 신청서' 하단의 사유서 작성으로 대체

   3) 신분증 사본 : 본인 또는 대리인임을 증명할 수 있는 신분증을 제시 또는 제출

   ※ 우편·팩스로 신청할 경우 신분증 사본은 반드시 제출

③ 제출장소 및 방법

   1) 제출장소 : 국민건강보험공단 장기요양보험 관할운영센터(전국 227개)

   2) 제출방법 : 내방·팩스·우편

10-2. 등급 포기사유 인정 범위

① 장애인 활동지원 등 타법령에 의한 사회복지 서비스 이용 희망

※ 등급 포기 이후 장애인활동지원급여 신청가능 여부

문1) 65세 미만 장애인활동지원 수급자가 인정신청을 통해 장기요양 수급자가 된 경우

답1) 장기요양 등급 포기 후 장애인활동지원 신청이 가능하며, 국민연금공단에서 활동지원 급여 인정 여부를 결정

문2) 65세 미만 장애인이 처음부터 노인장기요양 수급자인 경우

답2) 「장애인활동지원에 관한 법률」 제5조제2호 단서에 따라 등급 포기를 하더라도 활동 지원급여를 받을 수 없음

문3) 장애인활동지원 수급자가 65세 이후 노인장기요양 수급자가 된 경우

답3) 「장애인활동지원에 관한 법률」제5조제2호 단서에 따라 장애인활동지원 수급자이었다가 65세 이후 노인장기요양으로 전환되어 장기요양 급여를 받지 못하게 된 사람으로서 보건복지부장관이 정하는 기준에 해당되는 사람만 장애인활동지원 신청이 가능하므로 등급을 받은 사람은 등급 포기를 하더라도 장애인활동지원급여를 받을 수 없음

※ 관련근거 : "2018년 장애인 활동지원 사업안내"

② 타 법령에 의한 서비스(장애인일자리 사업 등)를 받고자 이미 인정된 등급 취소를 희망하는 경우

③ 기타 장기요양 급여 이용 의사가 없어 기인정된 등급 취소를 희망하는 경우 등

※ 타인의 협박 등 법령에 위반될 소지가 있는 수급권 포기는 인정 불가

10-3. 장기요양등급 포기에 대한 취소 신청

① 등급포기 신청서 제출을 완료한 날부터 30일이내 수급권 포기의 취소가 가능하며, 등급 포기의 취소는 1회에 한합니다.

② 제출서류

  1) 장기요양등급 포기에 대한 취소 신청서(별지 제52호 서식)

  2) 신분증 사본 : 본인 또는 대리인임을 증명할 수 있는 신분증을 제시 또는 제출의사소견서 발급비용 부담률신청의 종류

11. 등급판정 기준 및 절차

11-1. 등급판정 기준

등급판정은 "건강이 매우 안좋다", "큰 병에 걸렸다." 등과 같은 주관적인 개념이 아닌 "심신의 기능상태에 따라 일상생활에서 도움(장기요양)이 얼마나 필요한가?"를 지표화한 장기요양인정점수를 기준으로 합니다. 장기요양인정점수를 기준으로 다음과 같은 6개 등급으로 등급판정을 합니다.

장기요양등급	심신의 기능상태
1등급	심신의 기능상태 장애로 일상생활에서 전적으로 다른 사람의 도움이 필요한 자로서 장기요양인정 점수가 95점 이상인자
2등급	심신의 기능상태 장애로 일상생활에서 상당 부분 다른 사람의 도움이 필요한 자로서 장기요양인정 점수가 75점 이상 95점 미만인 자
3등급	심신의 기능상태 장애로 일상생활에서 부분적으로 다른 사람의 도움이 필요한 자로서 장기요양인정 점수가 60점 이상 75점 미만인 자
4등급	심신의 기능상태 장애로 일상생활에서 일정 부분 다른 사람의 도움이 필요한 자로서 장기요양인정 점수가 51점 이상 60점 미만인 자
5등급	치매환자로서(노인장기요양보험법 시행령 제2조에 따른 노인성 질병으로 한정) 장기요양인정 점수가 45점 이상 51점 미만인 자
인지지원등급	치매환자로서(노인장기요양보험법 시행령 제2조에 따른 노인성 질병으로 한정) 장기요양인정 점수가 45점 미만인 자

11-2. 등급판정 절차

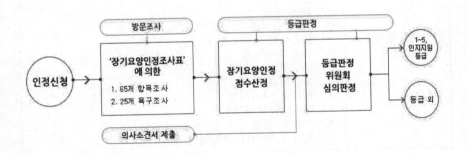

11-3. 방문조사

인정신청을 하게 되면 간호사, 사회복지사, 물리치료사 등으로 구성된 공단 소속장기요양 직원이 직접 방문하여 「장기요양인정조사표」에 따라 아래의 항목을 조사합니다.

영 역	항 목
신체기능 (12항목)	· 옷벗고 입기 · 세수하기 · 양치질하기 · 식사하기 · 목욕하기 · 체위변경하기 · 일어나 앉기 · 옮겨앉기 · 방밖으로 나오기 · 화장실 사용하기 · 대변 조절하기 · 소변 조절하기
인지기능 (7항목)	· 단기 기억장애 · 지시불인지 · 날짜불인지 · 상황 판단력 감퇴 · 장소불인지 · 의사소통/전달장애 · 나이/생년월일 불인지
행동변화 (14항목)	· 망상 · 서성거림, 안절부절 못함 · 물건 망가트리기 · 환청, 환각 · 길을 잃음 · 돈/물건감추기 · 슬픈상태,울기도함 · 폭언,위협행동 · 부적절한 옷입기 · 불규칙수면,주야혼돈 · 밖으로 나가려함 · 대/소변 불결행위 · 도움에 저항 · 의미가 없거나 부적절한 행동
간호처치 (9항목)	· 기관지절개관 간호 · 경관영양 · 도뇨관리 · 흡인 · 욕창간호 · 장루간호 · 산소요법 · 암성통증간호 · 투석간호

	운동장애(4항목)	관절제한(6항목)
재활 (10항목)	• 우측상지 • 우측하지 • 좌측상지 • 좌측하지	• 어깨관절 • 팔꿈치관절 • 손목 및 수지관절 • 고관절 • 무릎관절 • 발목관절

11-4. 장기요양인정점수 산정

신청인의 심신상태를 나타내는 52개 항목의 조사 결과를 입력하여 「장기요양인정점수」를 산정합니다.

11-5. 등급판정위원회의 심의·판정

① 등급판정위원회는 방문조사 결과, 의사소견서, 특기사항 등을 기초로 신청인의 기능상태 및 장기요양이 필요한 정도 등을 등급판정 기준에 따라 다음과 같이 심의 및 판정합니다.
② 요양필요상태에 해당하는지 여부를 심의합니다.
③ 요양필요상태인 경우 등급판정기준에 따라 등급을 판정합니다.
④ 필요에 따라서는 등급판정위원회의 의견을 첨부할 수 있습니다.

심의판정 자료	요양필요상 태심의	등급판정기준	등급판정기준
-인정조사 결과 -의사소견서 -특기사항	-일상생활자 립도 -등급별상태 상 등	-1등급 : 95점이상 -2등급 : 75점이상 95점미만 -3등급 : 60점이상 75점미만 -4등급 : 51점이상 60점미만 -5등급 : 45점이상 51점미만&치매 -인지지원등급 : 45점미만&치매	-인정유효기간 변경 -급여이용에 대한 의견제시 등

12. 인정절차

12-1. 절차

① '장기요양인정조사표'에 따라 작성된 심신상태를 나타내는 52개 항목의 조사결과

② '영역별 점수 합계' 구함

③ '영역별 100점 환산 점수' 산정

④ 52개 항목 조사 결과와 영역별 100점 환산점수는 수형분석(Tree Regression Analysis)에 적용하여 장기요양인정점수 산정 후 합계를 구합니다.

※ **수형분석이란?**
데이터 마이닝기법에 의하여 결과를 예측하거나 분류하고자 할 때 사용하는 통계적인 방법입니다.

※ **수형분석의 역할은?**
노인장기요양보험에서 수형분석은 서비스를 필요로 하는 신청인의 기능 상태에 따라 필요한 서비스량을 예측하기 위해 사용하고 있습니다.

---

⑤ 장기요양인정점수의 합을 등급판정기준에 의해 장기요양등급을 판정합니다.

12-2. 1단계부터 5단계까지 장기 요양인정점수 산정사례

- ◎◎시에 사시는 79세 김○○ 할아버지 사례 -

12-2-1. (1단계) 심신상태를 나타내는 52개 항목 조사결과

5개 영역별로 심신상태를 나타내는 52개 항목의 판단기준 및 척도에 따라 조사한 결과는 다음과 같습니다.

5개영역(52개항목)	조사항목별 판단기준 및 척도		조사결과
신체기능(12항목)	기능 자립 정도	완전자립	1항목
		부분도움	6항목
간호처치(9항목)		완전도움	5항목

	있다	4항목
재활(10항목)	운동장애없음	1항목
	불완전 운동장애	3항목
	완전 운동장애	6항목

12-2-2. (2단계) 영역별 점수합계

1단계에서 실시한 심신상태를 나타내는 52개 항목 조사 결과를 기초로「영역별 조사항목 원점수표」에 의하여 해당 항목별 점수의 합을 다음과 같이 구합니다.

- 완전자립, 예, 있음, 운동장애 없음, 관절 제한없음 = 1점
- 부분도움, 불완전운동장애, 한쪽관절 제한 = 2점
- 완전도움, 완전운동장애, 양관절 제한 = 3점

영역	원점수 계산	영역별 원점수
신체기능	(1항목 x 1점) + (6항목 x 2점) + (5항목 x 3점)	28점
인지기능	-	0점
행동변화	-	0점
간호처치	4항목 x 1점	4점
재활	(1항목 x 1점) + (3항목 x 2점) + (6항목 x 3점)	25점

12-2-3. (3단계) 영역별 100점 환산점수

2단계에서 계산한「영역별 점수 합계」에 의해 아래「영역별 100점 득점 환산표」에 따라 영역별 100점 환산점수를 다음과 같이 산정합니다.

영역	영역별 원점수	영역별 100점 환산 점수
신체기능	28점	61.71점
인지기능	0점	0점
행동변화	0점	0점
간호처치	4점	55.81점
재활	25점	70.53점

* 참고: 영역별 100점 득점 환산표

신체기능(ADL)		인지기능		행동변화		간호처치		재활	
원점수	환산점수	원점수	환산점수	원점수	환산점수	원점수	환산점수	원점수	환산점수
12	.00	0	.00	0	.00	0	.00	10	.00
13	13.19	1	19.71	1	15.88	1	19.84	11	11.51
14	22.24	2	33.81	2	25.55	2	36.90	12	19.43
15	28.04	3	44.61	3	32.10	3	47.84	13	24.72
16	32.38	4	54.78	4	37.29	4	55.81	14	28.93
17	35.92	5	65.71	5	41.80	5	62.53	15	32.62
18	38.96	6	80.06	6	45.95	6	68.98	16	36.06
19	41.68	7	100.00	7	49.94	7	76.11	17	39.46
20	44.18			8	53.93	8	85.86	18	42.96
21	46.52			9	58.08	9	100.00	19	46.69
22	48.76			10	62.59			20	50.72
23	50.93			11	67.80			21	54.97
24	53.06			12	74.37			22	59.20
25	55.17			13	84.37			23	63.19
26	57.30			14	100.00			24	66.93
27	59.46							25	70.53
28	61.71							26	74.16
29	64.06							27	78.07
30	66.59							28	82.75
31	69.36							29	89.57
32	72.50							30	100.00
33	76.22								
34	81.02								
35	88.40								
36	100.00								

12-2-4. (4단계) 8개 서비스군별 장기요양인정 점수산정 및 합계

1단계에서 심신상태를 나타내는 52개 항목 조사결과와 3단계에서 산출한 영역별 100점 환산 점수를 가지고 8개 서비스 군별 수형 분석도에 적용하여 장기요양인정점수를 다음과 같이 산정한 후 합을 구합니다.

8개 서비스군	장기요양인정점수
① 청결	9.0
② 배설	10.2
③ 식사	15.1
④ 기능보조	6.4
⑤ 행동변화대응	0.4
⑥ 간접지원	19.7
⑦ 간호처치	14.6
⑧ 재활훈련	4.8
(① ~ ⑧) 장기요양인정점수의 합	80.2

12-2-5. (5단계) 장기요양 등급결정

◎◎시에 사시는 김OO 할아버지는 장기요양인정점수가 80.2점으로 아래 장기요양등급 기준을 적용하면 장기요양 2등급을 판정받게 됩니다.

등급	장기요양인정점수
1	95점 이상
2	75점 이상 95점 미만
3	60점 이상 75점 미만
4	51점 이상 60점 미만
5	45점 이상 51점 미만
인지지원	45점 미만

12-3. 장기요양급여이용 절차

수급자는 장기요양인정서에 적힌 '장기요양등급', '장기요양인정 유효기간'과 '급여종류 및 내용'에 따라 적절한 장기요양기관 을 선택하여 급여계약 체결 후 장기요양 급여를 이용할 수 있습니다.

12-4. 장기요양인정서 등 수령

① 장기요양인정서 : '수급자에게 주는 증서'로 장기요양등급, 급여 종류 및 내용, 장기요양인정 유효기간 등이 적혀 있습니다.

　1) 장기요양인정 유효기간 : 최소 1년 이며 갱신신청 결과, 직전 등급과 같은 등급으로 판정된 경우 유효기간 연장

　2) 장기요양 1등급의 경우 : 4년

　3) 장기요양 2등급~4등급의 경우 : 3년

　4) 장기요양 5등급, 인지지원등급의 경우 : 2년

　※ 갱신신청: 유효기간 종류 90일 전부터 30일 전까지 신청 가능

② 표준장기요양이용계획서 : 수급자가 장기요양급여를 원활히 이용 할 수 있도록 발급하는 이용계획서로 장기요양기관과 급여계약체결 시 장기요양인정서와 함께 제시합니다.

③ 복지용구 급여확인서 : 수급자의 심신상태 등에 따라 구입 또는 대여할 수 있는 품목을 기재한 증서로 복지용구 구입대여시 제시합니다.

12-5. 장기요양급여의 제공 시기

① 수급자는 장기요양인정서가 도달한 날부터 장기요양급여를 받을 수 있습니다.

② 다만, 돌볼 가족이 없는 경우 등 대통령령으로 정하는 사유가 있는 경우는 장기요양인정신청서를 제출한 날부터 장기요양인정서가 도달되는 날까지의 기간 중에도 장기요양급여를 받을 수 있습니다.

12-6. 장기요양기관선택

① 이용하고자 하는 장기요양기관을 선택합니다.

② 장기요양기관에 연락하거나 방문하여 이용 가능한 급여종류 및 내용, 비용 등에 관하여 상담을 받을 수 있습니다

③ 노인장기요양보험 홈페이지(www.longtermcare.or.kr) ≫ 민원상담실 ≫ 검색서비스 ≫ 장기요양기관 검색에서 전국 장기요양기관 정보를 조회할 수 있습니다.

④ 누구든지 영리를 목적으로 수급자를 장기요양기관에 소개하거나, 알선 또는 유인하는 행위, 이를 조장하는 행위는 법으로 금지하고 있습니다 (노인장기요양보험법 제35조).

12-7. 장기요양 급여계약 체결

① 선택한 장기요양기관과 급여계약을 체결 합니다.

② 국민기초생활보장(의료급여) 수급권자·기타 의료급여 수급권자는 관할 시군구에 입소이용 신청·승인 후 급여계약 진행하시기 바랍니다.

12-8. 급여계약 제시 서류

장기요양인정서, 표준장기요양이용계획서, 복지용구급여확인서, 본인부담금 감경 대상자 증명서(해당자에 한함)

12-9. 계약자 확인 사항

① 계약 기간, 표준장기요양이용계획서 대비 종류 및 내용과 비용, 비급여 대상(식사재료비, 상급침실비용, 이미용비 등) 및 항목별 비용, 월 한도액을 초과하여 이용 할 경우 본인부담금, 장기요양보험료 체납 여부 등을 확인해야 합니다.

② 계약서는 2부 작성하여 1부는 계약자, 1부는 장기요양기관이 보관합니다.

12-10. 장기요양급여 이용

① 체결한 급여계약 내용에 따라 장기요양급여를 이용합니다.

② 장기요양급여를 이용한 경우에는 장기요양급여 제공내역 등이 적힌 장기
요양급여제공기록지를 장기요양기관으로부터 1부 제공받게 됩니다(노인
장기요양보험법 시행규칙 제18조).

③ 장기요양급여를 이용한 후 본인부담금은 꼭 납부하여야 합니다.

12-11. 장기요양 이용지원 상담

① 장기요양인정서, 표준장기요양이용계획서, 복지용구급여확인서, 본인부담
금 감경 대상자 증명서(해당자에 한함)

② 상담가능시기

1) 처음 수급자가 되면 급여이용설명회 또는 1:1 면담을 통해 종합적 상
담을 제공받습니다.

2) 급여이용중 수급자 지지체계, 기능상태 확인 등 욕구사정을 통하여 공
단 직원으로 부터 적정한 급여를 이용할 수 있도록 상담을 받습니다.

3) 급여이용의 어려움 등으로 수급자(보호자)가 요청할 경우 상담을 받을
수 있습니다.

③ 상담 내용

1) 장기요양급여 이용 절차·방법, 급여이용(본인부담금) 등에 대하여 상
담을 받습니다.

2) 이용 가능한 장기요양기관, 급여계약시 필요한 서류나 유의사항 등에
대하여 상담을 받습니다.

3) 수급자의 기능상태 변화 여부(욕창 발생 등)에 따라 등급변경, 장기요
양 급여종류·내용변경 신청 등의 방법에 대하여 상담을 받습니다.

④ 노인장기요양보험법 제48조에 따라 장기요양사업의 관리운영기관인 국민
건강보험공단은 수급자에 대한 정보 제공·안내·상담 등 장기요양급여
관련 이용지원에 관한 업무를 관장하고 있습니다.

■ 누구나 장기요양보험급여를 받을 수 있나요?

Q 누구나 장기요양보험급여를 받을 수 있나요?

A 건강보험제도에서는 건강보험증을 지참하면 누구나, 원하는 때에 의료(요양) 기관에서 건강보험급여를 받을 수 있습니다. 그러나 장기요양보험제도에서는 누구나 급여혜택을 받는 것이 아니라, 장기요양급여가 필요하다고 인정을 받은 자(수급자)만이 급여를 받을 수 있습니다.

따라서 장기요양급여를 받기 위해서는 먼저 국민건강보험공단에 장기요양인정신청을 하여 등급판정위원회에서 장기요양인정등급을 받아야 합니다.

※ 장기요양인정신청을 할 수 있는 자는 장기요양보험가입자 또는 그 피부양자, 「의료급여법」에 따른 의료급여수급권자인 65세이상 노인과 아래의 노인성 질병을 가진 65세미만의 자입니다.

[노인성 질병]

구분	질병명	질병코드
한국표준질병 ·사인 분류	가. 알츠하이머병에서의 치매	F00*
	나. 혈관성 치매	F01
	다. 달리 분류된 기타 질환에서의 치매	F02*
	라. 상세불명의 치매	F03
	마. 알츠하이머병	G30
	바. 지주막하출혈	I60
	사. 뇌내출혈	I61
	아. 기타 비외상성 두개내출혈	I62
	자. 뇌경색증	I63
	차. 출혈 또는 경색증으로 명시되지 않은 뇌졸중	I64
	카. 뇌경색증을 유발하지 않은 뇌전동맥의 폐쇄 및 협착	I65

타. 뇌경색증을 유발하지 않은 대뇌동맥의 폐쇄 및 협착	I66
파. 기타 뇌혈관질환	I67
하. 달리 분류된 질환에서의 뇌혈관장애	I68*
거. 뇌혈관질환의 후유증	I69
너. 파킨슨병	G20
더. 이차성 파킨슨증	G21
러. 달리 분류된 질환에서의 파킨슨증	G22*
머. 기저핵의 기타 퇴행성 질환	G23
버. 중풍후유증	U23.4
서. 진전(震顫)	R25.1

(비고)

1. 질병명 및 질병코드는 「통계법」 제22조에 따라 고시된 한국표준질병·사인분류에 따른다.
2. 진전은 보건복지부장관이 정하여 고시하는 범위로 한다.

■ 장기요양인정 신청을 하려면 건강보험과 별도로 장기요양보험에 가입해야 하나요?

Q 장기요양인정 신청을 하려면 건강보험과 별도로 장기요양 보험에 가입해야 하나요?

A 장기요양보험 가입 자격에 관하여는 「국민건강보험법」상의 자격을 그대로 준용하므로, 건강보험 가입자(피부양자 포함)는 별도로 장기 요양보험을 가입할 필요 없이 당연 가입자(피부양자 포함)가 됩니다.

■ 누가 장기요양인정 신청을 할 수 있나요?

Q 누가 장기요양인정 신청을 할 수 있나요?

A 장기요양인정 신청을 할 수 있는 자는 65세 이상 노인과 노인성 질병을 가진 65세 미만의 자로서 건강보험 가입자와 그 피부양자 뿐만 아니라 의료급여수급권자도 포함됩니다.

■ 외국인도 장기요양인정 신청을 할 수 있나요?

Q 외국인도 장기요양인정 신청을 할 수 있나요?

A 건강보험에 가입되어 있는 재외국민 또는 외국인도 65세 이상 또는 노인성 질병을 가진 65세 미만자라면 내국인과 동일하게 장기요양인정 신청을 할 수 있습니다.
다만, 일부 외국인은 장기요양보험가입을 제외 신청 할 수 있으며, 자격 제외시 장기요양인정을 신청할 수 없습니다.
적용제외 신청을 할 수 있는 자는 「외국인 근로자의 고용 등에 관한 법률」에 따른 외국인 근로자 또는 「출입국관리법」제10조에 따른 산업연수생(D-3), 비전문취업(E-9), 방문취업(H-2) 중 하나에 해당하면서, 국민건강보험법 제109조에 따른 직장가입자인 외국인 등입니다.

■ 동거하는 부양가족이 있어도 장기요양인정을 신청할 수 있나요?

Q 동거하는 부양가족이 있어도 장기요양인정을 신청할 수 있나요?

A 장기요양인정은 신청인 본인 심신의 기능 상태에 따라 요양이 필요한 정도를 판정하는 것으로서, 부양가족의 유무나 경제수준 등과는 관련이 없습니다. 따라서 당해 노인을 돌볼 수 있는 부양가족이 있더라도 장기요양인정을 신청할 수 있습니다.
65세 이상의 노인이거나, 노인성 질병을 가진 65세 미만자로서 건강보험 가입자(피부양자 포함) 또는 의료급여수급권자의 신청 자격만 갖추면 누구나 신청이 가능합니다.

■ 지방자치단체에서 실시하고 있는 노인돌봄종합서비스를 받고 있는데 장기요양인정을 신청할 수 있나요?

Q 지방자치단체에서 실시하고 있는 노인돌봄종합서비스를 받고 있는데 장기요양인정을 신청할 수 있나요?

A 신청 가능합니다. 그러나 장기요양인정이 되어 수급자로 판정되면 노인돌봄종합서비스사업 등 지방자치단체의 서비스는 원칙적으로 받을 수 없습니다.

■ 장기요양인정 신청 시 어떤 서류가 필요한가요?

Q 장기요양인정 신청 시 어떤 서류가 필요한가요?

A ①65세 이상 노인 : 장기요양인정신청서(노인장기요양보험법 시행규칙 별지 제1호의 2서식)
- 장기요양인정 신청인은 「장기요양인정신청서」를 국민건강보험공단에 제출합니다. 신청이 접수되면 국민건강보험공단 직원이 인정조사를 한 이후 「의사소견서」 제출 여부에 대하여 통보합니다.
②65세 미만 노인성 질병을 가진 자 : 장기요양인정신청서+의사소견서(노인장기요양보험법 시행규칙 별지 제2호서식)
- 65세 미만으로서 노인성 질병을 가진 신청인은 장기요양인정신청서를 국민건강보험공단에 제출 시 대통령령으로 정한 노인성 질병(노인장기요양보험법 시행규칙 별지 제2호서식에 기재된 노인성 질병)이 기재된 의사소견서를 함께 제출하여야 합니다. 다만, 소견서 대신에 진단서 등을 제출할 수 있으나, 이 경우에도 의사소견서를 별도로 제출해야 합니다.

Q 장기요양인정 신청은 어디에, 어떤 방법으로 하나요?

A ①방문접수 : 신청인 또는 대리인이 인근의 국민건강보험공단 지사
(노인장기요양보험 운영센터)에 방문하여 신청합니다.

※신청인의 주민등록주소와 실거주지가 다른 경우 신청인은전국 어
느 곳이든 가까운 국민건강보험공단지사(노인장기요양보험운영센
터)에 할 수 있으며, 신청접수후 실거주지 관할지사의 국민건강보
험공단 직원이 방문하여 인정조사를 합니다.

②부득이한 사유로 직접 방문이 불가할 경우에 우편, 팩스, 인터
넷, 유선(갱신신청에 한함)으로도 신청 가능합니다.

- 인터넷을 통하여 장기요양인정 신청을 할 경우에는 65세 이상 노
인만 가능하며 신분확인을 위해 공인인증절차를 거쳐야 합니다.
다만, 65세 미만인 경우라도 갱신 신청인 경우는 인터넷 신청이
가능합니다.

- 신청인 본인이 아닌 대리인이 인터넷으로 신청하는 경우 신청인과
의 관계를 확인하기 위해 주민등록상 동일세대의 직계혈족, 유효
한 동일 건강보험증에 등록된 가입자 또는 피부양자에게만 신청
할 수 있는 자격이 부여됩니다.

■ 장기요양인정 신청은 며칠 내에 처리되나요?

Q 장기요양인정 신청은 며칠 내에 처리되나요?

A ①신청인이 장기요양인정신청서를 국민건강보험공단에 제출한 날부
터 30일 이내에 장기요양등급판정이 완료됩니다.
②다만, 신청인이 의사소견서 제출을 지연하는 경우나 신청인에 대
한 정밀조사가 필요한 경우 등 기간 이내에 등급판정을 완료할
수 없는 부득이한 사유가 있는 경우 30일 이내의 범위에서 연장
할 수 있습니다. 이때 국민건강보험공단은 신청인 또는 대리인에
게 그 내용과 사유, 기간을 통보합니다.

■ 의사소견서는 왜 필요한가요?

Q 의사소견서는 왜 필요한가요?

A 의사소견서는 요양필요도를 중심으로 이루어지는 인정조사 결과에
의학적 관점을 반영함으로써 등급판정에 대한 정확성·객관성 및 신
뢰성을 확보하는 역할을 하며, 의사소견서의 내용은 노인성 질병의
여부, 급성기 질환의 여부 또는 거짓이나 기타 부정한 방법으로 인
정조사에 임하였는지 여부 등을 판단하기 위한 자료로 활용됩니다.

■ 가족 등이 장기요양인정 신청을 대리신청할 수 있나요?

Q 가족 등이 장기요양인정 신청을 대리신청할 수 있나요?

A ①장기요양인정 신청인이 신체적·정신적 사유로 신청행위를 직접 할 수 없을 때 가족, 친족, 그 밖의 이해관계인 등이 대리하여 신청할 수 있습니다.

②대리인의 유형과 증빙서류 등

대리인의 유형	내용	증빙서류
①신청인 본인의 가족, 친족, 그 밖의 이해관계인인 경우	-가족 : 「민법」제779조에 따른 가족으로서 배우자, 직계혈족, 형제자매, 직계혈족의 배우자, 배우자의 직계혈족 및 배우자의 형제자매 -친족 : 「민법」제777조에 따른 친족으로서 8촌 이내 혈족, 4촌 이내 인척 및 배우자 -이해관계인: 가족, 친족을 제외한 이웃 등 그밖의 자 ※단, 장기요양 입소시설의 시설장은 대리신청 불가	대리인 신분증
②「사회복지사업법」에 따른 사회복지전담 공무원인 경우	신청인 본인 또는 가족의 동의를 얻어 관할 지역 안에 거주하는 자에 대하여 대리	공무원 신분증
③시장·군수·구청장이 지정한 자인 경우	-가족, 친족, 이해관계인 또는 사회복지전담공무원이 본인 또는 가족의 동의를 얻지 못하는 경우에 시장·군수·구청장이 지정하는 자	대리인 지정서, 대리인 신분증

※신분증종류: 주민등록증, 여권, 운전면허증, 공무원증, 장애인등록증, 국가유공자증, 외국인등록증, 국가기술자격증, 건설기계 조종사면허증 등 국가기관이나 지방자치단체가 발행한 신분증명서류

※신분증 사본 제출 시 주민등록증 뒷면은 지문정보가 포함되어있어 앞면만 복사하여 제출

■ 가족 의사소견서는 누가 발급하나요?

Q 의사소견서는 누가 발급하나요?

A ①의사소견서는 요양기관(의료기관, 보건소 등)에 소속된 의사 또는 한의사가 발급할 수 있고 치과의사, 조산사, 간호사는 발급할 수 없습니다.

- 정확한 소견을 받기 위해서는 평소에 신청인의 심신의 기능 상태를 잘 알고 있는 의사 또는 한의사가 발급하는 것이 좋으며, 특히 치매증상이 있는 신청인은 신경정신과 등 관련 의료기관에서 발급받으시는 것이 등급판정의 정확도를 높일 수 있습니다.

※의사소견서 발급기관은 「의료법」상 의료기관과 「지역보건법」상 보건소, 보건의료원 및 보건지소에 한정하고 있으므로, 보건진료소에서는 의사소견서를 발급받을 수 없습니다.

②다만, 의사소견서 중 치매진단 관련 보완서류의 발급은 보건복지부에서 정한 치매전문교육을 이수한 의사 또는 한의사에 한하여 발급할 수 있으므로, 요양기관을 방문하기 전에 치매전문교육 이수 기관인지 반드시 확인하고 발급받으시기 바랍니다.

※치매전문교육이수 요양기관명단은 공단직원에 의한 인정조사 후 의사소견서 제출안내시 함께 송부해 드리며, 인터넷 노인장기요양보험 홈페이지에서도 조회할 수 있습니다.

■ 의사소견서 제출절차가 궁금합니다.

Q 의사소견서 제출절차가 궁금합니다.

A ①의사소견서는 장기요양인정신청서와 함께 제출하며, 신청할 때 제출하지 않은 경우에는 등급판정심의 전까지 제출할 수 있습니다. 다만, 65세 미만자는 노인성질병 확인을 위해 신청할 때 반드시 의사소견서 또는 진단서를 제출하여야 합니다.

②신청할 때 의사소견서를 제출하지 않은 경우, 국민건강보험공단 직원이 방문하여 인정조사 후 의사소견서 제출 제외자에게는 제출제외 통보를, 의사소견서 제출대상에게는 의사소견서 발급의뢰서를, 재신청이나 등급변경신청 등을 하는 자에게는 전액본인부담에 의한 의사소견서 제출 통보를 합니다. 의사소견서제출 대상으로 통보받은 경우 요양기관을 방문하여 의사소견서를 발급받아 공단에 제출합니다.

- 의사소견서 발급의뢰서 또는 전액본인부담에 의한 의사소견서 제출통보서 상 '치매진단관련 보완서류 제출 필요자'로 구분된 경우(5등급 예상자 또는 인지지원등급 예상자)에는 치매진단관련 보완서류를 포함한 의사소견서를 발급받아 공단에 제출하여야 합니다.

※신청할 때 의사소견서를 제출한 경우에도 인정조사결과에 따라 추가로 치매진단관련 보완서류 제출을 요청받을 수 있습니다.

③의사소견서의 제출은 방문, 우편, 팩스 등의 방법으로 할 수 있으며 사본을 제출한 경우에는 원본을 다시 제출하여야 합니다. 또한 요양기관에서 의사소견서를 인터넷(포털)로 발급하는 경우에는 신청인이 별도로 공단에 의사소견서를 제출하지 않으셔도 됩니다.

Q 왜 65세 미만의 노인성 질환자는 장기요양인정 신청 시에 의사소견서를 함께 내야 하나요?

A ①65세 미만자는 「노인장기요양보험법 시행령」에서 정하는 노인성 질병으로 인한 일상생활 장애에 대하여 장기요양급여를 제공하기 때문에, 신청·접수 시 장기요양인정신청서 외에 반드시 의사소견서를 함께 제출하여야 합니다. 다만, 갱신 신청인 경우는 예외로 합니다.

②65세 미만자의 경우 노인성질병에 해당된다는 의사의 진단서 등이 반드시 필요한데, 신청인의 편의도모 및 비용부담 해소를 위해 의사소견서 양식 내에 노인성질병 진단서식을 함께 통합함으로써 진단서와 의사소견서를 따로 발급할 필요가 없도록 하였습니다. 다만, 진단서를 장기요양인정신청서와 함께 제출한다면 그대로 접수받아 인정조사 후 의사소견서를 제출하도록 안내합니다.

■ 의사소견서 제출 제외자는 누구인가요?

Q 의사소견서 제출 제외자는 누구인가요?

A ①장기요양인정 신청을 하는 경우 의사소견서를 제출하여야 하나, 신청인 중 의료기관을 방문하기 어려운 다음의 자는 의사소견서 제출이 제외되며, 국민건강보험공단에서 인정조사 이후 제출제외 통보를 해드립니다.
  - 보건복지부 장관이 정하여 고시하는 도서·벽지 지역에 거주하는 자
  - 국민건강보험공단의 장기요양인정조사 결과 심신 상태나 거동상태 등이 현저하게 불편하여 보건복지부장관이 '거동불편자에 해당하는 자'로 고시에 정한 자
  ②거동불편자에 해당하는 경우
  - 장기요양인정조사 결과 장기요양 1등급을 받을 것으로 예상되는 자
  - 장기요양인정조사 결과 장기요양 2등급을 받을 것으로 예상되는 자 중에서 조사항목 중 신체기능영역의 '방 밖으로 나오기'가 완전도움이면서, '체위 변경하기, 일어나 앉기, 옮겨 앉기'항목의 기능자립정도의 합계 점수가 6점 이상인 자

■ 의사소견서는 언제까지 제출하나요?

Q 의사소견서는 언제까지 제출하나요?

A 국민건강보험공단이 등급판정위원회에 신청인에 관한 인정조사내용 등 자료를 제출하기 전까지 의사소견서를 제출하여야 하며, 구체적인 제출기일은 국민건강보험공단에서 개별적으로 안내문을 통보합니다.
  - 제출기일까지 의사소견서를 제출하지 않은 경우에는 등급판정위원회에서 심의할 수 없으므로 등급판정을 받을 수 없습니다.

■ **의사소견서 발급 시 본인부담률은 어떻게 되나요?**

Q 의사소견서 발급 시 본인부담률은 어떻게 되나요?

A ① '의사소견서 발급의뢰서' 없이 의사소견서를 발급받은 경우, 또는 의사소견서 발급의뢰서 상에 치매진단 관련 보완서류 제출 필요자로 구분되었으나 치매진단 관련 보완서류가 포함되지 않은 의사소견서를 발급받는 등 공단의 제출 통보와 다른 의사소견서를 발급받은 경우에는 본인이 전액 부담합니다.
② 이 중 장기요양인정 재신청을 하여 수급자로 결정되거나 등급변경신청을 하여 등급이 변경된 경우(등급 상·하향) 등 본인부담 제외비용 환급대상인 경우에는 본인부담금을 제외한 나머지 비용을 국민건강보험공단에 청구할 수 있습니다.

신청종류	신청인의 자격	본인부담	공단부담	국가와 지자체부담
최초 신청 갱신 신청	일반가입자	20%	80%	
	「의료급여법」제3조제1항제1호의 규정에 따른 의료급여를 받는 사람	-	-	100%
	「의료급여법」제3조제1항제1호의 외의 규정에 따른 의료급여를 받는 사람	10%	-	90%
	저소득, 생계곤란자 등 감경 대상자(보건복지부 고시)	10%	90%	-
등급변경신청 재신청	전액본인부담			

■ 의사소견서 발급비용 중 본인부담 제외비용 환급대상 및 절차가 궁금합니다.

Q 의사소견서 발급비용 중 본인부담 제외비용 환급대상 및 절차가 궁금합니다.

A ①장기요양인정 재신청이거나 등급변경신청 등 의사소견서 발급의뢰서 없이 전액 본인이 비용을 부담하여 의사소견서를 발급받은 경우 중에서 다음에 해당하는 자는 본인이 부담할 비용을 제외한 나머지 비용을 국민건강보험공단에 청구하여 환급받을 수 있습니다.
- 장기요양인정 재신청하여 수급자로 판정받은 경우나 등급변경 신청을 하여 등급이 변경된 경우
- 최초로 장기요양인정 신청하거나 장기요양인정 갱신 신청한 경우 (65세 미만의 자는 노인성 질환자임이 확인되어야 구 가능)

②환급대상에 해당하는 자는 의사소견서 발급비용 중 본인이 부담할 비용을 제외한 나머지 비용을 국민건강보험공단에 청구하고, 국민건강보험공단은 이를 확인한 후 청구인에게 지급합니다.

※의사소견서 발급비용은 의사소견서를 발급받을 때 발급기관에 지불한 실제금액을 말하며 "장기요양급여 제공기준 및 급여비용 산정방법 등에 관한 고시"에서 정한 금액을 초과할 수 없습니다.

※본인이 부담할 비용은 의사소견서 발급일의 자격에 따른 본인부담금을 말합니다.

■ 의료기관에서 신청인에 대한 진료기록이 없다며 의사소견서 발급을 거부할 수 있나요?

Q 의료기관에서 신청인에 대한 진료기록이 없다며 의사소견서 발급을 거부할 수 있나요?

A 의료기관은 정당한 이유 없이 발급을 거부할 수 없으며, 진료기록이 없다는 것은 정당한 이유에 해당되지 않습니다.

■ 의사소견서를 정형외과 의사에게 받았는데, 인지나 문제행동부분은 전문이 아니라서 작성할 수 없다고 합니다. 등급판정에 영향이 큰가요?

Q 의사소견서를 정형외과 의사에게 받았는데, 인지나 문제행동부분은 전문이 아니라서 작성할 수 없다고 합니다. 등급판정에 영향이 큰가요?

A 의사소견서는 인정조사의 내용을 보완하고 전문성을 확보하는 역할을 하므로 등급판정에 영향을 미칩니다.
따라서 의사소견서는 평소 신청인을 진료한 경험이 있는 의사가 작성하는 것이 바람직하며, 소견서에 작성되지 않은 부분이 있는 경우 작성된 부분만 등급판정자료로 활용됩니다.

■ 의사소견서 대신 입원확인서나 진단서를 제출해도 되나요?

Q 의사소견서 대신 입원확인서나 진단서를 제출해도 되나요?

A 장기요양인정 신청과 관련하여 제출하는 의사소견서는 반드시 법정 서식(시행규칙 별지 제2호서식)에 의거하여 의사 또는 한의사가 발급하여야 합니다. 따라서 법정서식이 아닌 다른 소견서 서식은 등급판정위원회의 심의자료로 활용될 수 없기 때문에 입원확인서나 진단서는 인정되지 않습니다.

■ 의사소견서 발급 시 진단을 위한 추가 검사를 요구할 때 그 비용은 어떻게 하나요?

Q 의사소견서 발급 시 진단을 위한 추가 검사를 요구할 때 그 비용은 어떻게 하나요?

A 의사소견서 발급비용은 초진료(진찰료+관리료), 신경학적 일반검사비가 포함되어 있어 일반적으로 의사소견서 작성을 위한 추가 검사 비용은 요구되지 않습니다. 다만, 65세 미만자의 노인성질병 진단을 위한 검사비용은 신청인(본인)이 부담하셔야 합니다.
※ 일반적인 신경학적 검사는 병력 청취, 지각 검사, 언어·실행·인지에 관한 검사, 운동계, 반사활동, 감각계 검사등으로 추가비용이들어가는 검사도구가 필요하지않은 검사입니다. 의사소견서는 근력, 관절운동범위, 운동상태, 정신상태, 의료적 처치여부를 확인하는 등의 내용으로 구성되어 있어 진찰과 일반적인 신경학적 검사로 소견서 작성이 가능합니다.

■ 장기요양인정의 갱신은 무엇인가요?

Q 장기요양인정의 갱신은 무엇인가요?

A ①장기요양인정서의 유효기간은 수급자마다 다를 수 있으며, 최소 1년부터 최대 4년 6개월까지입니다. 유효기간이 만료되면 더 이상 수급자로서 장기요양급여를 받을 수 없기 때문에 갱신신청을 통해 유효기간을 연장하여야 합니다.

②갱신신청은 유효기간이 만료되기 90일 전부터 30일 전까지의 기간에 장기요양인정 갱신신청서와 의사소견서를 국민건강보험공단에 제출하여야 합니다. 다만, 갱신신청의 경우 유선으로도 신청이 가능 하며, 이 경우 신청서 제출 없이 통화자의 신분확인 절차를 거친 후에 신청이 가능합니다.

■ 유효기간이 끝나도 갱신신청을 할 수 있나요?

Q 유효기간이 끝나도 갱신신청을 할 수 있나요?

A ①장기요양인정서의 유효기간이 만료되기 90일 전부터 30일 전에 장기요양인정의 갱신을 신청하여 장기요양인정등급을 받으면, 유효기간 만료일 다음날부터 다시 유효기간이 부여됩니다.

②그러나, 유효기간이 이미 만료된 이후 또는 유효기간이 만료되기까지 30일 미만이 남은 경우에 장기요양인정 신청을 하는 것은 갱신신청으로 볼 수 없고, 다시 장기요양인정 신청을 하여 새롭게 장기요양인정서가 도달한 날부터 다시 유효기간이 시작되므로 그 사이에는 장기요양급여를 받을 수 없는 기간이 발생할 수 있습니다.

■ 1~5등급 인정자가 갱신신청결과 등급외 판정을 통보받은 경우 언제까지 급여이용이 가능한가요?

Q 1~5등급 인정자가 갱신신청결과 등급외 판정을 통보받은 경우 언제까지 급여이용이 가능한가요?

A 갱신신청으로 등급외로 판정받더라도 현재 받고 있는 인정 유효기간 만료일까지는 장기요양서비스 이용이 가능합니다. 다만, 등급 유효기간이 만료된 다음날부터 급여를 받을 수 없게 됩니다.

■ 갱신신청 기간에 기능상태 변화가 있는 경우 등급변경 신청이 가능한가요?

Q 갱신신청 기간에 기능상태 변화가 있는 경우 등급변경 신청이 가능한가요?

A 갱신신청 기간에도 기능상태 변화가 있다면 등급변경신청을 할 수 있습니다. 그러나 갱신신청 기간에 등급변경신청을 하여 등급외로 판정받을 경우 등급판정일 다음날부터 새로운 인정 유효기간이 시작되므로 급여가 중단될 수 있습니다.

■ 갱신신청에 대한 등급판정에 불만이 있는데 갱신신청 기간에 등급변경 신청이 가능한가요?

Q 갱신신청에 대한 등급판정에 불만이 있는데 갱신신청 기간에 등급변경 신청이 가능한가요?

A 갱신신청 기간에 등급변경신청을 할 경우 등급판정 결과 등급판정일 다음날부터 새로운 인정 유효기간이 시작되고, 1~5등급자가 등급외로 판정받을 경우 현재 인정 유효기간이 등급판정일로 종료됨에 따라 급여가 중단될 수 있습니다.
아울러, 장기요양등급판정 등에 관한 국민건강보험공단의 처분에 이의가 있으면 국민건강보험공단에 이의신청을 제기하거나 행정소송을 제기할 수 있습니다.

■ 등급변경의 효력은 언제 발생하나요?

Q 등급변경의 효력은 언제 발생하나요?

A 등급판정위원회의 판정 결과 수급자의 등급이 변경된 경우 변경된 장기요양인정서, 표준장기요양이용계획서, 복지용구 급여확인서가 송부되며, 수급자는 이를 제시하여 인정서 상의 유효기간 기산일부터 변경된 등급으로 장기요양급여를 받을 수 있습니다. 다만, 월 중에 등급이 변경되는 경우 재가급여 중 방문요양, 방문간호 등의 월 한도액은 변경 전·후 등급 중 높은 등급의 월 한도액을 적용합니다.

■ 등급변경신청은 언제하나요?

Q 등급변경신청은 언제하나요?

A ①등급변경신청은 수급자가 장기요양인정의 유효기간 내에 심신상태가 악화 또는 호전되어 다른 장기요양등급을 받고자 하는 경우 신청하며, 국민건강보험공단에 등급변경신청서와 함께 의사소견서를 제출합니다.

②장기요양인정 관련 신청 유형

신청유형	내용
장기요양인 정신청	최초로 장기요양인정을 신청하거나 의사소견서 미제출로 각하된 후 신청
재신청	최초신청이 각하·기각된 후 다시 신청하거나 유효기간 종료 후 다시 신청, 등급외 판정자가 다시 신청
갱신신청	수급자가 계속하여 장기요양급여를 받고자 유효기간이 만료되기 90일 전부터 30일 전까지 신청
등급변경신청	수급자가 유효기간 내에 심신상태가 악화 또는 호전되어 다른 등급을 받고자 하는 경우 신청
급여종류,내용변경신청	수급자가 장기요양급여의 종류를 변경하여 다른 급여를 받고자 하는 경우 신청

Q 급여종류·내용변경의 효력발생 시기는 언제인가요?

A ①등급판정위원회의 판정 결과 수급자의 급여종류 · 내용이 변경된 경우 변경된 장기요양인정서와 표준장기요양이용계획서가 송부되며, 수급자는 이를 제시하여 인정서 상의 유효기간 기산일부터 변경된 급여종류 · 내용으로 장기요양급여를 받을 수 있습니다.
②등급변경신청에 따른 장기요양인정서는 장기요양등급 및 유효기간이 변경되나, 급여종류·내용변경신청에 따른 장기요양인정서는 급여종류만 변경되고 유효기간은 종전과 동일합니다.

■ 요양시설에서 장기요양급여를 받고 있던 자가 갱신 절차에 따라 등급이 1~2등급에서 3~5등급으로 하향될 경우 어떻게 해야 하나요?

Q 요양시설에서 장기요양급여를 받고 있던 자가 갱신 절차에 따라 등급이 1~2등급에서 3~5등급으로 하향될 경우 어떻게 해야 하나요?

A 3~5등급 판정을 받은 경우 시설급여가 제한되나 3~5등급자라도 다음의 참고와 같이 보살필 가족이 없는 경우 등은 시설에 입소할 수 있으며 위 대상자의 경우 갱신 등급판정에서 3~5등급을 받은 경우이므로 시설을 퇴소하였을 때 가족의 생업참여, 보호자의 질환 등 가족구성원의 수발이 곤란하다고 등급판정위원회에서 인정한 경우 계속적으로 시설에 입소할 수 있습니다.

■ 인정(방문)조사 시 신청인 측에서 준비할 사항이 있나요?

Q 인정(방문)조사 시 신청인 측에서 준비할 사항이 있나요?

A 장기요양인정 신청이 접수되면 국민건강보험공단 직원은 인정조사 계획을 수립하여 순차적, 체계적으로 신청인을 방문합니다. 국민건강보험공단 직원은 인정조사 계획 수립 시 신청인 측과 미리 연락하여 방문할 장소와 일시를 정합니다.

신청인 측에서는 약속한 장소나 일시의 변동사항이 있으면 즉시 국민건강보험공단에 연락하고, 의사능력이 없는 신청인은 인정조사 시 반드시 가족 등과 동석하여 정확한 조사가 이루어질 수 있도록 협조를 하여야 합니다.

■ 신청인은 지체장애1급이라 항상 보호자의 도움을 필요로 하는데 인정조사를 꼭 해야 하나요?

Q 신청인은 지체장애1급이라 항상 보호자의 도움을 필요로 하는데 인정조사를 꼭 해야 하나요?

A 장기요양인정 및 등급판정은 장기요양등급판정위원회에서 신청인의 심신기능상태에 따라 요양이 필요한 정도를 심의·의결 합니다. 신청인의 심신기능 상태에 대한 자료는 인정조사 직원에 의한 객관적인 판단기준에 의한 인정조사 결과서와 의사소견서이며, 장애등급이나 보호자의 '요양이 힘들다' 등과 같은 주관에 의해· 결정되는 것이 아닙니다. 따라서 인정조사 과정은 반드시 필요하며, 인정조사가 이루어지지 않으면 등급판정을 받을 수 없습니다.

Q 방문해서 어떤 내용을 조사하나요?

A ① 국민건강보험공단 직원은 신청인을 방문하여 「장기요양인정조사표」(시행 규칙별지 제5호서식)에 의해 신청인의 심신상태 등에 대하여 각 영역별 판단기준에 의해 조사합니다.

② 「장기요양인정조사표」*의 구성은 다음과 같습니다.

I. 일반사항	신청의 종류, 조사직원, 신청인, 참석인 등 인정조사 기본사항
II. 장기요양 인정·욕구사항	가. 신체기능(기본적 일상생활기능) 영역
	나. 사회생활기능(수단적 일상생활기능) 영역
	다. 인지기능영역
	라. 행동변화영역
	마. 간호처치영역
	바. 재활영역
	사. 복지용구
	아. 지원형태
	자. 환경평가
	차. 시력 · 청력상태
	카. 질병 및 증상

* 「장기요양인정조사표」의 항목은 총 90개인데, 그 중 장기요양인정과 관련된 항목은 52개 항목이며, 표준장기요양이용계획과 관련된 항목은 장기요양인정조사 전체 항목입니다.

■ 인정신청을 하고 집으로 인정조사를 하러 온다는데 누가 조사하나요?

Q 인정신청을 하고 집으로 인정조사를 하러 온다는데 누가 조사하나요?

A 소정의 교육을 받은 공단의 노인장기요양보험 운영센터 소속 간호사, 물리치료사, 사회복지사 등의 장기요양 직원이 조사합니다.

■ 등급판정이란 무엇인가요?

Q 등급판정이란 무엇인가요?

A 등급판정이란 장기요양서비스를 받을 수 있는 대상자를 선정하기 위해 장기요양이 필요한 정도(요양필요도)에 따라 등급을 부여하는 것을 말합니다. 이는 신청인의 요양필요시간을 표시하는 척도로써 요양필요도 수준을 나타내는 장기요양인정점수를 등급판정기준에 따라 등급판정위원회에서 판정하는 것을 말합니다.

Q 등급판정의 기준은 무엇인가요?

A ①등급판정은 단순히 노인의 기능상태만으로 결정하는 것이 아니라, 기능상태에 따른 요양이 필요한 정도에 의해 등급을 결정합니다. 요양이 필요한 정도는 그 노인에게 제공되는 객관적인 요양서비스 시간을 말하며 이를 요양인정점수라고 표현하며 장기요양인정점수로 등급을 결정합니다.

- 예를 들어, 치매로 하루 종일 배회하는 노인의 경우 온종일 누워계시는 와상 노인보다 이동능력 등 신체기능 상태는 더 좋을 수 있으나, 일상생활 수행에 있어서 수발자의 지시 및 감독에 대한 필요시간이 추가적으로 적용될 수 있습니다.

②또한 등급판정을 할 때는 노인의 수발자 유무나 경제적 상황 등은 고려하지 않습니다. 이 제도가 사회보험이기 때문에 모든 국민에게 적용되는 보편적 기준, 즉 요양이 필요한 정도만으로 등급을 판정해야 하며 수발자가 있다고 하여 등급이 불리하게 판정된다면 형평성과 보험원리에 맞지 않습니다.

■ 등급판정은 어떤 절차로 이루어지나요?

Q 등급판정은 어떤 절차로 이루어지나요?

A ①등급판정은 신청인이 장기요양인정 신청을 하게 되면 공단직원이 신청인의 자택을 방문하여 장기요양인정 조사 90개 항목을 조사하여 장기요양인정점수를 구합니다. 장기요양인정점수는 신청인에게 장기요양이 필요한 정도를 나타내는 점수입니다.

②그 다음은 등급판정위원회(의료인, 사회복지사, 공무원 등으로 구성)에서 장기요양인정조사표, 의사소견서 등을 바탕으로 신청인의 개별적 심신 상황을 고려하여 장기요양인정점수를 조정, 결정합니다.

③결정된 장기요양인정점수에 따라 다음과 같이 장기요양등급이 구분됩니다.

장기요양등급	장기요양인정점수
장기요양 1등급	95점 이상
장기요양 2등급	75점 이상 ~ 95점 미만
장기요양 3등급	60점 이상 ~ 75점 미만
장기요양 4등급	51점 이상 ~ 60점 미만
장기요양 5등급	치매환자로서 45점 이상 51점 미만
장기요양 인지지원등급	치매환자로서 45점 미만

■ 장기요양등급을 어떻게 구분하나요?

Q 장기요양등급을 어떻게 구분하나요?

A ①수급자의 심신기능 상태에 따라 서비스 제공 량이나 서비스를 제공하는 인력의 차이가 있는데, 높은 등급일수록(중증일수록) 많은 자원이 소모됩니다. 따라서 이를 차별화하고자 등급체계를 두었습니다.

②장기요양등급은 심신의 기능상태의 장애로 일상생활에서 다른 사람의 도움을 필요로 하는 정도에 따라 다음과 같이 구분됩니다.

- 1등급
심신의 기능상태의 장애로 일상생활에서 전적으로 다른 사람의 도움이 필요한 자로서 장기요양인정 점수가 95점 이상인 자

- 2등급
심신의 기능상태의 장애로 일상생활에서 상당 부분 다른 사람의 도움이 필요한 자로서 장기요양인정 점수가 75점 이상 95점 미만인 자

- 3등급
심신의 기능상태의 장애로 일상생활에서 부분적으로 다른 사람의 도움이 필요한 자로서 장기요양인정 점수가 60점 이상 75점 미만인 자

- 4등급
심신의 기능상태의 장애로 일상생활에서 일정 부분 다른 사람의 도움이 필요한 자로서 장기요양인정 점수가 51점 이상 60점 미만인 자

- 5등급
치매(「노인장기요양보험법 시행령」제2조의 노인성질병에 한정)환자로서 장기요양인정 점수가 45점 이상 51점 미만인 자

- 인지지원등급

　치매(「노인장기요양보험법 시행령」제2조의 노인성질병에 한정)환
　자로서 장기요양 인정 점수가 45점 미만인 자

■ 등급판정도구는 무엇인가요?

Q 등급판정도구는 무엇인가요?

A 등급판정도구는 신청인의 심신기능 상태와 실제 요양을 제공한 시
　간을 통계적 방법에 의하여 점수화한 것으로서 2003년부터 2007
　년까지 4차례의 연구조사와 분석을 통해 개발된 도구입니다.
　또한 지속적인 장기요양보험 등급판정체계 개선을 통해 신체기능은
　비교적 양호하나 간헐적 치매증상으로 일상생활에 어려움을 겪는
　경증 치매노인에게 까지 장기요양 서비스를 확대하였습니다.

■ 장기요양등급판정위원회에 대해 알고 싶습니다.

Q 장기요양등급판정위원회에 대해 알고 싶습니다.

A ①등급판정위원회는 65세 이상 노인 또는 65세 미만의 노인성질환
자 중 장기요양인정신청자의 장기요양보험급여 수급자 인정여부
를 심의·의결하는 기능을 수행하며, 객관성과 전문성을 담보하기
위하여 의료·보건·복지 전문가 그룹과 공익의 대표자로 구성하여
시·군·구 단위로 국민건강보험공단에 설치·운영하는 위원회입니다.
②장기요양인정 신청인에 대한 심신상태 등을 국민건강보험공단 직
원이 방문하여 인정조사한 결과와 신청인이 제출하는 의사소견
서를 바탕으로 하여 장기요양인정 및 장기요양등급판정을 심
의·의결합니다.
③인구 수 등을 고려하여 하나의 특별자치시·특별자치도·시·군·
구에 2개 이상의 등급판정위원회를 설치하거나 2개 이상의 특별자
치시·특별자치도·시·군·구를 통합하여 하나의 등급판정위원회
를 설치할 수 있습니다.

Q 장기요양등급판정위원회 위원은 어떤 사람으로 구성되나요?

A ①장기요양등급판정위원회의 위원은 장기요양인정에 대한 공정성과 객관성을 담보할 수 있어야 하며, 노인장기요양서비스가 지역사회의 현실(지역밀착형서비스)에 맞게 이루어질 수 있도록 하기 위하여 의료인, 사회복지사, 특별자치시· 특별자치도 · 시 · 군 · 구 공무원 등으로 구성합니다.

②등급판정위원회 위원 자격요건

- 「의료법」에 따른 의료인
- 「사회복지사업법」에 따른 사회복지사
- 특별자치시 · 특별자치도 · 시 · 군 · 구 소속 공무원
- 법학 또는 장기요양에 관한 학식과 경험이 풍부한 자

■ 장기요양등급판정 소위원회에 의사 또는 한의사가 왜 반드시 포함되어야 하나요?

Q 장기요양등급판정 소위원회에 의사 또는 한의사가 왜 반드시 포함되어야 하나요?

A ①장기요양등급판정위원회는 효율적인 업무수행을 위하여 소위원회를 설치·운영할 수 있으며, 이 경우 소위원회는 장기요양인정 등 장기요양사업과 관련하여 장기요양인정 신청인에 대한 상태와 의사소견서에 대한 의학적인 전문성과 객관성을 확보하기 위하여 반드시 의사 또는 한의사를 포함하도록 하고 있습니다.
②등급판정소위원회 위원 구성 운영
- 구성 : 위원장 1인을 포함하여 7명의 위원
▷ 의사 또는 한의사가 1명 이상은 반드시 포함
- 운영 : 구성원의 과반수 출석으로 개의하고 구성원의 과반수 찬성으로 의결

■ 지체장애 2등급인 지체장애 대상자가 장기요양등급 판정결과 3등급인데 왜 등급이 다른가요?

Q 지체장애 2등급인 지체장애 대상자가 장기요양등급 판정결과 3등급인데 왜 등급이 다른가요?

A 지체장애등급은 「장애인복지법」에 의하여 단순히 외부 신체의 장애(척추장애, 관절장애, 신체변형 등의 장애) 정도만을 기준으로 하여 등급을 판정하는데 비해, 장기요양등급은 「노인장기요양보험법」에 의하여 노인의 전반적인 심신의 기능상태(신체기능, 인지 및 행동변화 영역, 간호처치영역, 재활영역)를 기준으로 '요양이 필요한 정도'에 의하여 등급을 판정합니다.

Q 옆집 할머니나 우리 집 할머니나 거동불편 정도가 비슷한데 왜 등급이 다른가요?

A ①거동이 불편한 정도란 가족 또는 주변인이 느끼는 주관적 감정이 아니라, 객관적이고 전국 일률적인 기준에 의해 결정됩니다.

- 인정조사는 5개영역(신체기능, 인지기능, 행동변화, 간호처치·재활)을 실시하여 신체, 정신적인 부분이 모두 영향을 미치므로 신체적 이상이 없더라도 정신적 (인지·행동변화)인 기능이 좋지 않을 경우 등 통계적인 방법으로 인정점수를 산출하게 됩니다. 인정조사 결과서와 의사소견서의 내용, 전문가로 구성된 장기요양등급판정위원회의 소견에 의해 이루어지므로 가족의 눈에 보이는 거동 불편정도와는 차이가 있습니다.

② '장기요양인정점수'는 어르신의 심신상태(인정조사 52개 항목)와 서비스 제공시간을 조합하여 어르신에게 '요양이 필요한 정도'를 시간의 개념으로 산출한 점수로 이를 기준으로 다음과 같이 장기요양 등급이 구분됩니다.

③등급판정의 절차는 다음과 같습니다.

인정조사 결과서		등급판정
인정조사한 52개 항목을 컴퓨터프로그램(등급판정도구)에 입력하여 8개서비스군 별로 요양인정점수 산출	⇒	인정조사결과서, 의사소견서 내용 및 특기사항을 바탕으로 등급판정위원회에서 등급판정

④등급판정의 과정은 다음과 같습니다.

- 장기요양인정조사 후 인정조사결과서 및 심의자료 작성
- 인정조사 → 조사항목의 원점수 산출 → 100점 환산점수 산출 → 52개 조사결과와 산출 값을 8개 서비스군 별 수형분석도에 적

용하여 각 요양인정점수 산출
- 조사결과서 및 요양인정점수 산출과정을 등급판정위원회 심의자
  료로 제출
- 장기요양등급판정위원회 최종심의
- 의사소견서 등 신청인이 제출한 자료와 조사결과서 등 심의자료
  를 심의하여 수급자여부 및 장기요양등급을 판정합니다.

■ **노인장기요양보험은 치매·중풍 노인을 위해서 만들어졌다고 들
었습니다. 우리 남편은 치매로 병원에 다니고 있는데 왜 등급
에 들지 않았는지요?**

Q 노인장기요양보험은 치매·중풍 노인을 위해서 만들어졌다
고 들었습니다. 우리 남편은 치매로 병원에 다니고 있는데
왜 등급에 들지 않았는지요?

A ①등급판정이란 장기요양이 필요한 정도, 즉 '요양필요도'에 따라
등급을 부여하는 것으로 도움을 받아야 할 서비스 시간이 길어
질수록 요양필요도 수준이 높아지게 됩니다. 따라서 치매에 걸리
셨다고 할지라도 옷갈아 입기, 세수하기, 화장실 가기 등의 일상
생활을 스스로 할 수 있는 경우는 도움을 받아야 할 서비스 시
간이 상대적으로 적게 들어 등급을 받지 못 하실 수도 있습니다.
②다만, 인정에서 제외되신 분들을 위해서 공단과 각 지방자치단체
의 지역보건복지 서비스 연계를 통해 노인돌봄종합서비스, 맞춤
형 방문건강관리, 목욕서비스 제공 등의 기타 지역사회 노인건강
복지프로그램을 실시하고 있습니다.

Q 인정신청 결과 등급외로 판정이 났는데, 전혀 장기요양서비스를 받을 수 없나요?

A ①장기요양인정 신청을 하여 수급자(장기요양 1~5등급, 인지지원등급)로 판정받으면 장기요양급여를 받으실 수 있으나 등급외(등급외 A, B, C)로 판정받으면 지역사회의 노인관련 보건복지서비스를 받으실 수 있도록 국민건강보험공단과 시·군·구에서 연계하여 드립니다.
②등급외 판정을 받으신 분은 지역보건복지서비스를 받을 수 있습니다.

Q 기존의 노인돌봄종합서비스를 받던 사람이 등급외 판정을 받으면 어떻게 되나요?

A 등급외 A, B 판정을 받으셨을 경우 노인돌봄종합서비스를 받으실 수 있습니다. 그러나 장기요양수급자는 장기요양보험에 의한 서비스만 가능하며, 등급외C 판정자는 노인돌봄 종합서비스를 받으실 수 없습니다.

■ 등급외 A, B, C의 기준은 무엇인가요?

Q 등급외 A, B, C의 기준은 무엇인가요?

A ○장기요양인정 신청을 하여 수급자(장기요양1~5등급, 인지지원등급)로 판정받지 못한 분을 등급외 A, 등급외 B, 등급외 C로 구분하며 대표적인 신체 및 인지기능상태 유형은 다음과 같습니다.

- 등급외 A : 장기요양 5등급을 제외한 장기요양인정점수 45점 이상 ~ 51점 미만

자동·인지 관련대상자	- 실내 이동은 지팡이를 이용해서 자립 - 목욕하기, 화장실 이용하기 등 어려운 항목에서 약간의 도움 - 수발자 없이 장시간 혼자 집안에 머무는 것이 가능 - 종이접기 등의 프로그램 참여 등 복지관 이용이 가능 - 단기기억 장애나 판단력 장애 등 인지력이 떨어져 있음

- 등급외 B : 인지지원등급을 제외한 장기요양인정점수 40점 이상 ~ 45점 미만

자동·인지 관련대상자	- 실내 이동은 자립, 실외이동도 자립 비율이 높음 - 일상생활은 목욕하기 등에서 약간의 도움, 대부분은 자립 - 만성관절염 호소, 복지관 이용 가능 - 단기기억 장애나 판단력 장애 등 인지력이 약간 떨어져 있음 - 문제행동도 거의 나타나지 않음 - 목욕하기 등의 어려운 항목에서 약간 도움, 복지관 이용 가능

- 등급외 C : 인지지원등급을 제외한 장기요양인정점수 40점 미만

자동·인지 관련대상자	신체기능이나, 인지기능에 문제가 없는 분으로 혼자서 일상생활이 가능하여 건강증진 등 예방서비스가 필요한 대상임

■ 등급외 판정을 받았는데 주민등록 주소지가 아닌 곳에서도 지역사회의 보건복지 서비스를 받을 수 있나요?

Q 등급외 판정을 받았는데 주민등록 주소지가 아닌 곳에서도 지역사회의 보건복지 서비스를 받을 수 있나요?

A ①현재 지역보건복지서비스는 주민등록상 주소지를 기준으로 실시합니다. 즉, 시·군·구에서 실시하는 지역보건복지서비스는 지방자치단체 예산을 투입하여 지역에 주민등록 주소를 두고 거주하시는 분을 대상으로 실시합니다. 그러나 주소지가 아닌 곳에 거주하는 대상자는 이용하실 수 없습니다.
②위의 경우 종교단체, 학교, 병원, 기업체, 부녀회 등의 비공식적인 지역사회자원을 활용하는 방법과 국민건강보험공단에서 실시하고 있는 건강백세운동교실, 국민건강증진센터의 증진운동, 고혈압·당뇨 환자인 경우 만성질환 관리제 건강지원 서비스 등의 서비스가 있습니다.

■ 장기요양인정서란 무엇인가요?

Q 장기요양인정서란 무엇인가요?

A ①장기요양인정서는 장기요양 수급자에게 장기요양급여 수급권이 있음을 통보하여 주는 서식으로서 장기요양등급, 장기요양급여의 종류 및 내용, 장기요양인정의 유효기간, 장기요양등급판정위원회의 의견 등이 기재됩니다.
②장기요양인정서는 수급자가 장기요양급여를 받고자 할 때 장기요양기관에 장기요양인정서를 제시하여 자신의 장기요양등급, 유효기간 등의 범위 내에서 적절한 급여를 받을 수 있습니다.

■ **등급외 판정을 받았는데 지방자치단체의 지역보건복지서비스 이외에 국민건강보험공단의 건강지원서비스는 없나요?**

Q 등급외 판정을 받았는데 지방자치단체의 지역보건복지서비스 이외에 국민건강보험공단의 건강지원서비스는 없나요?

A 국민건강보험공단은 지역보건복지서비스 안내문 발송 후 공단사업 대상으로 참여의사가 있는 대상자에게 보완적으로 아래와 같은 서비스를 제공합니다.

사업	대상자	제공내용
만성질환 관리제 건강지원 서비스	등급외판정자 중 다음의 어느 하나에 해당하는 고혈압, 당뇨 유질환자로 사업 참여의사가 있는 자 ①고혈압(I10), 당뇨병(E11) 환자로 진찰료 본인부담 감경내역이 있는 자 ②최근 1년간 고혈(I10~I15) 또는 당뇨병(E10~E14) 진료내역 있는 자 ③검진사후 유질환군 대상자 중 급여내역이 확인된 자	①공통형 건강지원서비스 : 건강관련정보제공 서비스(건강문고, 건강수첩 등),자가 측정기(혈압기 및 혈당기) 대여, 만성질환 관련 전문 건강 상담 등 ②선택형 건강지원서비스 : 건강길잡이 상담을 통한 개별건강상담 등
건강백세 운동교실	65세 이상 등급외판정자 중 사업참여희망자	힘뇌체조, 경로당 등 노인시설에서 실버(타이치, 기)체조, 요가, 표준운동 프로그램, 댄스스포츠 등

Q 등급판정을 완료한 자에게 무엇을 통보하나요?

A ①등급판정이 완료되면 국민건강보험공단은 신청인에게 다음과 같이 그 판정 결과를 지체 없이 통보하여야 합니다.

판정결과	통보내용
장기요양등급을 받은 자(수급자)	장기요양인정서, 표준장기요양이용계획서
장기요양등급을 받지 못한 자 (수급자로 판정받지 못한 자)	판정내용 및 사유

②등급판정결과는 유선, 팩스 등으로 통보하지 않으며, 국민건강보험공단 노인장기요양보험운영센터를 직접 방문하시거나, 우편으로 받으시거나, 공단직원이 직접 방문하는 방법으로 신청인 또는 대리인(위임장 징구)에게 전달할 수 있습니다. 다만, 신청인 본인의 경우 노인장기요양보험 홈페이지에서도 결과를 확인하실 수 있습니다.

장기요양 급여의 종류 및 내용

제2장 장기요양 급여의 종류 및 내용

1. 노인요양시설

1-1.노인의료복지시설 통합, 개편

① 노인의료복지시설의 무료, 실비, 유료의 구분이 없어 졌습니다.

② 노인요양시설과 노인전문요양시설이 통합되었습니다.

③ 시설유형에 노인요양공동생활가정을 추가하였습니다.

1-2. 노인의료복지시설 통합, 개편 비교

변경 전	변경 후
<ul><li>-노인요양시설</li><li>-노인전문요양시설</li><li>-실비노인요양시설</li><li>-유료노인전문요양시설</li><li>-유료노인요양시설</li></ul>	노인요양시설(통합)
	노인요양공동생활가정(신설)
노인전문병원	노인전문병원

* 노인전문병원은 장기요양기관 지정대상에서 제외

1-3. 노인의료복지시설의 시설기준 및 직원배치기준 변경

① 노인요양, 실비노인요양, 노인전문요양 등 각 시설유형을 노인요양시설로 통합하였으며 유형별, 정원별 시설 및 인력 기준을 통합하였습니다.

② 2008년 4월 4일 이전에 설치 신고된 시설은 2008년 4월 4일부터 5년 이내 개정규정에 적합하게 바꾸어야 합니다.

　1) 기존 규정에 따라 설치 신고된 노인요양시설, 실비노인요양시설, 유료 노인 요양시설의 경우 요양시설 수가 적용

　2) 기존 규정에 따라 설치 신고된 노인전문요양시설, 유료노인전문요양시설 및 개정 규정에 따라 설치 신고된 노인요양시설은 전문요양 수가 적용

③ 2008년 4월 4일 이전에 설치 신고된 요양시설이 전문요양시설의 시설 및

인력 기준을 갖춘 경우 변경신고를 하면 전문요양시설로 인정합니다.

④ 2008년 4월 4일 이전에 「건축법」에 따라 건축허가를 받았거나 「주택법」에 따른 사업계획의 승인을 받은 경우 시설기준은 종전 기준에 따라 심사, 인력기준은 개정규정에 적합한 기준으로 갖추어 심사합니다.

⑤ 노인의료복지시설 시설 및 인력기준 주요변동사항

구분	변경 전	변경 후
시설 면적	해당없음	- 노인요양시설 : 입소정원 1명당 연면적 23.6㎡ 이상의 공간 확보 - 노인요양공동생활가정 : 입소정원 1명당 연면적 20.5㎡ 이상 공간확보
거실 (침실) 면적	무료 및 실비노인요양시설의 경우 1인당 5㎡, 전문요양시설의 경우 1인당 6.6㎡ 확보	전 시설 공히 1인당 침실면적 6.6㎡ 확보
	시설유형에따라 합숙침실 1실 정원을 4~6명으로 규정	합숙침실 1실 정원은 4명 이하
시설정원	노인요양시설 : 입소정원 하한선이 없음(운영규정 5인 이상)	- 노인요양시설: 입소자 10인이상 - 노인요양공동생활가정 : 입소정원 5명 이상 9명 이하
요양보호사 배치	시설유형에 따라 입소자 7명당 1명, 5명당 1명, 3명당 1명으로 규정	- 노인요양시설 : 입소자 2.5명당 1명 (치매전담실은 2명당 1명) - 노인요양공동생활가정 : 입소자 3명당 1명 (치매전담형은 2.5명당 1명)
간접서비스 인력	간접서비스 인력을 고정 배치	간접서비스 인력배치는 필요수로 규정('17.1.1. 부터 '필요수' 인력 의무 배치 되거나'필요수' 규정 삭제)

1-4. 요양보호사 배치의무 및 기존 종사자의 자격유예

① 2008년 7월 1일부터 기존 규정에 따라 설치('08.4.4 이전)된 요양시설에서 생활지도원 역할을 수행하는 인력 채용시 반드시 요양보호사 자격보유자를 채용해야 합니다.

② 2008년 7월 1일 현재 노인복지시설에서 생활지도원 또는 가정봉사원으로 근무하고 있는 직원은 2년간 요양보호사 자격취득에 대해 경과조치

를 두었습니다.

1) 경과조치 기준시점 : 2008년 7월 1일

2) 경과조치 종료시점 : 2010년 6월 30일

3) 경과조치 증빙방법 : 2008년 7월 1일 현재 근무 중임을 증명할 수 있는 재직증명서, 경력증명서, 연봉계약서 또는 고용계약서

③ 명칭이 생활지도원이 아니더라도 생활지도원과 동일한 업무를 수행하였던 것이 명백한 사람은 (예를 들면 시범사업 지역의 장기요양요원, 노인복지관의 방문목욕 종사자)에 대해서는 동일하게 자격유예를 적용합니다.

1-5. 요양보험 단기보호 개편 내용

① 단기보호서비스 이용기간 월 15일로 하였습니다. 다만, 가족의 여행, 병원치료 등 예외적인 경우 15일 이내에서 연간 2회까지 연장 가능합니다.

② 기존 단기보호기관은 요양시설로 전환

1) 입소대상 : 1, 2등급자 및 3등급자 중 시설급여가 인정되는 수급자

2) 수가 : 단기보호 수가 적용, 요양시설의 시설인력기준을 갖추면 요양시설 수가 적용. 향후 현행 요양시설 설치기준을 갖출 경우 장기요양기관 변경신고

3) 급여의 종류(노인요양시설 (단기보호 전환) → 노인요양시설(현행법)))로 처리

4) 이용자 본인부담 : 15%(재가급여) → 20% (시설급여)

③ 요양시설로 전환한 단기보호기관은 가급적 빨리(개정 시행규칙 시행 후 3년내)요양시설의 시설·인력기준을 갖추어야 합니다.

※ 노인의료복지시설 내 가(假)정원의 운영

① 개요

단기보호 개편으로 노인의료복지시설 내 가(假)정원 단기보호를 다음과 같이 노인의료복지시설 정원의 5%이내에서 가(假)정원을 인정하여 운영할 수 있습니다.

---

② 노인의료복지시설내 가정원 운영기준
- 노인의료복지시설 정원의 5%(소수점 이하 반올림, 노인요양공동생활가정
  은 1명 인정) 범위내에서 가(假)정원을 인정하여 운영
- 가(假)정원 운영에 따른 특례입소자(시설급여 대상자)는 입소일로부터 1
  회 90일까지 급여제공이 가능하며, 장기입원이 지속될 경우 연간 180일
  까지 급여제공 가능
- 장기입원(외박)자 발생후 10일 초과시(외박수가 지급기간 이후)부터 입소대
  상자 입소 가능. 다만, 장기입원자의 갑작스런 퇴원으로 인해 특례입소자의
  퇴소가 필요할 경우 일정기간 퇴소준비가 필요함을 감안하여 특례입소자의
  입소일로부터 90일이 도래하는 일자 또는 입소계약 만료일 중 빨리 도래하
  는 일자까지는 정원이 초과되더라도 부당청구로 간주하지 아니함
- 요양시설의 입원(외박)자를 제외한 현원과 가정원 현원의 합이 요양시설의
  정원을 초과하지 않아야 함
- 기초수급권자의 장기입원(외박)시 퇴소조치하지 않도록 하며 빈 침실은 특
  례입소자를 입소시켜 운영하고, 기초수급권자가 퇴원하는 경우 입원 이전
  과 동일하게 입소 보호하여야 함

2. 노인의료복지시설의 입소대상자

2-1. 입소대상자 자격기준

① 「노인장기요양보험법」 제15조에 따른 수급자(장기요양급여수급자)

② 65세 이상 기초수급자 및 부양의무자로부터 적절한 부양을 받지 못하는 자

③ 입소자로부터 입소비용의 전부를 수납하여 운영하는 시설(기존 유료시설)의 경우 60세 이상의 자

2-2. 입소대상자 선정기준

① 신규입소자

1) 장기요양 1~2등급(요양인정점수 75점 이상)

2) 장기요양 3~4등급자로 판정받았으나, 등급판정위원회에서 다음 사유 중 1개 이상 해당하는 것으로 판단되어 시설입소를 희망하는 자

　가. 동일세대의 가족구성원으로부터 수발이 곤란한 경우

　나. 주거환경이 열악하여 시설입소가 불가피한 경우

　다. 심신상태 수준이 재가급여를 이용할 수 없는 경우

3) 장기요양 5등급자로 판정받았으나, 등급판정위원회에서 다음 사유 중 1개 이상 해당하고 의사소견서 치매진단 관련보완서류의 영역이 일정 점수 이상인 것으로 판단되어 시설입소를 희망하는 자

　가. 동일세대의 가족구성원으로부터 수발이 곤란한 경우

　나. 주거환경이 열악하여 시설입소가 불가피한 경우

② 기존 입소자

1) 기존 운영비 지원 시설 입소자 : 노인장기요양보험제도 시행일 이전 국가 또는 지방자치단체로 부터 운영비의 전부 또는 일부를 지원받던 시설급여 제공 장기요양기관에 2008년 7월 1일 이전 입소해 있던 자 중 장기요양 3등급자(기존 입소자 중 등외자의 입소는 계속 허용하나 급여비용은 지방자치단체로 청구)

2) 기존 운영비 미지원 시설 입소자 : 노인장기요양보험제도 시행일 이전 국가 또는 지방자치단체로 부터 운영비를 지원받지 못했던 시설급여

제공 장기요양기관에 2008년 6월 1일 이전 입소해 있던 자 중 장기요양 3등급자(기존 입소자 중 등외자의 입소는 계속 허용하나 급여비용은 본인이 100% 부담해야 함)

3) 미인가 시설 등 입소자 : 노인장기요양보험제도 시행 당시 미인가 시설 등으로서 2009년 1월 1일 이전 장기요양기관으로 지정받은 기관에 2008년 6월 1일 이전 입소해 있던 자 중 장기요양 3등급자(기존 입소자 중 등외자의 입소는 계속 허용하나 급여비용은 본인이 100% 부담해야 함)

4) 미인가시설 등에 속하는 시설 기관의 종류
   - 종전 미인가시설이었으나, 시설·인력기준을 완비하여 2008년 6월~7월 중 요양시설로 장기요양기관 지정을 받은 시설
   - 종전 양로시설이었으나, '08.6월~7월 중 요양시설로 전환하여 장기요양기관 지정을 받은 시설
   - 요양시설 증·개축 등으로 장기요양기관 지정이 늦어진 경우 등

5) 위 4.에 속한 장기요양기관으로 2008.12.31일 이전 지정받은 기관

3. 재가노인복지시설

3-1. 재가노인복지시설의 개편

① 기존에는 서비스 유형별로 별도로 설치신고를 하였으나, 2008년 4월 4일부터는 여러 가지 서비스를 제공하는 하나의 시설로 설치신고 가능합니다.

② 예를 들면, 방문요양과 주야간보호를 병설하는 경우 시설유형은 재가노인 복지시설로 하고 제공하는 서비스유형 에 복수 체크 가능하게 개편되었습니다.

변경 전	변경 후
	재가노인복지시설
가정봉사원 파견시설	방문요양서비스
주간보호시설	주야간보호서비스
단기보호시설	단기보호서비스
	방문목욕서비스(신규)

3-2. 재가노인복지시설의 이용대상자

3-2-1. 이용대상자 자격기준

① 「노인장기요양보험법」 제15조에 따른 수급자(장기요양급여수급자)

② 심신이 허약하거나 장애가 있는 65세 이상의 자

③ 이용자로부터 이용비용의 전부를 수납하여 운영하는 시설 (기존 유료시설)의 경우 60세 이상의 자

3-2-2. 이용대상자 선정기준

① 신규입소자

장기요양급여수급자 (1~5등급)이거나, 65세 이상의 기초생활수급자 및 부양의 무자로부터 적절한 부양을 받지 못하는 자 중 혼자 일상생활을 수행하기 어려워 재가서비스의 제공이 필요한자

* 주의 : 신규 이용자 선정시에는 노인돌보미바우처(저소득 노인 중 장기요양 등급의 A, B), 가사간병도우미 파견사업(기초수급자 중 장기요양 등급의 A, B), 독거노인 생활지도사 등 타 서비스 제공가능 여부를 판단하여지원토록 하며, 타 서비스를 받지 못하는 노인의 경우 재가노인복지시설 이용을 지원

② 기존 이용자

2008년 7월 1일 이전에 재가노인복지시설을 이용하고 있던 기초수급자, 부양 의무자로 부터 적절한 부양을 받지못하는 자 및 실비이용자

* 주의 : 실비이용자 중 등급외자는 '08.12월말까지 한시적으로 이용비용의 일부를 지원. 그러나 단기보호시설의 경우 연간 사용일수를 초과한 자에 대해서는 지원 중단

4. 재가급여 · 시설급여

4-1. 재가급여

① 방문요양(방문당)

장기요양요원이 수급자의 가정 등을 방문하여 신체 활동 및 가사활동 등을 지원하는 장기요양급여

② 인지활동형 방문요양(방문당)

1~5등급 치매수급자에게 인지자극활동 및 잔존기능 유지·향상을 위한 일상생활 함께하기 훈련을 제공하는 급여(기존의 방문요양과는 달리 빨래, 식사준비 등의 가사지원은 제공할 수 없으나, 잔존기능 유지·향상을 위해 수급자와 함께 옷개기, 요리하기 등은 가능함)

③ 주·야간보호(1일당)

수급자를 하루 중 일정한 시간 동안 장기요양기관에 보호하여 목욕, 식사, 기본간호, 치매관리, 응급서비스 등 심신기능의 유지, 향상을 위한 교육, 훈련 등을 제공하는 급여

④ 방문목욕(방문당)

장기요양요원이 목욕설비를 갖춘 차량을 이용하여, 수급자의 가정을 방문하여 목욕을 제공하는 급여

⑤ 방문간호(방문당)

의사, 한의사 또는 치과의사의 지시에 따라 간호사, 간호조무사 또는 치위생사가 수급자의 가정 등을 방문하여 간호, 진료의 보조, 요양에 관한 상담 또는 구강위생 등을 제공하는 급여

⑥ 단기보호(1일당)

수급자를 월 9일 이내 기간 동안 장기요양기관에 보호하여 신체활동 지원 및 심신기능의 유지, 향상을 위한 교육, 훈련 등을 제공하는 장기요양급여

⑦ 기타 재가급여

수급자의 일상생활 또는 신체활동 지원에 필요한 용구로서 보건복지부 장관이 정하여 고시하는 것을 제공하거나 대여하여 노인장기요양보험

대상자의 편의를 도모하고자 지원하는 장기요양급여

* 휠체어, 전동·수동침대, 욕창방지 매트리스·방석, 욕조용 리프트, 이동 욕조, 보행기 등

4-2. 시설급여

① 노인요양시설

장기간 입소한 수급자에게 신체활동 지원 및 심신기능의 유지·향상을 위한 교육·훈련 등을 제공하는 장기요양급여

※ 입소정원 : 10명 이상

② 노인요양공동생활가정

장기간 입소한 수급자에게 가정과 같은 주거여건에서 신체활동 지원 및 심신기능의 유지 향상을 위한 교육·훈련 등을 제공하는 장기요양급여

※ 입소정원 : 5~9명

5. 복지용구 급여

5-1. 복지용구 급여란?

① 복지용구 급여란 심신기능이 저하되어 일상생활을 영위하는데 지장이 있는 노인장기요양보험 대상자에게 일상생활·신체활동 지원 및 인지기능의 유지·기능 향상에 필요한 용구로써 보건복지부장관이 정하여 고시하는 것을 구입하거나 대여하여 주는 것입니다.

② 법적근거

   1) 노인장기요양보험법 제23조(장기요양급여의 종류)

   2) 노인장기요양보험법 시행령 제9조

   3) 노인장기요양보호법 시행규칙 제19조(기타재가급여 제공 기준)

③ 급여대상자

   1) 노인장기요양보호법 수급자(1~5등급, 인지지원등급)

   2) 시설급여를 제공하는 장기요양기관에 입소하지 않은 수급자

5-2. 급여방식

① 구입방식

   『구입품목 10종』에 대해 제품별 수가에서 본인 부담금을 부담하고 구입하여 사용하는 방식

② 대여방식

   『대여품목 7종』을 일정기간 대여하여 사용하는 것으로 제품별 대여수가에서 본인부담금을 부담하고 사용하는 방식

③ 구입 또는 대여방식

   『구입 또는 대여품목 1종』에 대해 수급자가 구입 또는 대여방식 중 선택 가능

④ 급여품목

	구입품목(10종)	대여품목(7종)	구입 또는 대여품목(1종)
품목명	이동변기 목욕의자 성인용보행기 안전손잡이 미끄럼 방지용품 (미끄럼방지매트,미끄럼방지액,미끄럼방지양말) 간이변기(간이대변기·소변기) 지팡이 욕창예방 방석 자세변환용구 요실금팬티	수동휠체어 전동침대 수동침대 이동욕조 목욕리프트 배회감지기 경사로	욕창예방 매트리스

* 품목은 18종으로 한정되나 품목에 따른 각각의 제품은 수십 가지가 될 수 있으며, 구입 품목과 대여 품목은 보건복지부 고시 과정에서 변경될 수 있습니다.

5-3. 급여비용 본인부담율

① 일반대상자 : 15%

② 경감대상자 : 6% 또는 9%

  1) 보험료 감경대상자(보험료 순위 25% 초과 50%이하인 자)

  2) 의료급여자, 차상위 감경대상자, 천재지변 등 생계곤란자, 보험료 감경
대상자(보험료순위 25%이하인 자)

③ 기초생활수급자 : 0% - 본인부담금 없음.

5-4. 급여비용 연간한도액

① 급여비용 연간한도액 : 복지용구 연간 한도액 적용기간은 수급자의 유효
기간 개시일로부터 1년간이며, 한도액은 보건복지부장관이 고시하는 금
액 (연간한도액 160만원)

② 연간한도액 계산방법 : 복지용구급여비용(공단부담액+본인부담액)은 구
입과 대여를 합산한 금액으로 총액이 연간한도액 (160만원)을 초과하
면, 초과한 금액부터 전액 본인이 부담

5-5. 급여기준

① 내구연한이 정해진 품목은 재료의 재질·형태·기능 및 종류를 불문하고 내구연한 내에서 품목당 1개의 제품만 구입·대여 가능(단, 성인용보행기는 2개까지 구입 가능)합니다.

② 연간한도액 적용기간(160만원/1년) 중 미끄럼방지양말은 6켤레, 미끄럼방지매트·방지액은 5개, 자세변환용구는 5개, 안전손잡이는 4개, 간이변기는 2개까지만 구입 가능합니다.

③ 내구연한 중 훼손·마모되거나, 수급자의 기능상태 변화로 사용할 수 없을 경우 『복지용구 추가급여신청서』를 건강보험공단에 제출하고 공단이 이를 확인한 경우에는 내구연한 이내라도 급여를 다시 받을 수 있습니다.

④ 수급자의 신체 상태에 따라 복지용구 일부 품목의 구입·대여가 제한될 수 있습니다.

⑤ 시설급여를 이용하는 경우 복지용구를 구입 및 대여가 불가합니다.

⑥ 의료기관에 입원한 기간 동안에는 전동침대, 수동침대, 이동욕조, 목욕리프트는 대여가 불가합니다.

5-6. 복지용구 종류

① 구입품목 : 10개 품목

품목(내구연한)	용도	품목(내구연한)	용도
	이동변기(5년) 화장실로 이동하기 어려운 경우 용변을 쉽고 안전하게 볼 수 있는 용품		**성인용보행기(5년)** 보행이 불편한 경우 실내·외에서 스스로 이동할 수 있도록 보조바퀴가 달린 기구

	목욕의자(5년) 편안한 목욕 및 자세유지를 돕는 목욕용 의자	**안전손잡이** 실내에 부착하는 지지용 손잡이와 화장실 거치용 손잡이 등으로 안전 사고 예방 및 자립환경 조성을 위한 용품
	미끄럼방지용품 실내에서 미끄러지지 않도록 하여 낙상사고를 예방하기 위한 용품(양말, 매트 등)	**간이변기** 와상상태, 소변조절 등이 어려운 경우 용변을 쉽고 안전하게 볼 수 있는 용품
	지팡이(2년) 보행 시 도움을 얻기 위하여 짚는 지팡이	**욕창예방방석(3년)** 장시간 휠체어 등에 앉아 있을 경우 발생할 수 있는 욕창을 예방하기 위해 깔아두는 방석
	자세변환용구 장시간 누워있을 때 자세 및 위치변환을 보조하는 용품	**요실금팬티** 일회용이 아닌 패드가 부착되어 세탁 후 반복사용이 가능한 일반 속옷형태의 제품

② 대여품목 : 7개 품목

품목(내구연한)	용도	품목(내구연한)	용도
	수동휠체어(5년) 다리를 마음대로 움직일 수 없는 사람이 앉은채로 이동할 수 있도록 바퀴를 단 의자		**전동침대(10년)** 누운 자세에서 혼자 일어나 앉지 못하는 경우 전동으로 상반신을 일으킬 수 있는 침대

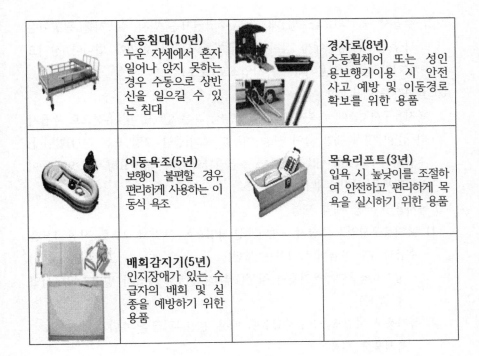

	수동침대(10년) 누운 자세에서 혼자 일어나 앉지 못하는 경우 수동으로 상반신을 일으킬 수 있는 침대		**경사로(8년)** 수동휠체어 또는 성인 용보행기이용 시 안전사고 예방 및 이동경로 확보를 위한 용품
	이동욕조(5년) 보행이 불편할 경우 편리하게 사용하는 이동식 욕조		**목욕리프트(3년)** 입욕 시 높낮이를 조절하여 안전하고 편리하게 목욕을 실시하기 위한 용품
	배회감지기(5년) 인지장애가 있는 수급자의 배회 및 실종을 예방하기 위한 용품		

③ 구입 또는 대여 품목 : 1개 품목

품목(내구연한)	용도	품목(내구연한)	용도
	욕창예방 매트리스(3년) 체중을 분산하고 통풍을 원활하게 하여 장시간 한 자세로 누워있을 경우 발생할 수 있는 욕창을 예방하기 위한 매트리스		

5-7. 급여이용절차

① 복지용구 방문상담

  1) 수급자 및 가족 등이 사업소를 방문 이용상담하고 장기요양급여 인정서를 제출합니다.

2) 수급자 중 「의료급여법」에 따른 수급권자는 먼저 주소지를 관할하는 시장·군수·구청장에게 장기 요양급여를 신청을 하여야 합니다.(장기요양기관 입소. 이용의뢰서를 사업소로 통보)

② 급여가능 여부조회

복지용구사업소에서 복지용구급여확인서, 혹은 인터넷 및 유선으로 수급자의 신청내역에 대한 급여 가능 여부를 조회(공단 포털 또는 지사)합니다. 수급자가 「의료급여법」에 따른 수급권자의 경우 장기요양기관 입소 · 이용의뢰서를 확인합니다.

③ 복지용구 제공 계약 체결

1) 복지용구사업소·수급자 -계약체결(사업소는 계약서 2부를 작성 1부를 수급자에게 발급하고, 1부는 보관)

- 장기요양급여제공기록지 작성(2부 작성 1부 수급자 발급, 1부 사업소 보관)

2) 복지용구 사업소 -본인부담율에 따른 본인부담금을 수납

- 복지용구 제공

- 복지용구사용방법, 사용상 유의사항, 고장 시 대처 방법 등을 안내

④ 계약체결 내역 통보

1) 공단포털(복지용구 계약내역서 등록화면)에 직접등록 또는 모사전송으로 지사에 통보(장기요양급여 내용통보서 - 시행규칙 별지 제11호 서식)

2) 계약내역이 변경된 경우에도 동일하게 처리

⑤ 급여비용 청구 및 지급

㉠ 복지용구 사업소

- 인터넷 청구

- 전산매체 청구(공단본부)

㉡ 복지용구 사업소 -등록된 계약내역 만 심사 지급

5-8. 배회감지기정보

5-8-1. 배회감지기란?

GPS와 이동통신을 통해 실외의 수급자 위치를 보호자 단말기로 전송하거나 매트형식으로 실내에서 수급자 외출여부를 알려주는 품목을 말합니다.

5-8-2. 급여방식 및 급여제품현황

① 배회감지기는 대여제품입니다.

② GPS형 배회감지기

GPS 위치추적기를 어르신의 몸에 부착하여 치매 어르신이 집밖으로 나갔을 때 어르신의 위치를 보호자에게 알려줍니다.

제품명	업체명	급여비용 (월대여료)		본인부담금 (일반 15%)	통신사
NEYO-100	사람을 보호 하는기업	내구연한	21,300원	3,190원	KT
		연장대여	16,200원	2,430원	
IF-W565S	스마트아이넷	내구연한	26,900원	4,030원	SKT
		연장대여	19,000원	2,850원	
SMS-1000	실버코리아	내구연한	23,200원	3,480원	SKT
		연장대여	18,800원	2,820원	
GT-350	앰투앰넷	내구연한	25,500원	3,820원	SKT
		연장대여	19,900원	2,980원	
MGT-100	와우네트웍스	내구연한	21,100원	3,160원	SKT
		연장대여	15,800원	2,370원	
CP-100	큐맨	내구연한	19,800원	2,970원	LG U+
		연장대여	14,900원	2,230원	
T4S01AR0	스마트아이넷	내구연한	9,700원	1,450원	SKT
		연장대여	7,100원	1,060원	
Gper-L200	스파코사	내구연한	9,900원	1,480원	SKT
		연장대여	7,700원	1,150원	
SM-V110K	삼성전자(주)	내구연한	6,400원	960원	KT
		연장대여	3,200원	480원	

③ 매트형 배회감지기

치매 어르신이 집밖으로 나가는지 여부를 확인하는 제품으로 어르신의 침대 밑이나 현관에 깔아 놓은 매트를 밟으면 램프등이나 알람이 울립니다.

제품명	업체명	급여비용 (월 대여료)		본인부담금 (일반 15%)
ST-PS100	토마토헬스 케어	내구연한	35,000원	5,250원
		연장대여	17,500원	2,620원

5-8-3. 배회감지기의 종류

① GPS형 배회감지기

제품명	통신사	주요기능	제조사	제조사 연락처
NEYO-100(목걸이형)	KT	• 현재 위치 지도앱으로 확인 (위치측위방식 : GPS, 블루투스) • 긴급호출 • 안심지역 이탈 알림 • 무게: 90g	사람을 보호하는기업	051-311-2907
IF-W565S(손목시계형)	SKT	• 현재 위치 지도앱으로 확인 (위치측위방식 : GPS, WiFi, cell) • 긴급호출 • 통화 및 문자 가능 • 원격SOS호출(도움요청음성 등) • 자석식 충전기	스마트 아이넷	02-3474-0206
SMS-1000(목걸이형)	SKT	• 현재 위치 지도앱·웹으로 확인 (위치측위방식 : GPS, WiFi, cell) • 긴급호출 • 안심지역이탈알림 • 통화 및 문자 가능 • 무게 : 82g	실버코리아	041-669-7484
GT-350(목걸이형)	SKT	• 현재 위치 지도앱으로 확인 (위치측위방식 : GPS, WiFi, cell) • 긴급호출 • 안심지역 이탈 알림 • 통화 및 문자 가능 • 무게: 82g	앰투 앰넷	031-387-3311
MGT-100(목걸이형)	SKT	• 현재 위치 지도앱으로 확인 (위치측위방식 : GPS) • 긴급호출	와우네 트웍스	02)673 7-0003

		• 안심지역이탈알림 • 무게 : 67g		
CP-100(목걸이형) 	LG U+	• 위치정보를 문자전송 (위치측위방식 : GPS) • 긴급호출 • 안심지역이탈 알림 • 무게 : 32g	큐맨	02-347 4-0206
T4S01AR0(열 쇠고리,손목시 계형) 	SKT	• 현재 위치 지도앱으로 확인 (위치측위방식 : GPS, WiFi, cell) • 긴급호출 • 통화 및 문자 가능 • 열쇠고리형, 손목시계형 선택 • 무게 : 27g	스마트 아이넷	02-347 4-0206
Gper-L200(목걸 이형) 	SKT	• 현재 위치 지도앱으로 확인 • 긴급호출 • 안심지역이탈 알림 • 무게 : 39g	스파 코사	070-43 69-226 9
SM-V110K(목걸 이형) 	KT	• 현재 위치 지도앱으로 확인 • 긴급호출 • 안심지역이탈 알림 • 무게 : 25g	삼성전 자(주)	

※ 제품별 요금제 내에서 위치조회횟수, 통화시간, 문자건수 사용가능
※ 알아두기
   GPS형 배회감지기에서 위치조회 방식에 따라서 위치 정확도가 달라질 수
   있습니다.
   - GPS 방식 : 실외 위치 조회(실내위치는 오차 발생 가능)
   - GPS, WiFl, Cell 방식 : 실내/실외 위치 조회

② 매트형 배회감지기

제품명	주요구성	제조사	제조사 연락처
ST-PS100	• 매트, 수신기(무선), 중계기 • 손목형 수신기 포함	토마토헬스케어	062)447-4748

5-8-4. 배회감지기 이용대상 및 이용절차

① 대상

장기요양보험 수급자 중 「복지용구 급여확인서」에서 배회감지기가 이용 가능으로 표시된 수급자가 이용대상자입니다.

② 이용절차

1) 수급자로 등급을 받은 경우 공단이 발급한 복지용구급여확인서에서 이용가능 여부를 확인합니다.

2) 복지용구사업소와 이용 상담 및 계약

· 급여계약서 및 이동통신가입관련 서류 작성

3) 복지용구사업소(또는 공급업체)에서 수급자에게 제품 배송

4) 배회감지기 사용 및 월 본인부담금 복지용구사업소에 납부

③ 급여비용 본인부담률 : 일반 15%, 감경대상자 6 또는 9%, 의료급여수급자 6%, 기초생활수급권자 0%

6. 특별현금급여(가족요양비)

6-1. 특별현금급여(가족요양비)란?

수급자가 섬·벽지에 거주하거나 천재지변, 신체·정신 또는 성격 등의 사유로 장기요양급여를 지정된 시설에서 받지 못하고 그 가족 등으로부터 방문요양에 상당하는 장기요양 급여를 받을 때 지급하는 급여를 특별현금급여라고 합니다.

6-2. 법적근거

① 노인장기요양보험법 제 24조(가족요양비)
② 노인장기요양보험법 시행령 제 12조(가족요양비 지급기준)
③ 노인장기요양보험법 시행규칙 제 20조(가족요양비 지급절차 등)

6-3. 특별현금급여(가족요양비) 적용대상자

① 가족요양비 적용 대상 섬·벽지 등 장기요양기관이 현저히 부족한 지역에 거주하는 경우
  - 섬·벽지 등 장기요양기관이 현저히 부족한 지역: 보건복지부 고시참조
② 천재지변이나 그 밖에 이와 유사한 사유로 인하여 장기요양기관이 제공하는 장기 요양급여를 이용하기가 어렵다고 보건복지부 장관이 인정하는 경우
③ 신체 정신 또는 성격 등으로 인하여 가족 등으로부터 장기요양을 받아야 하는 경우
  - 「감염병의 예방 및 관리에 관한 법률」에 의한 감염병환자로서 감염의 위험성이 있는 경우
  - 「장애인복지법」제32조에 따라 등록된 장애인 중 같은 법 시행령 별표 1(장애인의 종류 및 기준)의 규정에 의한 정신장애인
  - 신체적 변형 등의 사유로 대인과의 접촉을 기피하는 경우 : 신체적 변형과 대인기피 사유를 충족하여야 하며, 신체적 변형은 안면기형 (변형), 안면화상, 한센병에 한하여 적용함

6-4. 요양제공자

① 가족요양비 수급자의 주거에서 비직업적으로 방문요양에 상당한 서비스를 제공하는 자를 말하며 가족 및 친지, 이웃 등을 폭넓게 인정합니다.

② 요양제공자가 실제 수급자를 요양할 수 있는지 여부를 고려합니다.

6-5. 가족요양비 지급 기준

① 가족요양비 급여기준

- 가족요양비 수급자는 재가급여, 시설급여를 중복하여 받을 수 없으나, 기타 재가급여(복지용구)는 가족요양비와 중복수급 가능합니다(노인장기요양보험법 시행규칙 제 17조(장기요양급여 중복수급 금지).

② 가족요양비 지급액 : 매월 수급자에게 15만원이 지급됩니다.

■ 장기요양인정서의 급여종류는 어떻게 기재되나요?

Q 장기요양인정서의 급여종류는 어떻게 기재되나요?

A ①국민건강보험공단이 장기요양인정서의 급여종류를 정할 때에는 수급자의 장기요양등급 및 생활환경, 수급자와 그 가족의 욕구 및 선택, 시설급여를 제공하는 장기요양기관의 시설현황을 고려 해야 합니다.

②등급판정 결과 장기요양 1등급자와 2등급자의 장기요양인정서에 는 '재가급여, 시설급여'를, 장기요양 3~5등급자 및 인지지원등 급자에게는 '재가급여'를 기재합니다.

③신청인이 가족요양비를 희망하여 등급판정 전까지 가족요양기타 재가급여(복지용구)를 기재합니다.

③장기요양 3~5등급자라도 부득이한 사유에 해당하는 경우에는 예외적으로 시설급여가 허용되는 경우도 있습니다.

■ 장기요양인정서의 급여종류는 어떤 역할을 하나요?

Q 장기요양인정서의 급여종류는 어떤 역할을 하나요?

A ①수급권자는 장기요양인정서에 기재된 급여종류 내에서만 장기요
양급여를 받을 수 있습니다.
- 장기요양인정서에 '재가급여, 시설급여'가 기재된 수급권자는
시설급여 또는 재가급여를 받을 수 있으나, 시설에 입소하여
시설급여를 받는 중에는 재가급여를 받을 수 없습니다.
- 또한 장기요양인정서에 '가족요양비'가 기재된 수급권자는 자
의적으로 재가급여(복지용구급여 제외)나 시설급여를 받을 수
없으며, 장기요양기관에서 서비스를 받은 경우, 이용한 급여비
용은 전액 본인이 부담합니다.
②장기요양급여종류를 변경하여 다른 급여를 받고자 하는 경우에
는 국민건강보험공단에 급여종류 변경신청을 하여야 합니다.

Q 유효기간은 무엇이며, 어떻게 산정하나요?

A ①유효기간이란 수급자의 장기요양등급에 대하여 장기요양등급판
정위원회에서 인정하는 기간으로 최소 1년이며,
- 갱신결과 직전등급과 같은 등급으로 판정된 1등급의 경우 4년
- 갱신결과 직전등급과 같은 등급으로 판정된 2~4등급의 경우 3년
- 갱신결과 직전등급과 같은 등급으로 판정된 5등급, 인지지원
등급의 경우 2년
②또한 장기요양등급판정위원회에서는 수급자의 심신상태 등을 고려
하여 6개월 범위 내에서 유효기간을 늘리거나 줄일 수 있습니다.
③따라서, 장기요양인정서의 유효기간은 수급자마다 다를 수 있으
며 최소 1년부터 최대 4년 6개월까지입니다.

■ 장기요양인정을 받았으나, 장기요양급여를 이용하지 않으면 인정받은 것이 취소되나요?

Q 장기요양인정을 받았으나, 장기요양급여를 이용하지 않으면 인정받은 것이 취소되나요?

A ①장기요양급여를 받기 위해서는 장기요양인정의 등급을 받아야 합니다. 장기요양인정을 받은 후 급여를 이용할지 여부는 수급자 본인의 의사에 따릅니다.

②장기요양급여를 이용하지 않더라도 장기요양인정이 취소되는 것은 아니며, 수급자의 유효기간 내에서는 언제라도 급여이용이 가능합니다.

③다만, 유효기간이 만료되면 급여를 받을 수 없기 때문에, 계속하여 급여를 받고자 하는 자는 유효기간이 만료되기 90일 전부터 30일 이내에는 장기요양인정 갱신신청을 해야 합니다.

■ 표준장기요양이용계획서란 무엇인가요?

Q 표준장기요양이용계획서란 무엇인가요?

A 표준장기요양이용계획서는 수급자(1~5등급, 인지지원등급)가 월 한도액 범위내에서 급여를 원활히 이용할 수 있도록 수급자 개인별 기능상태 및 욕구, 특성을 반영하여 작성한 장기요양 급여이용계획서입니다.

■ 표준장기요양이용계획서는 어떻게 활용하나요?

Q 표준장기요양이용계획서는 어떻게 활용하나요?

A ①수급자는 표준장기요양이용계획서에 기재된 장기요양 필요영역, 장기요양목표, 세부급여내용, 이용계획 및 비용 등에 따라 급여를 이용할 수 있으며, 급여이용중 장기요양목표 달성여부와 필요내용에 따라 서비스가 적정하게 제공되고 있는지 판단할 수 있습니다.
②장기요양급여는 표준장기요양이용계획서에 따라 필요한 범위 안에서 적정하게 이용하여야 합니다.

■ 방문요양은 어떤 급여인가요?

Q 방문요양은 어떤 급여인가요?

A ①장기요양요원인 요양보호사가 수급자의 가정 등을 방문하여 신체활동 및 가사활동 등을 지원하는 장기요양급여입니다.
②신체활동지원서비스는 수급자에게 세면도움, 목욕도움, 구강관리 등의 위생관리, 영양섭취를 위한 식사관리, 배설과 관련된 생리적 욕구를 도와주는 배설 관리, 일상생활에 기본적인 이동을 도와주는 이동도움 등을 제공함으로써 신체활동을 지원합니다.
③가사활동지원서비스는 수급자의 가정을 방문하여 취사, 청소, 세탁 등 급여대상자와 직접적으로 관련된 기본적인 가사활동을 지원함으로써 생활하는데 불편을 최소화 하도록 도움을 주는 것입니다.

Q 장기요양급여에는 어떤 종류가 있나요?

A ①재가급여

수급자가 가정 등에서 요양보호사, 간호사(간호조무사) 등에 의해 신체활동 및 일상생활 지원, 목욕, 구강위생 등의 서비스를 받는 것으로 급여 종류는 아래와 같습니다.

구분	내용
방문요양	장기요양요원이 수급자의 가정 등을 방문하여 신체활동 및 일상생활 등을 지원하는 급여입니다.
방문목욕	장기요양요원이 목욕설비를 갖춘 장비를 이용하여 수급자의 가정 등을 방문하여 목욕을 제공하는 급여입니다.
방문간호	장기요양요원인 간호사 등이 의사, 한의사 또는 치과의사의 지시서에 따라 수급자의 가정 등을 방문하여 간호, 진료의 보조, 요양에 관한 상담 또는 구강위생 등을 제공하는 급여입니다.
주·야간 보호	수급자를 하루 중 일정한 시간 동안 장기요양기관에 보호하여 신체활동 지원 및 심신기능의 유지·향상을 위한 교육 . 훈련 등을 제공하는 급여입니다.
단기보호	수급자를 월 9일 범위 안에서 일정기간 동안 장기요양기관에 보호하여 신체활동지원 및 심신기능의 유지. 향상을 위한 교육.훈련 등을 제공하는 급여입니다.
기타재가급여(복지용구)	수급자의 일상생활.신체활동 지원 및 인지기능의 유지·향상에 필요한 용구를 제공하는 급여입니다.

②시설급여

수급자가 노인요양시설과 노인요양공동생활가정의 장기요양기관에서 장기간동안 입소하여 신체활동 지원 및 심신기능의 유지·향상을 위한 교육·훈련 등을 제공하는 급여입니다.

구분	내용
노인요양시설	장기요양인정을 받은 자를 입소시켜 급식.요양과 그 밖에 일상생활에 필요한 편의를 제공하는 장

	기요양급여
노인요양 공동생활가정	장기요양을 인정받은 자에게 가정과 같은 주거여건에서 급식.요양과 그 밖에 일상생활에 필요한 편의를 제공하는 장기요양급여

③특별현금급여

가족요양비 : 다음에 해당하는 수급자가 가족 등으로부터 방문요양에 상당한 장기요양급여를 받은 때 수급자에게 지급하는 급여입니다.

* 가족요양비 지급대상자

- 도서 · 벽지 등 장기요양기관이 현저히 부족한 지역에 거주하는 자
- 천재지변이나 그 밖에 이와 유사한 사유로 인하여 장기요양기관이 제공하는 장기요양급여를 이용하기가 어렵다고 인정하는 자
- 신체·정신 또는 성격 등의 사유로 인하여 가족 등으로부터 장기요양을 받아야 하는 자

※가족요양비를 받는 수급자는 기타 재가급여(복지용구급여)에 한하여 추가로 받을 수 있으며 다른 급여와 중복하여 받을 수 없습니다.

③**특례요양비** : 수급자가 장기요양기관이 아닌 노인요양시설 등의 기관 또는 시설에서 재가급여 또는 시설급여에 상당한 장기요양급여를 받은 경우 장기요양급여비용의 일부를 수급자에게 지급하는 급여입니다.

④**요양병원간병비** : 수급자가 「의료법」상의 요양병원에 입원한 때에 장기요양에 사용되는 비용의 일부를 지급하는 급여입니다.

※이 중 특례요양비와 요양병원간병비는 현재 시행하고 있지 않습니다.

■ 방문목욕은 어떤 급여인가요?

Q 방문목욕은 어떤 급여인가요?

A 장기요양요원인 요양보호사 2인이 수급자의 가정 등을 방문하여 목욕 설비를 갖춘 장비를 이용하여 목욕 서비스를 제공하는 급여입니다. 방문목욕은 욕조를 활용한 전신입욕 등의 방법으로 실시하되, 수급자의 신체적 상태에 따라 적절하게 제공하여야 하며 방문목욕 행위는 목욕준비, 입욕 시 이동보조, 몸 씻기, 머리 감기기, 옷 갈아입히기, 목욕 후 주변정리까지를 포함합니다.

■ 방문간호는 어떤 급여인가요?

Q 방문간호는 어떤 급여인가요?

A ①장기요양요원인 간호사 등이 의사, 한의사 또는 치과의사의 방문간호지시서에 따라 수급자의 가정 등을 방문하여 간호, 진료의 보조, 요양에 관한 상담 또는 구강위생 등을 제공하는 것입니다.
②방문간호에는 의사한의사의 방문간호지시서에 따른 기본간호, 치료적 간호, 투약관리지도 등의 서비스와, 치과의사의 방문간호지시서에 따른 구강위생, 잇몸상처 관리 등이 있습니다.
③방문간호를 할 수 있는 장기요양요원은 간호사, 간호조무사, 치과위생사로서 아래의 자격요건을 갖추어야 합니다.

간호사	2년 이상의 간호업무경력이 있는 자
간호조무사	3년 이상의 간호보조업무경력이 있고, 보건복지부 장관이 정하는 교육을 이수한 자
치과위생사	별도의 경력규정은 없으나, 치과 위생 업무에 관한 급여만 제공할 수 있음

■ 주·야간보호는 어떤 급여인가요?

Q 주·야간보호는 어떤 급여인가요?

A ①수급자를 하루 중 일정한 시간동안 장기요양기관에 보호하여 신체활동 지원 및 심신기능의 유지·향상을 위한 교육·훈련 등을 제공하는 장기요양급여를 말합니다.
②구체적인 서비스 내용으로는 이동서비스, 목욕, 급식, 간호, 기능회복훈련, 치매관리지원 등이 있습니다.

■ 단기보호는 어떤 급여인가요?

Q 단기보호는 어떤 급여인가요?

A ①수급자를 일정 기간 동안 장기요양기관에 보호하여 신체활동 지원 및 심신기능의 유지 · 향상을 위한 교육 · 훈련 등을 제공하는 장기요양급여를 말합니다.
②구체적인 서비스 내용으로는 목욕서비스, 급식서비스, 간호서비스, 기능회복훈련 등이 있으며 단기보호 급여를 받을 수 있는 기간은 9일 이내이며, 가족의 여행, 병원치료 등의 사유로 돌볼 가족이 없는 경우에 한하여 1회 9일 이내의 범위에서 연간 4회까지 이용할 수 있습니다.

■ 복지용구는 어떤 급여인가요?

Q 복지용구는 어떤 급여인가요?

A 수급자의 일상생활·신체활동 지원 및 인지기능의 유지향상에 필요한 용구를 제공하는 급여로서 보건복지부 장관이 정하여 고시한 18개 품목을 구입 또는 대여방식으로 이용할 수 있습니다.

구입품목	대여품목	구입 또는 대여품목
1. 이동변기 2. 목욕의자 3. 성인용보행기 4. 안전손잡이 5. 미끄럼방지용품(양말, 매트, 액) 6. 간이변기(간이대변기·소변기) 7. 지팡이 8. 욕창예방방석 9. 자세변환용구 10. 요실금팬티	1. 수동휠체어 2. 전동침대 3. 수동침대 4. 이동욕조 5. 목욕리프트 6. 배회감지기 7. 경사로	1. 욕창예방매트리스

Q 시설급여는 어떤 급여인가요?

A ①「노인복지법」제34조에 따른 노인의료복지시설(노인전문병원 제외) 등에 장기간 동안 입소하여 신체활동 지원 및 심신기능의 유지·향상을 위한 교육·훈련 등을 제공하는 것으로서 노인의료복지시설에는 노인요양시설과 노인요양공동생활가정이 있습니다.

②노인요양시설은 치매중풍 등 노인성질환 등으로 심신에 상당한 장애가 발생하여 도움을 필요로 하는 노인을 입소시켜 급식·요양과 그 밖에 일상생활에 필요한 편의를 제공함을 목적으로 하는 시설입니다.

③노인요양공동생활가정은 치매·중풍 등 노인성질환 등으로 심신에 상당한 장애가 발생하여 도움을 필요로 하는 노인에게 가정과 같은 주거여건과 급식·요양, 그 밖에 일상생활에 필요한 편의를 제공함을 목적으로 하는 시설입니다.

■ 방문요양에 요리하기, 청소하기 등 수급자에게 국한되지 않은 서비스를 제공하기 곤란한 경우 어떻게 해야 하나요?

Q 방문요양에 요리하기, 청소하기 등 수급자에게 국한되지 않은 서비스를 제공하기 곤란한 경우 어떻게 해야 하나요?

A ①방문요양은 요양이 필요한 수급자의 신체활동 및 가사활동 등을 지원하는 것으로서, 대상자 본인이 아닌 동거가족 등에게 제공하는 서비스는 원칙적으로 급여대상에서 제외됩니다.

②방문요양급여 제공 기관에서는 대상자와 계약 당시 동 내용을 설명하고 제공 가능한 서비스의 종류 및 범위를 명확히 하여야 합니다.

■ 장기요양급여는 누가 받을 수 있나요?

Q 장기요양급여는 누가 받을 수 있나요?

A ①장기요양급여는 장기요양인정 신청을 하여 장기요양 1등급~인지지원등급을 받은 자만이 받을 수 있습니다.

②장기요양인정을 받기 위해서는 장기요양인정 신청을 하여 장기요양등급판정위원회에서 등급판정을 받아야 하고, 국민건강보험공단으로부터 장기요양등급, 급여종류와 내용이 기재되어 있는 장기요양인정서를 받아야 합니다.

■ 장기요양급여는 언제부터 받을 수 있나요?

Q 장기요양급여는 언제부터 받을 수 있나요?

A ①수급자는 장기요양인정서가 도달한 날부터 장기요양급여를 받을 수 있습니다. 다만, 장기요양인정서의 도달시점은 장기요양인정서의 통보방법과 우편형태, 거주지역 등에 따라 달라지므로 수급자간 형평성에 어긋날 수 있습니다.

②따라서 모든 수급자의 형평을 위해 장기요양인정서의 유효기간을 장기요양등급판정위원회의 등급판정일에 하루를 더한 날로 기재하여 그 날부터 장기요양급여를 받을 수 있도록 하였습니다.

※장기요양인정서가 도달한 날=요양인정서상의 유효기간 시작일 … 등급판정일+1일

■ 장기요양인정을 신청한 날부터 급여를 받을 수 있나요?

Q 장기요양인정을 신청한 날부터 급여를 받을 수 있나요?

A ①장기요양급여는 원칙적으로 장기요양인정서가 도달한 날부터 받을 수 있으나, 다음 사유에 해당하는 경우 예외적으로 장기요양인정 신청서를 제출한 날부터 급여를 받을 수 있습니다.
- 수급자와 주거를 같이하는 가족이 없는 경우
- 수급자와 주거를 같이 하는 가족이 있어도 그 가족이 미성년자 또는 65세 이상의 노인뿐인 경우

②예를 들어, 주거를 같이 하는 가족이 3명으로서 그 중 한 명이 미성년 자 또는 노인인 경우는 해당하지 않습니다. 다만, 재가급여와 시설급여에 한정하여 받을 수 있고, 가족요양비등 현금급여는 해당하지 않습니다.

■ **장기요양 급여이용 절차는 어떻게 되나요?**

Q 장기요양 급여이용 절차는 어떻게 되나요?

A ①장기요양 수급자는 국민건강보험공단으로부터 장기요양인정서와
표준장기요양이용계획서를 통지받고, 급여를 받으실 수 있습니다.

②수급자는 이용하고자 하는 장기요양기관을 선택하여 장기요양인
정서와 표준장기요양이용계획서, 방문간호지시서(방문간호 이용
시) 그 밖에 필요한 서류를 제출합니다.

* 그 밖에 필요한 서류

- 본인부담금을 면제 또는 감경 받고자 하는 경우

○국민기초생활보장수급자 : 수급자증명서, 의료급여증 또는 의
료급여증명서

○의료급여수급권자 : 의료급여증(또는 의료급여증명서)

○기타 본인일부부담 감경자 : 감경자임을 확인할 수 있는 서류

③노인장기요양보험 홈페이지에 게시되어 있는 장기요양기관에 관
한 정보를 참고할 수 있습니다.

④장기요양기관은 수급자 또는 가족에게 장기요양급여의 제공계획
및 비용(비급여항목 및 금액 포함) 등에 대해 충분히 설명하고
동의서를 받아야 합니다.

⑤장기요양기관과 수급자는 계약 당사자, 계약기간, 장기요양급여
의 종류, 내용 및 비용 등 비급여대상 및 대상별 비용이 포함된
장기요양급여 제공계약을 문서로 체결하고, 장기요양기관은 급
여를 제공합니다.

■ 인지지원등급은 어떤 급여를 이용할 수 있나요?

Q 인지지원등급은 어떤 급여를 이용할 수 있나요?

A 경증 치매질환자의 장기요양급여이용 확대에 따라 2018년 1월1일 인지지원등급이 신설되었습니다. 인지지원등급자는 재가급여 중 주·야간보호(주·야간보호내 치매전담실 포함)와 복지용구, 치매가족휴가제의 단기보호를 월 한도액 범위내에서 이용하실 수 있습니다.

■ 급여를 받으려고 하는데 장기요양기관을 어디서 어떻게 찾아야 하나요?

Q 급여를 받으려고 하는데 장기요양기관을 어디서 어떻게 찾아야 하나요?

A ①국민건강보험공단 직원에게 문의하시거나 노인장기요양보험 홈페이지를 이용하시면 됩니다.
②홈페이지에 접속하셔서 '장기요양 서비스기관 검색'에서 지역별, 기관유형별 원하시는 기관을 검색하실 수 있습니다. 그리고 최근의 시설 상황이나 시설이용방법, 기타 궁금한 점 등에 대해서는 국민건강보험공단(노인장기요양보험 운영센터)으로 문의 주시면 더 자세한 상담을 받으실 수 있습니다.

■ 방문요양을 이용하려는 수급자가 같은 월에 2곳 이상 급여제공 기관과 급여계약이 가능한가요?

Q 방문요양을 이용하려는 수급자가 같은 월에 2곳 이상 급여제공기관과 급여계약이 가능한가요?

A 방문요양 서비스를 이용하고자 할 경우 2개소 이상 장기요양기관과 급여계약이 가능합니다. 2개소 이상의 기관에서 방문요양을 동시에 이용하는 경우 각 기관에서 이용한 금액을 합하여 월 한도액 초과 여부를 확인하여야 합니다.

■ 재가급여 계약을 할 때 방문요양, 방문목욕, 방문간호 세 가지를 함께 계약할 수 있나요?

Q 재가급여 계약을 할 때 방문요양, 방문목욕, 방문간호 세 가지를 함께 계약할 수 있나요?

A 재가급여 급여종류별 계약 및 이용 가능합니다. 이용 시 「노인장기요양보험법시행규칙」 제17조 및 장기요양급여제공기준 및 급여비용 산정방법 등에 관한 고시에 따라 동일한 시간에 급여를 이용할 수는 없습니다. 다만, 방문목욕과 방문간호, 방문요양과 방문간호는 수급자의 원활한 급여 이용을 위하여 부득이한 경우 동일한 시간에도 불구하고 각각의 급여를 받을 수 있습니다.

Q A시설에 입소하고 있는 수급자가 인근에 새로 오픈한 B 시설로 입소를 원하는 경우 급여계약을 할 수 있나요?

A ①장기요양인정서의 급여종류에 '시설급여'로 표기가 되어 있는 수급자로서 시설간 이동을 원할 경우

- 일반수급자는 장기요양기관의 선택 및 계약, 이용이 기관과 수급자간의 계약에 의해서 이루어지므로 A시설과의 계약내용을 확인하고 계약이 해지되면 B시설로 이동할 수 있습니다.

- 의료급여수급권자는 급여이용 전에 급여비용을 부담하는 수급자 관할 지자체의 입소·이용 승인을 받아야 하며, 이용하고자 하는 기관을 변경하는 경우도 마찬가지입니다.

②따라서 지자체 담당자와 상담하여 해당 B시설 이용에 대한 지자체의 승인을 받은 후 A시설과의 계약을 해지하고 B시설을 이용할 수 있습니다.

■ 거주지 이외의 지역에 있는 요양시설에 입소하여 급여를 받을 수 있나요?

Q 거주지 이외의 지역에 있는 요양시설에 입소하여 급여를 받을 수 있나요?

A ①장기요양보험도 건강보험과 마찬가지로 전국 어느 장기요양기관에서나 급여를 받을 수 있습니다. 거주지 근처에 있는 시설의 입소정원에 여유가 없거나, 수급자가 원하는 장기요양기관이 다른 지역에 있는 경우에는 수급자가 원하는 지역에서 급여를 받을 수 있습니다.
②다만, 의료급여 수급권자가 주소지를 관할하는 시·군·구 이외의 지역에 위치한 시설에 입소하고자 하는 경우에는 당해 수급권자가 소속된 시장·군수·구청장의 입소 · 이용승인을 얻어야 합니다.

■ 부부 중 한 명은 1~2등급, 한 명은 3등급인 경우 시설에 같이 입소할 수 있는 방안이 있나요?

Q 부부 중 한 명은 1~2등급, 한 명은 3등급인 경우 시설에 같이 입소할 수 있는 방안이 있나요?

A 1~2등급 수급자는 시설급여를 이용할 수 있으며, 3등급 수급자는 가정에서 돌볼 가족이 없는 등 부득이한 사유로 시설입소를 희망하는 경우, 장기요양등급판정위원회에서 그 이유가 정당하다고 판단하는 경우에 한하여 시설급여를 이용할 수 있습니다. 그러므로 3등급 배우자가 3등급 시설입소 요건 및 사유에해당하여 장기요양등급판정위원회에서 시설급여를 인정받는 경우에는 부부가 같이 시설에 입소할 수 있습니다.

■ 남편은 치매가 심해 집에서 돌보기 힘들어 3등급 판정을 받았습니다. 시설에 입소할 수는 없나요?

Q 남편은 치매가 심해 집에서 돌보기 힘들어 3등급 판정을 받았습니다. 시설에 입소할 수는 없나요?

A ①장기요양급여 제공의 기본원칙은 가족과 함께 생활하면서 가정에서 장기요양을 받는 재가급여를 우선적으로 제공하는 것입니다.
②그렇기 때문에 1~5등급 중 상대적으로 요양필요도가 적은 3~5등급 대상자는 시설 입소를 제한하였습니다. 다만, 장기요양 3~5등급 대상자가 가정에서 돌볼가족이 없는 등 부득이한 사유로 시설급여를 희망하는 경우, 다음과 같이 장기요양등급판정위원회에서 그 이유가 정당하다고 판단하는 경우에 시설급여를 이용하실 수 있습니다.
* 3~5등급자 중 아래 입소요건 및 사유가 인정된 때에는 등급판정위원회의 의결을 거쳐 시설입소 여부를 결정하고 시설급여 인정
○3·4등급자 시설입소 요건 및 사유 : 아래 중 하나에 해당하는 경우

〈동일세대의 가족구성원으로부터 수발이 곤란한 경우〉
• 동일세대의 가족구성원으로부터 방임 또는 유기되거나 학대받을 가능성이 높은 경우
• 가정폭력 등으로 인해 가족과 함께 원만한 가정생활이 곤란한 경우
• 기존 시설에 입소해 있던 자 중 퇴소할 경우 가족의 생업참여, 보호자의 질환 등 가족구성원의 수발이 곤란한 경우

〈주거환경이 열악하여 시설입소가 불가피한 경우〉
• 화재 및 철거 등 거주하는 주택 또는 건물에서 생활하기 곤란한 경우

〈심신상태 수준이 재가급여를 이용할 수 없는 경우〉
- 배회나 폭행 등의 문제행동으로 보호자가 가족의 생계를 위해 직장에 있는 동안 하루 종일밖에서 문을 잠가 두어야 하는 상태에 있을 때
- 치매증상이 심하여 수발자가 24시간 지켜보아야 하고 가족의 수발부담이 크고 스트레스가 심한 상태에 있을 때
- 24시간 지켜보거나 하루 종일 밖에서 문을 잠가 두어야 할 정도는 아니나 치매 질환으로 가족의 수발부담이 크고 스트레스가 심한 상태에 있는 때

O 5등급자 시설입소 요건 및 사유 : 아래 ①번의 조건 중 하나 이상의 조건에 해당하고, ②번 의사소견서(일반 또는 치매)와 인정조사표 항목의 조건이 충족되어야 함

①〈동일세대의 가족구성원으로부터 수발이 곤란한 경우〉 또는 〈주거환경이 열악하여 시설입소가 불가피한 경우〉

②제출한 의사소견서(일반 또는 보완서류)의 항목 충족+인정조사 시 확인된 문제 행동이 2개 이상

■ 요양병원에 입원한 환자도 장기요양 급여이용이 가능한가요?

Q 요양병원에 입원한 환자도 장기요양 급여이용이 가능한가요?

A ①요양병원은 의료법에 의해 설치된 의료기관으로서 질병, 부상에 대한 치료 등 에 대하여 건강보험법에 따라 '건강보험급여'를 제공하는 곳입니다.

②장기요양등급을 인정받은 분이 부득이 요양시설이 아닌 요양병원에 입원하면 건강보험법에 따라 건강보험급여를 받게 되므로, 이와 동시에 노인장기요양보험법에 의한 장기요양급여를 받으실 수는 없습니다.

■ 요양시설에 입소하기 위해서 입소보증금을 내야 하나요?

Q 요양시설에 입소하기 위해서 입소보증금을 내야 하나요?

A ①「노인장기요양보험법」에서는 장기요양기관은 시설에 입소하는 수급자에게 입소보증금을 청구할 수 없도록 규정하고 있습니다.

②입소보증금을 받게 되면, 경제적 어려움이 있는 수급자는 입소자체가 불가할 수 있고 이는 노인장기요양보험제도의 취지와 맞지 않습니다. 국민건강보험공단 부담금 자체가 입소보증금의 담보역할을 하며 경제적 어려움이 있는 수급자도 시설입소의 기회를 보장하기 위해 입소보증금은 받을 수 없도록 한 것입니다.

■ 장기요양급여 계약통보서 인터넷 열람서비스가 무엇인가요?

Q 장기요양급여 계약통보서 인터넷 열람서비스가 무엇인가요?

A ①장기요양기관과 계약한 서비스 내용을 수급자 본인 또는 계약자
인 가족이 노인장기요양보험 홈페이지를 통해서 확인할 수 있는
서비스입니다.

②수급자 본인은 신청절차 없이 본인 공인인증서로 열람하실 수 있
으나 계약자인 가족은 공단에 열람신청 후 이용 가능합니다. 열람
신청은 원칙적으로 장기요양급여 계약통보서의 계약자로 등록된
수급자의 가족에 한하여 가능하며 계약자가 수급자의 가족이 아닌
경우에는 수급자의 배우자 또는 직계 혈족이면 신청가능합니다.

③열람할 수 있는 내용은 장기요양기관별·월별(일자별) 계약내용, 계
약기간, 제공일시, 요양보호사별 방문일정, 비용 등입니다

■ 방문간호의 범위는 어떻게 되나요?

Q 방문간호의 범위는 어떻게 되나요?

A 방문간호는 방문간호지시서의 범위 내에서만 받을 수 있습니다. 예
를 들어, 의사가 발급한 방문간호지시서로는 한의과·치과에 관련된
방문간호를 받을 수 없습니다.
- 의과 방문간호급여는 간호사정 및 진단, 산소요법, 욕창치료, 단
순상처 치료, 투약행위 등 기본간호와 검사 관련 업무, 투약관리
지도 등이고,
- 한의과 방문간호급여는 한약복용지도, 좌욕 등이며,
- 치과 방문간호급여는 구강위생관리, 구강보건교육 등입니다.

Q 의료급여수급권자의 급여이용 절차는 어떻게 되나요?

A ①국민기초생활보장법에 의한 수급권자 및 기타 의료급여수급권자
   는 먼저 국민건강보험공단에 장기요양인정 신청을 하여 장기요양
   등급 판정을 받은 후 아래와 같은 절차에 따라 장기요양급여를
   이용합니다.

   ②상세 이용절차

   1. 국민기초생활보장법에 의한 수급권자 및 기타 의료급여수급권자
      는 주소지를 관할하는 시·군·구(또는 읍·면·동)에 급여신청(입소이
      용신청서, 장기요양인정서, 수급자 증명서 또는 의료급여증 첨부)

   2. 시 · 군 · 구에서 이용여부와 입소시설 결정

      ※시설입소 대상자가 입소를 하고자 하나 관할 지자체의 요양시
      설 부족 등의 사유로 입소가 불가능한 경우에는 타 시 · 군 ·
      구와 협의하여 입소 보호하여야 합니다.

   3. 시·군·구는 이용 대상기관에 장기요양기관 입소이용의뢰서, 재
      가서비스이용내역서를 송부하고 그 사실을 수급자와 국민건강
      보험공단에 통보합니다.

   4. 장기요양기관에서는 반드시 입소이용의뢰서를 확인 후 장기요
      양급여계약통보서를 작성하여 1부는 수급자에게 발급하고, 1
      부는 기관에서 보관합니다.

■ 장기요양등급이 변경되는 경우 방문간호지시서를 다시 발급받
아야 하나요?

Q 장기요양등급이 변경되는 경우 방문간호지시서를 다시 발
급받아야 하나요?

A 방문간호의 필요여부는 의학적 판단에 의해 의사가 결정하는 것이
므로 등급 변경과 무관하게 환자상태에 따라 발급해야 할 것으로
판단됩니다. 따라서 등급이 변경되었다 할지라도 방문간호지시일이
유효기간 내라면 다시 발급받을 필요는 없습니다.

■ 방문간호를 받으려면 방문간호지시서를 발급받아야 하나요?

Q 방문간호를 받으려면 방문간호지시서를 발급받아야 하나요?

A 수급자에게 필요한 간호, 진료의 보조 또는 구강위생 등의 방문간
호를 받기 위해서는 사전에 의사, 한의사 또는 치과의사로부터 발
급받은 방문간호지시서가 필요합니다.

■ 방문간호지시서의 유효기간은 어떻게 되나요?

Q 방문간호지시서의 유효기간은 어떻게 되나요?

A 방문간호지시서의 유효기간은 발급일로부터 180일로 되어 있으나, 그 이전에라도 대상자의 상태에 따라 재발급도 가능합니다.

■ 동일한 날, 병동 입원(낮)과 재가급여이용 시간이 중복되지 않았다면, 그 날 재가급여 이용이 가능한가요?

Q 동일한 날, 병동 입원(낮)과 재가급여이용 시간이 중복되지 않았다면, 그 날 재가급여 이용이 가능한가요?

A 낮 병동 입원료를 산정할지라도 연속된 입원이 아니기 때문에 낮 병동 이용 전·후 방문요양, 방문목욕 등의 재가급여 이용은 가능합니다.

■ 병원의 가정간호를 받는 대상자가 장기요양급여의 방문간호를 받을 수 있나요?

Q 병원의 가정간호를 받는 대상자가 장기요양급여의 방문간호를 받을 수 있나요?

A 가정간호는 의료기관에서 제공하는 것으로 「국민건강보험법」에 의한 의료서비스이고, 방문간호는 재가장기요양기관에서 제공하는 것으로 「노인장기요양보험법」에 의한 장기요양서비스입니다. 양자는 서비스 제공 주체가 다르므로 각각 이용이 가능하나 동일한 날에 방문간호와 건강보험의 가정간호를 중복하여 이용할 수는 없습니다.

■ 복지용구는 누구나 이용이 가능한가요?

Q 복지용구는 누구나 이용이 가능한가요?

A ①장기요양 수급자는 복지용구를 신체기능상태에 따라 이용하실
수 있습니다. 다만, 시설급여를 제공하는 장기요양기관에 입소하
실 경우 그 시점부터 복지용구를 이용하실 수 없습니다.
②수급자가 의료기관에 입원한 경우 전동·수동침대, 이동욕조·목욕
리프트는 급여가 제한됩니다. 다만, 입원기간 중 최대 15일까지
급여를 인정할 수 있습니다.

■ 복지용구는 어떻게 이용하나요?

Q 복지용구는 어떻게 이용하나요?

A ①장기요양인정서와 표준장기이용계획서, 복지용구 급여확인서를
가지고, 복지용구사업소를 방문하여 원하시는 제품 선택 후, 사
업소와 계약을 맺고 급여를 이용하실 수 있습니다.
②급여방식은 구입 및 대여방식이 있으며, 「복지용구 품목별 제품
목록 및 급여비용 등에 관한 고시」에 정해진 가격의 본인부담금
을 납부하고 사용하는 방식입니다.

■ 복지용구 대여제품의 세정·소독관리는 어떻게 하나요?

Q 복지용구 대여제품의 세정·소독관리는 어떻게 하나요?

A ①복지용구 대여제품은 반드시 세정과 소독을 실시하여 깨끗한 상태에서 수급자에게 대여하도록 되어 있습니다.

②또한, 세정 및 소독 등 관리를 외부 업체 위탁 또는 공동 관리를 할 수 있습니다. 이 경우 시·군·구청 신고 시 위탁계약서 등 이를 증빙할 수 있는 자료를 제출하여야 합니다.

③복지용구사업소에서 복지용구의 세정·소독을 하기 위해서는 사업소 내에 소독이 가능하도록 세정, 소독, 수선에 필요한 설비 및 공간으로 56.2㎡이상을 갖추어야 합니다.

- 세정, 소독, 건조 등에 필요한 공간, 장비 및 급·배수시설을 갖추어야 하고,

- 작업장 내에서는 소독하는 작업의 흐름이 항상 일정 방향이 되도록 하여 소독전 물품과 소독된 물품이 작업 중에 교차하거나 섞여 있지 않도록 해야 합니다.

■ 수급자는 모든 품목이 이용가능한가요?

Q 수급자는 모든 품목이 이용가능한가요?

A ①복지용구 대여제품은 반드시 세정과 소독을 실시하여 깨끗한 상태에서 수급자에게 대여하도록 되어 있습니다.

②또한, 세정 및 소독 등 관리를 외부 업체 위탁 또는 공동 관리를 할 수 있습니다. 이 경우 시·군· 구청 신고 시 위탁계약서 등 이를 증빙할 수 있는 자료를 제출하여야 합니다.

③복지용구사업소에서 복지용구의 세정·소독을 하기 위해서는 사업소 내에 소독이 가능하도록 세정, 소독, 수선에 필요한 설비 및 공간으로 56.2㎡이상을 갖추어야 합니다.

- 세정, 소독, 건조 등에 필요한 공간, 장비 및 급·배수시설을 갖추어야 하고,

- 작업장 내에서는 소독하는 작업의 흐름이 항상 일정 방향이 되도록 하여 소독전 물품과 소독된 물품이 작업 중에 교차하거나 섞여 있지 않도록 해야 합니다.

■ 복지용구를 이용할 때 한도액과 비용은 어떻게 되나요?

Q 복지용구를 이용할 때 한도액과 비용은 어떻게 되나요?

A ①복지용구 한도액은 연 160만원이며, 연 한도액 적용기간은 최초 인정유효기간일부터 매 1년입니다.

②일반대상자는 총 급여비용의 15%를, 감경대상자는 6% 또는 9%, 의료급여수급권자 대상자는 6%를 본인일부부담금으로 납부하여야 하고, 기초생활수급자는 본인일부부담금을 면제하고 있습니다.

■ 구입제품은 몇 개까지 이용 가능한가요?

Q 구입제품은 몇 개까지 이용 가능한가요?

A ①내구 연한이 정해진 품목은 복지용구 재료의 재질·형태·기능 및
종류와 상관없이 내구 연한 내에서 품목당 1개의 제품만 구입·대
여할 수 있습니다. 단, 성인용 보행기는 2개까지 구입할 수 있으
며, 전동침대와 수동침대는 동일품목으로 봅니다.

②또한, 내구 연한이 없는 품목의 경우 연 한도액 적용기간 중 안
전손잡이는 4개, 미끄럼방지양말은 6켤레, 미끄럼방지매트 · 미끄
럼방지액은 5개, 간이변기(간이대변기 · 간이소변기)는 2개, 자세변
환용구는 5개, 요실금팬티는 4개를 구입한도로 정하고 있습니다.

■ 정부에서 받은 제품과 같은 품목도 복지용구로 구입가능한가요?

Q 정부에서 받은 제품과 같은 품목도 복지용구로 구입가능
한가요?

A 복지용구와 동일한 품목을 타 법령에 의해 지급받은 경우에는복지
용구와 중복되는 품목을 「국민건강보험법」 또는 「장애인복지법」에
의해 지급받아 사용기간(내구 연한)이 남아 있는 경우는 「노인장기
요양보험법」 상 복지용구 급여를 제공하지 않습니다.

■ 치매 어르신을 위한 복지용구 품목은 어떤 것이 있나요?

Q 치매 어르신을 위한 복지용구 품목은 어떤 것이 있나요?

A ①외출 후 길을 잃는 어르신들을 위한 배회감지기가 있습니다. 배회감지기는 치매 증상이 있는 어르신의 위치를 GPS와 통신을 이용하여 가족이나 보호자에게 알려주는 서비스로 GPS형과 매트형이 있습니다.
②GPS형은 수급자의 위치를 보호자의 휴대폰으로 전송하여 어르신의 위치를 확인할 수 있습니다.
③매트형은 수급자가 거주하는 집안에 설치하여 수급자가 매트 위를 지나갈 때 수신기에서 소리가 나는 형태로 수급자가 집밖 혹은 방밖으로 나가는 것을 보호자가 인지할 수 있도록 도와줍니다.

■ 복지용구사업소의 정보는 어떻게 찾을 수 있나요? 또한 제품에 대한 정보는 어디에서 확인할 수 있나요?

Q 복지용구사업소의 정보는 어떻게 찾을 수 있나요? 또한 제품에 대한 정보는 어디에서 확인할 수 있나요?

A 복지용구사업소와 복지용구 제품에 대한 정보는 고객센터에 문의(1577-1000)하시거나 노인장기요양보험 홈페이지에서 검색이 가능합니다.
- (사업소 정보) 노인장기요양보험 홈페이지 > 민원상담실 > 검색서비스 > 장기요양기관 > 장기요양기관 검색
- (제품 정보) 노인장기요양보험 홈페이지 > 알림·자료실 > 복지용구 안내 > 품목별 제품안내

Q 가족요양비를 받을 수 있는 자는 누구인가요?

A 가족요양비를 받을 수 있는 자는 다음과 같습니다.

① 도서·벽지 등 장기요양기관이 현저히 부족한 지역으로서 보건복 지부장관이 정하여 고시하는 지역에 거주하는 자

② 천재지변이나 그 밖에 이와 유사한 사유로 인하여 장기요양기관 이 제공하는 장기요양급여를 이용하기가 어렵다고 보건복지부장 관이 인정하는 자

③ 신체·정신 또는 성격 등 대통령령으로 정하는 사유로 인하여 가 족 등으로부터 장기요양급여를 받아야 하는 자

1. 「감염병의 예방 및 관리에 관한 법률」에 따른 감염병환자로서 감염의 위험성이 있는 경우

2. 「장애인복지법」에 따라 등록한 장애인 중 정신장애인

3. 신체적 변형 등의 사유로 대인과의 접촉을 기피하는 경우

- 가족요양비 지급대상이 되는 '신체적 변형 등의 사유로 인한 대인과의 접촉을 기피하는 자' … 두 가지 사안이 함께 충족

- '신체적 변형'은 우선적으로 「안면기형(변형), 안면화상, 한센 병」에 한정하여 적용하고, 이를 최종적으로 등급판정위원회에 상정 후 심의를 거쳐 결정

■ 가족요양비 신청 및 지급 절차는 어떻게 되나요?

Q 가족요양비 신청 및 지급 절차는 어떻게 되나요?

A ①가족요양비를 받고자 하는 자는 먼저 국민건강보험공단에 가족
요양비를 신청해야 하는데, 다음의 두 가지 경우로 구분됩니다.
- 최초 장기요양인정을 받은 때부터 '가족요양비'를 받고자 하는 경우
 · 장기요양인정 신청인은 장기요양인정 신청 시부터 등급판정 전
까지 국민건강보험공단에 시행규칙 별지 제17호서식의 「가족요
양비 지급 신청서」와 증빙서류를 함께 제출합니다.
- 다른 장기요양급여를 받다가 중간에 '가족요양비'를 받고자 하는 경우
 · 수급자가 재가급여 또는 시설급여를 받다가 가족요양비로 변경
하고자 하는 경우, 국민건강보험공단에 시행규칙 별지 제17호서
식의 「가족요양비 지급 신청서」와 증빙서류를 함께 제출합니다.
②위와 같이 가족요양비 신청을 받은 국민건강보험공단은 그 요건
을 확인하여 가족요양비 수급대상자로 결정된 경우 장기요양인
정서의 장기요양급여 종류를 가족요양비로 기재하여 수급자에게
통보하고, 수급자에게 월 단위로 가족요양비(15만원)를 지급(다
음 달)합니다. 다만, 월중에 가족요양비 지급 및 소멸사유가 발
생한 경우에는 일할 계산하여 지급합니다.

■ **가족요양비를 받고 있는 수급자는 동시에 다른 장기요양급여를 받을 수 있나요?**

Q 가족요양비를 받고 있는 수급자는 동시에 다른 장기요양급여를 받을 수 있나요?

A ①수급자는 재가급여, 시설급여 및 특별현금급여를 동시에 중복하여 받을 수 없습니다. 따라서 가족요양비를 받는 수급자는 재가급여나 시설급여를 받을 수 없으나, 예외적으로 기타재가급여(복지용구급여)에 한하여 중복하여 급여를 받을 수 있습니다.

②가족요양비를 받는 수급자가 가족요양비 지급요건이 소멸된 때 또는 다른 장기요양급여로 변경하고자 하는 때에는 '장기요양급여종류·내용변경신청서'를 국민건강보험공단에 제출해야 하고, 국민건강보험공단이 급여종류를 변경하여 새롭게 통보한 장기요양인정서를 받은 때부터 다른 급여를 받을 수 있습니다.

■ **반코마이신이라는 항생제에 내성을 보이는 대장균를 가지고 병원에 입원해 있는 환자로, 치료가 다 끝나 퇴원하기 전에 보호자가 요양시설을 알아본 결과 시설에서는 감염환자라고 입소를 거부해서 집에서 모시게 될 경우 가족요양비를 받을 수 있나요?**

Q 반코마이신이라는 항생제에 내성을 보이는 대장균를 가지고 병원에 입원해 있는 환자로, 치료가 다 끝나 퇴원하기 전에 보호자가 요양시설을 알아본 결과 시설에서는 감염환자라고 입소를 거부해서 집에서 모시게 될 경우 가족요양비를 받을 수 있나요?

A ①「노인장기요양보험법」제35조에 따르면 장기요양기관은 수급자로부터 장기요양급여신청을 받은 때 장기요양급여의 제공을 거부해서는 안 되며 다만, 입소정원에 여유가 없는 등 정당한 사유가 있는 경우 예외로 하고 있습니다.

②감염병의 경우 "노인복지시설 인권보호 및 안전관리지침(2017 노인보건복지사업안내 260쪽)"에 따르면 시설은 입소예정자의 감염병에 관한 사항을 포함하여 건강상태를 확인해야 하며, 그 결과 감염병에 대한 병력이 있어도 특별한 경우를 제외하고는 서비스 거절을 하지 않아야 합니다. 다만, 감염병 병력이 있는 생활노인에 대해서는 감염대책 담당자가 다른 시설 종사자에게 감염병에 대한 지식, 수발 시 주의사항 등에 대해 주지시켜야 합니다. 따라서 감염병 환자의 시설입소에 대해서는 시설에서 수급자의 건강상태를 확인하고 공동생활 시타인 감염위험 등에 대해 관련 전문의의 소견을 참고하여 입소여부를 결정할 수 있을 것입니다. 만약 시설에서 감염병을 이유로 입소를 거부할 경우에는 그 사유에 대해 수급자의 건강상태 및 의사의 진단, 소견 등을 근거하여 정당성 여부를 판단하여야 할 것입니다.

③가족요양비는 「노인장기요양보험법 시행령」제12조(가족요양비 지

급기준) 제2항제1호에 따라 「감염병의예방및관리에관한법률」에 따른 감염병 환자로서 감염의 위험성이 있는 경우에만 지급이 가능하며, 치료가 다 끝난 경우이므로 감염의 위험성에 대한 의학적 소견과 판단에 따른 진단서 등 서류를 제출한 후 등급판정위원회 심의를 통해 지급여부를 결정해야 할 것입니다.

■ 인지활동형 방문요양은 누가 받을 수 있고 서비스 내용은 어떤 것인가요?

Q 인지활동형 방문요양은 누가 받을 수 있고 서비스 내용은 어떤 것인가요?

A ①의사소견서에 치매상병이 있거나 최근 2년 이내 치매진료내역이 있는 1~5등급수급자가 받을 수 있습니다.

②인지활동형 방문요양은 치매수급자의 인지기능이 악화되는 것을 방지하고 잔존기능을 유지시켜주기 위한 인지활동형 프로그램을 제공합니다.

③인지활동형 방문요양을 제공하려면 방문요양기관에 치매전문교육을 이수한 프로그램관리자와 치매전문요양보호사가 있어야 하며 프로그램관리자가 수립한 프로그램 계획에 따라 치매전문요양보호사가 수급자의 가정을 방문하여 제공 합니다.

④수급자당 1일 1회 120분 이상 180분 이하로 제공이 가능하며 60분은 인지자극활동을, 나머지 시간은 수급자의 잔존기능 유지를 위한 일상생활 함께하기 훈련을 제공합니다.

장기요양기관

제3장 장기요양기관

1. 장기요양기관

1-1. 장기요양기관의 지정

① 장기요양기관을 설치·운영하고자 하는 자는 소재지를 관할 구역으로 하는 특별자치시장·특별자치도지사·시장·군수·구청장으로부터 지정을 받아야 합니다.

② 장기요양기관으로 지정받고자 하는 자는 보건복지부령으로 정하는 장기요양에 필요한 시설 및 인력을 갖추어야 합니다.

③ 특별자치시장·특별자치도지사·시장·군수·구청장이 ①에 따른 지정을 하려는 경우에는 다음 각 호의 사항을 검토하여 장기요양기관을 지정해야 합니다. 이 경우 특별자치시장·특별자치도지사·시장·군수·구청장은 공단에 관련 자료의 제출을 요청하거나 그 의견을 들을 수 있습니다.

  1) 장기요양기관을 운영하려는 자의 장기요양급여 제공 이력
  2) 장기요양기관을 운영하려는 자 및 장기요양요원이 이 법에 따라 받은 행정처분의 내용
  3) 장기요양기관의 운영 계획
  4) 그 밖에 특별자치시장·특별자치도지사·시장·군수·구청장이 장기요양기관으로 지정하는 데 필요하다고 인정하여 정하는 사항

④ 특별자치시장·특별자치도지사·시장·군수·구청장은 장기요양기관을 지정한 때 지체 없이 지정 명세를 공단에 통보해야 합니다.

⑤ 재가급여를 제공하는 장기요양기관 중 의료기관이 아닌 자가 설치·운영하는 장기요양기관이 방문간호를 제공하는 경우에는 방문간호의 관리책임자로서 간호사를 두어야 합니다.

1-2. 재가장기요양기관의 설치

① 재가급여 중 어느 하나 이상에 해당하는 장기요양급여를 제공하고자 하

는 자는 시설 및 인력을 갖추어 재가장기요양기관을 설치하고 특별자치시장·특별자치도지사·시장·군수·구청장에게 이를 신고헤야 합니다. 신고를 받은 특별자치시장·특별자치도지사·시장·군수·구청장은 신고 명세를 공단에 통보해야 합니다.

② 위에 따라 설치의 신고를 한 재가장기요양기관은 장기요양기관으로 봅니다.

③ 의료기관이 아닌 자가 설치·운영하는 재가장기요양기관은 방문간호를 제공하는 경우 방문간호의 관리책임자로서 간호사를 두어야 합니다.

④ 재가장기요양기관의 시설 및 인력기준 등은 다음과 같습니다.

재가장기요양기관의 시설·인력기준

1. 시설의 규모 : 「노인복지법 시행규칙」 별표 9의 시설의 규모에 따른다.
2. 시설 및 설비 기준 : 「노인복지법 시행규칙」 별표 9의 시설 및 설비 기준에 따른다.
3. 직원의 자격 및 인력기준 : 「노인복지법 시행규칙」 별표9의 직원의 자격기준 및 인력기준에 따른다.
4. 여러 종류의 재가급여(기타재가급여는 제외한다)를 동시에 제공하는 기관에 대한 특례
   가. 시설 및 설비기준에 관한 특례
      재가급여를 제공하는 기관이 하나 이상의 다른 재가급여를 동시에 제공하는 경우 사업에 지장이 없는 범위에서 생활실, 침실 외의 시설은 병용할 수 있다.
   나. 인력기준에 관한 특례
   1) 재가급여사업의 관리책임자가 하나 이상의 다른 재가급여사업을 동시에 관리하는 경우 사업에 지장이 없는 범위에서 그 다른 사업의 관리책임자를 겸직하여 운영할 수 있다. 다만, 의료기관이 아닌 재가장기요양기관이 방문간호를 하는 경우의 그 방문간호사업의 관리책임자는 2년 이상의 간호업무경력이 있는 간호사로서 상근하는 사람으로 한다.
   2) 방문간호사업과 방문요양사업 또는 방문목욕사업을 병설하여 운영하는 경우에는 간호(조무)사가 요양보호사 자격이 있으면 겸직하여 운영할 수 있다.
5. 재가급여(기타재가급여는 제외한다)를 제공하는 기관을 사회복지시설에

병설하는 경우의 특례

가. 시설 및 설비기준에 관한 특례
방문요양, 방문목욕 또는 방문간호를 제공하는 기관을 사회복지시설에 병설하여 운영하는 경우 사업에 지장이 없는 범위에서 상호 중복되는 시설·설비를 공동으로 사용할 수 있다.

나. 인력기준에 관한 특례
재가급여를 제공하는 기관을 사회복지시설에 병설하여 운영하는 경우 사회복지시설의 장은 사업에 지장이 없는 범위에서 그 재가급여사업의 관리책임자(시설장)를 겸직하여 운영할 수 있다. 다만, 의료기관이 아닌 재가장기요양기관이 방문간호를 하는 경우 그 방문간호사업의 관리책임자는 2년 이상의 간호업무경력이 있는 간호사로서 상근하는 사람으로 한다.

1-3. 장기요양기관의 종류

1-3-1. 장기요양기관

① 시설급여제공기관 : 「노인복지법」상 노인요양시설 및 노인요양공동생활가정으로 특별자치시장 · 특별자치도지사 · 시장 · 군수 · 구청장의 지정을 받은 장기요양기관을 말합니다.

② 재가급여제공기관 : 「노인복지법」상 재가노인복지시설이 「노인장기요양보험법」에 의한 재가장기요양기관의 시설과 인력기준을 갖추어 특별자치시장·특별자치도지사·시장·군수·구청장의 지정을 받은 장기요양기관을 말합니다.

1-3-2. 재가장기요양기관

「노인장기요양보험법」상 재가장기요양기관의 시설·인력기준을 갖추어 특별자치시장·특별자치도지사·시장·군수·구청장에 설치신고를 하고 재가급여를 제공하는 장기요양기관을 말합니다.

2. 시설급여

2-1. 시설급여를 제공하는 장기요양기관

2-1-1. 지정신청 개요

① 신청자 : 지정받을 기관의 대표자

 1) 노인요양시설

 2) 노인요양공동생활가정

② 접수처 : 소재지 관할 시·군·구

 1) 「노인복지법」 시행규칙 제 20조 및 제22조 시설설치 기준등과 건축관계법령, 「장애인·노인·임산부 등의 편의증진 보장에 관한 법」에 따른 적법한 시설을 갖추어 관할 시· 군·구청장에 신고

 2) 시설 설치신고관청이 소재지와 다를 경우 원 설치신고·관리관청에 지정신청

2-1-2. 신청서류 및 구비서류

① 신청시 필요 서류

 1) 장기요양기관 지정신청서([시행규칙 별지 제19호서식]) 1부

 - 일반현황 1부

 - 인력현황 각1부(서비스 유형별 1부)

 - 시설현황 각1부(서비스 유형별 1부)

 2) 면허 또는 자격증 사본 : 사회복지사, 간호(조무)사, 물리(작업)치료사, (계약)의사, 요양보호사, 영양사

 3) 법인의 경우 - 법인 대표자가 아닌 대리인 신청시 위임장

 4) 시설장과 종사자간의 직접 근로계약을 증빙할 수 있는 근로계약서 사본 또는 건강보험 사업장가입자 명부

 5) 신청인(대표자)의 의사진단서(장기요양기관 대표자 결격사유 참조)

② 장기요양기관 지정신청서 : 기존 시설설치신고필증 단위로 작성하고, 급여 종류 2개 이상 재가시설을 병설 운영하고 있는 경우 : 설치신고필증 단위로 각각 지정

2-1-3. 시설명칭

① 설치자의 재량사항이나 노인요양시설임을 일반인이 알 수 있는 명칭를 사용하도록 권장합니다. 사용하려는 명칭만으로 일반인의 식별이 어려운 경우 시설유형을 함께 표기해 혼란 방지하도록 권고하고 있습니다.

② 예 : "덕ㅇ원(가칭)"이라는 명칭을 사용할 경우 일반인의 식별이 어려우므로 "노인요양시설 덕ㅇ원(또는 노인요양공동생활가정 덕ㅇ원)"

2-2. 시설 및 인력배치 기준

2-2-1. 시설기준

① 입소자 30명 이상 시설에는 침실, 사무실, 요양보호시설, 자원봉사실, 의료 및 간호보호사실, 물리(작업)치료실, 프로그램실, 식당 및 조리실, 비상재해대비시설, 화장실, 세면장 및 목욕실, 세탁장 및 세탁물건조장을 갖추어야 합니다.

② 입소자 30명 미만 10명 이상 시설에는 침실, 사무실, 의료 및 간호보호사실, 물리(작업)치료실, 프로그램실, 식당 및 조리실, 화장실, 세면장 및 목욕실을 갖추어야 합니다.

2-2-2. 시설기준 상세 요건

① 세탁물을 전량 위탁처리시 : 세탁장 및 세탁물건조장을 두지 않을 수 있습니다.

② 의료기관의 일부를 시설로 신고시 : 물리(작업)치료실, 조리실, 세탁장 및 세탁물 건조장 공동 사용가능합니다. 다만, 공동으로 사용하려는 물리(작업)치료실이 시설의 침실과 다른 층에 있는 경우에는 입소자의 이동이 가능하도록 경사로 또는 엘리베이터를 설치해야 합니다.

③ 집단급식소 신고대상 여부의 확인
식품위생법상 1회 50명이상(종사자 포함)에게 식사를 제공하는 경우 집단급식소 신고대상 이므로 설치신고 전 관할 시·군·구 식품위생담당과 문의하여 관련 준수사항 확인 필요

④ 노인요양시설 안에 두는 치매전담실의 경우에는 다음의 요건을 갖추어야 합니다.

1) 동거실의 면적은 전체 면적의 25% 이상일 것
2) 치매전담실 입구에 출입문을 두어 공간을 구분하되, 화재등 비상시에 열 수 있도록 할 것
3) 다음 표의 시설을 갖출 것

구분 시설별	공동거실							옥외 공간
	침실	화장실	오물 처리	세면 및간이 욕실	간이 주방	식사 공간	간이세탁 및 수납공간	
치매 전담실	O	O	O	O	O	O	O	△

(O: 필수, △: 권장)

2-2-3. 설비기준

① 소방시설 설치

"소방시설 설치유지 및 안전관리에 관한 법률" 시행령(2011.10.28 공포) 개정으로 2012년 2월 5일부터는 소규모 노인복지 시설(300㎡이하)도 화재초기진압장비인"간이 스프링클러, 자동화재탐지설비, 자동화재속보설비"를 반드시 설치해야 합니다.

구 분	기 준
스프링클러	바닥면적의 합계가 600㎡이상
간이스프링클러	면적에 관계없이 전체 노인복지시설 설치 의무화
자동화재탐지설비*	
자동화재속보설비**	

* 화재시 경보장비
** 화재시 소방관서에 자동신고 장비

② 출입문 자동열림장치 설치

1) 노인복지법 시행규칙 개정으로 치매노인의 낙상을 방지하기 위하여 계단의 출입구에 출입문을 설치하고, 그 출입문에 잠금장치를 갖추되, 화재 등 비상시에 자동으로 열릴 수 있도록 해야 합니다.

2) 배회환자의 실종 등을 예방할 수 있도록 외부 출입구에 잠금장치를 갖추되, 화재 등 비상시에 자동으로 열릴 수 있도록 해야 합니다.

③ 침실

1) 독신용·합숙용·동거용 침실을 둘 수 있습니다.

2) 남녀공용인시설의 경우에는 합숙용 침실을 남실 및 여실로 각각 구분해야 합니다.

3) 입소자 1명당 침실면적은 6.6㎡ 이상이어야 합니다. 다만, 치매전담실의 경우 아래의 기준을 준수해야 합니다.

(가) 가형: 1인실 9.9㎡ 이상, 2인실 16.5㎡ 이상, 3인실 23.1㎡ 이상, 4인실 29.7㎡ 이상

(나) 나형: 1인실 9.9㎡이상(다인실의 경우에는 입소자 1명당 6.6㎡ 이상이어야 합니다)

4) 합숙용 침실 1실의 정원은 4명 이하이어야 합니다.

5) 합숙용 침실에는 입소자 생활용품을 각자 별도로 보관할 수 있는 보관시설을 설치해야 합니다.

6) 적당한 난방 및 통풍장치를 갖추어야 합니다.

7) 채광 · 조명 및 방습설비를 갖추어야 합니다.

8) 노인질환의 종류 및 정도에 따른 특별침실을 입소정원의 5% 이내의 범위에서 두어야 합니다.

9) 침실바닥면적의 7분의 1 이상의 면적을 창으로 하여 직접 바깥 공기에 접하도록 하며, 개폐가 가능해야 합니다.

10) 침대를 사용하는 경우에는 노인들이 자유롭게 오르내릴 수 있어야 합니다.

11) 안전설비를 갖추어야 합니다.

④ 식당 및 조리실

조리실 바닥은 내수재료로서 세정 및 배수에 편리한 구조로 해야 합니다.

⑤ 세면장 및 목욕실

1) 바닥은 미끄럽지 않아야 합니다.

2) 욕조를 설치하는 경우에는 욕조에 노인의 전신이 잠기지 아니하는 깊이로 하고 욕조 출입이 자유롭도록 최소한 1개 이상의 보조봉과 수직의 손잡이 기둥을 설치해야 합니다.

3) 급탕을 자동온도 조절장치로 하는 경우에는 물의 최고온도는 섭씨 40도 이상이 되지 아니하도록 해야 합니다.

⑥ 프로그램실

자유로이 이용할 수 있는 적당한 문화시설과 오락기구를 갖추어야 합니다.

⑦ 물리(작업)치료실

기능회복 또는 기능감퇴를 방지하기 위한 훈련 등에 지장이 없는 면적과 필요한 시설 및 장비를 갖추어야 합니다.

⑧ 의료 및 간호사실

진료 및 간호에 필요한 상용의약품·위생재료 또는 의료기구를 갖추어야 합니다.

⑨ 그 밖의 시설

1) 복도, 화장실, 그 밖의 필요한 곳에 야간 상용등을 설치해야 합니다.

2) 계단의 경사는 완만하여야 하며, 치매노인의 낙상을 방지하기 위하여 계단에 출입문을 설치하고 잠금장치를 해야 합니다.

3) 바닥은 부드럽고 미끄럽지 아니한 바닥재를 사용해야 합니다.

4) 주방 등 화재위험이 있는 곳에는 치매노인이 임의로 출입할 수 없도록 잠금장치를 설치, 배회환자의 실종 등을 예방할 수 있도록 외부출입구에 적정한 잠금 장치를 해야 합니다.

⑩ 경사로

침실이 2층 이상인 경우 경사로를 설치해야 합니다. 다만, 「승강기시설안전관리법」에 따른 승객용 엘리베이터를 설치한 경우에는 경사로를 설치하지 아니할 수 있습니다.

⑪ 공동주택

공동주택에 설치되는 노인요양공동생활가정의 침실은 1층에 두어야 합니다.

2-3. 직원의 자격기준

직종별	자격기준
시설장	「사회복지사업법」에 따른 사회복지사 자격증 소지자 또는 「의료법」 제2조에 따른 의료인
사회복지사	「사회복지사업법」에 따른 사회복지사 자격증 소지자
물리(작업)치료사	「의료기사 등에 관한 법률」에 따른 물리치료사 또는 작업치료사 면허 소지자
요양보호사	노인복지법에 따른 요양보호사 자격증 소지자

2-4. 인력기준 상세 요건

① 의료기관의 일부를 시설로 신고한 경우에는 의료기관의 장(의료인인 경우만 해당)이 해당 시설의 장을 겸직할 수 있습니다.

② 사회복지사는 입소자에게 건강유지, 여가선용 등 노인복지 제공계획을 수립하고, 복지증진에 관하여 상담·지도해야 합니다.

③ 계약의사는 의사, 한의사 또는 치과의사를 포함합니다.

④ 의료기관과 협약을 체결하여 의료연계체계를 구축한 경우에는 의사(한의사 포함) 또는 계약의사를 두지 않을 수 있습니다.

⑤ 요양보호사는 요양서비스가 필요한 노인에게 신체활동지원 서비스와 그 밖의 일상생활지원 서비스를 제공해야 합니다.

⑥ 1회 급식인원이 50명 이상인 경우, 영양사를 배치하여 식품위생법에 따른 의무를 준수해야 합니다.

1) 집단급식소로 신고(식품위생법 제88조)

2) 영양사 배치의무(식품위생법 제52조)

3) 조리사 배치의무(식품위생법 제51조)

4) 급식인원판단기준 : 완제품을 경관을 통해 제공하는 어르신은 급식인원에 포함하지 않는 것이 타당하다고 판단

5) "1회 급식인원 50명 이상"이란, 통상 1회에 급식을 제공하는 인원(종사자 포함)으로 1일 조·중·석식 중 가장 많은 급식인원을 1개월간 평균하여 '1회 급식인원이 50인 이상'인 경우를 말합니다.

⑦ 영양사 및 조리원이 소속되어 있는 업체에 급식을 위탁하는 경우에는 영양사 및 조리원을 두지 않을 수 있습니다.

1) 급식을 위탁(계약)하는 경우 식품위생법 시행령 제21조(영업의 종류)에 따른 식품제조, 음식물조리 등의 영업을 하는 업체(식품제조가공업, 일반음식점영업, 위탁급식영업 등)와 위탁(계약)해야 합니다.

2) 급식을 위탁(계약)하는 경우 시설 내에는 조리업무 등을 수행할 종사자가 없게 되므로 전량위탁하는 것이 원칙이며, 영양사가 배치된 위탁업체를 통해 입소자에 대한 체계적인 영양관리 계획 수립 및 급식 질 관리가 이루어지도록 해야 합니다. 다만, 위탁을 하더라도 시설에서 조리원을 별도로 채용하고 있는 경우 해당 조리원이 수행할 수 있는 업무를 제외하고 부분 위탁할 수 있습니다(예: 시설에서 조리원이 밥만 준비하는 경우).

3) 위탁하는 경우 시설에서는 위탁 관련서류 일체(계약서, 사업자등록증 등)를 해당 시군구에 제출하여야 하며, 담당 공무원은 계약업체, 종사자 배치 여부 등의 적절성을 확인해야 합니다.

⑧ 세탁물을 전량 위탁하여 처리하는 경우에는 위생원을 두지 않을 수 있습니다.

⑨ 모든 종사자는 시설의 장과 근로계약을 체결한 사람이어야 합니다.

⑩ 간호(조무)사는 "입소자 30명 이상 시설"인 경우 입소자가 없더라도 기본 1명 배치하며, 입소자가 25명을 넘어서는 경우 "입소자÷25"로 계산한 값을 반올림한 인원수를 배치예시) 입소자 38명인 경우 : 38÷25 = 1.52를 반올림하면 2 2명 배치해야 합니다.

⑪ 요양보호사는 입소자가 없더라도 기본 1명 배치하며 입소자가 2.5명(공

동생활가정은 3명)을 넘어서는 경우 "입소자÷2.5(공동생활가정은 3)"로 계산한 값을 반올림한 인원수를 배치예시)입소자 17명인 요양시설의 경우 : 17÷2.5 = 6.8을 반올림하면 7명 배치, 입소자 16명인 요양시설의 경우 : 16÷2.5 = 6.4를 반올림하면 6명 배치해야 합니다.

⑫ 노인요양시설 내 치매전담실과 치매전담형 노인요양공동생활가정의 경우에는 보건복지부장관이 정하여 고시하는 자격을 갖춘 프로그램관리자를 두어야 합니다.

⑬ 노인요양시설 내 치매전담실과 치매전담형 노인요양공동생활가정의 경우에는 해당 시설의 장, 요양보호사 및 프로그램
관리자는 보건복지부장관이 정하여 고시하는 치매전문교육을 이수해야 합니다.

3. 노인요양공동생활가정

3-1. 시설기준

노인요양공동생활가정 시설에는 침실, 사무실, 요양보호시설, 자원봉사실, 의료 및 간호보호사실, 물리(작업)치료실, 프로그램실, 식당 및 조리실, 비상재해대비시설, 화장실, 세면장 및 목욕실, 세탁장 및 세탁물건조장을 갖추어야 합니다.

3-2. 시설기준 상세 요건

① 세탁물을 전량 위탁처리시 : 세탁장 및 세탁물건조장을 두지 않을 수 있습니다.

② 의료기관의 일부를 시설로 신고시 : 물리(작업)치료실, 조리실, 세탁장 및 세탁물 건조장은 공동으로 사용가능합니다.

③ 치매전담형 노인요양공동생활가정의 경우에는 다음의 요건을 갖추어야 합니다.

  1) 1층에 설치할 것

  2) 전체 면적의 25% 이상이 되는 공동거실을 추가로 설치할 것

  3) 15㎡ 이상의 옥외공간을 추가로 설치할 것

3-3. 설비기준

3-3-1. 소방시설 설치

"소방시설 설치유지 및 안전관리에 관한 법률" 시행령(2011.10. 28 공포) 개정으로 2012년 2월 5일부터는 소규모 노인복지시설(300㎡이하)도 화재초기진압장비인 "간이 스프링클러, 자동화재탐지설비, 자동화재속보설비"를 반드시 설치해야 합니다.

구 분	기 준
스프링클러	바닥면적의 합계가 600㎡이상
간이스프링클러	
자동화재탐지설비*	면적에 관계없이 전체 노인복지시설 설치 의무화
자동화재속보설비**	

* 화재시 경보장비
** 화재시 소방관서에 자동신고 장비

3-3-2. 출입문 자동열림장치 설치

1) 노인복지법 시행규칙 개정으로 치매노인의 낙상을 방지하기 위하여 계단의 출입구에 출입문을 설치하고, 그 출입문에 잠금장치를 갖추되, 화재 등 비상시에 자동으로 열릴 수 있도록 해야 합니다.

2) 배회환자의 실종 등을 예방할 수 있도록 외부 출입구에 잠금장치를 갖추되, 화재 등 비상시에 자동으로 열릴 수 있도록 해야 합니다.

3-3-3. 침실

1) 독신용 · 합숙용 · 동거용 침실을 둘 수 있습니다.

2) 남녀공용인시설의 경우에는 합숙용 침실을 남실 및 여실로 각각 구분해야 합니다.

3) 입소자 1명당 침실면적은 6.6㎡ 이상이어야 합니다.

4) 합숙용 침실 1실의 정원은 4명 이하이어야 합니다.

5) 노인요양시설 내 치매전담실 및 치매전담형 노인요양공동생활가정의 경우에는 1인실을 1실 이상 두어야 합니다.

6) 합숙용 침실에는 입소자 생활용품을 각자 별도로 보관할 수 있는 보관시설을 설치해야 합니다.

7) 적당한 난방 및 통풍장치를 갖추어야 합니다.

8) 채광 · 조명 및 방습설비를 갖추어야 합니다.

9) 노인질환의 종류 및 정도에 따른 특별침실을 입소정원의 5% 이내의 범위에서 두어야 합니다.

10) 침실바닥면적의 7분의 1 이상의 면적을 창으로 하여 직접 바깥 공기에 접하도록 하며, 개폐가 가능해야 합니다.

11) 침대를 사용하는 경우에는 노인들이 자유롭게 오르내릴 수 있어야 합니다.

12) 안전설비를 갖추어야 합니다.

3-3-4. 식당 및 조리실

조리실 바닥은 내수재료로서 세정 및 배수에 편리한 구조로 해야 합니다.

3-3-5. 세면장 및 목욕실

1) 바닥은 미끄럽지 아니하여야 합니다.
2) 욕조를 설치하는 경우에는 욕조에 노인의 전신이 잠기지 아니하는 깊이로 하고 욕조 출입이 자유롭도록 최소한 1개 이상의 보조봉과 수직의 손잡이 기둥을 설치해야 합니다.
3) 급탕을 자동온도 조절장치로 하는 경우에는 물의 최고온도는 섭씨 40도 이상이 되지 아니하도록 해야 합니다.

3-3-6. 프로그램실

자유로이 이용할 수 있는 적당한 문화시설과 오락기구를 갖추어야 합니다.

3-3-7. 물리(작업)치료실

기능회복 또는 기능감퇴를 방지하기 위한 훈련 등에 지장이 없는 면적과 필요한 시설 및 장비를 갖추어야 합니다.

3-3-8. 의료 및 간호사실

진료 및 간호에 필요한 상용의약품·위생재료 또는 의료기구를 갖추어야 합니다.

3-3-9. 그 밖의 시설

1) 복도, 화장실, 그 밖의 필요한 곳에 야간 상용등을 설치해야 합니다.
2) 계단의 경사는 완만하여야 하며, 치매노인의 낙상을 방지하기 위하여 계단에 출입문을 설치하고 잠금장치를 해야 합니다.
3) 바닥은 부드럽고 미끄럽지 아니한 바닥재를 사용해야 합니다.
4) 주방 등 화재위험이 있는 곳에는 치매노인이 임의로 출입할 수 없도록

잠금장치를 설치, 배회환자의 실종 등을 예방할 수 있도록 외부출입구에 적정한 잠금 장치를 해야 합니다.

3-3-10. 경사로

침실이 2층 이상인 경우 경사로를 설치하여야 합니다. 다만, 「승강기시설안전관리법」에 따른 승객용 엘리베이터를 설치한 경우에는 경사로를 설치하지 아니할 수 있습니다.

3-3-11. 공동주택

공동주택에 설치되는 노인요양공동생활가정의 침실은 1층에 두어야 합니다.

3-4. 직원의 자격기준

직종별	자격기준
시설장	「사회복지사업법」에 따른 사회복지사 자격증 소지자 또는 「의료법」 제2조에 따른 의료인
사회복지사	「사회복지사업법」에 따른 사회복지사 자격증 소지자
물리(작업)치료사	「의료기사 등에 관한 법률」에 따른 물리치료사 또는 작업치료사 면허 소지자
요양보호사	노인복지법에 따른 요양보호사 자격증 소지자

3-5. 인력기준 상세 요건

① 의료기관의 일부를 시설로 신고한 경우에는 의료기관의 장(의료인인 경우만 해당)이 해당 시설의 장을 겸직할 수 있습니다.

② 사회복지사는 입소자에게 건강유지, 여가선용 등 노인복지 제공계획을 수립하고, 복지증진에 관하여 상담·지도해야 합니다.

③ 요양보호사는 요양서비스가 필요한 노인에게 신체활동지원 서비스와 그 밖의 일상생활지원 서비스를 제공해야 합니다.

④ 모든 종사자는 시설의 장과 근로계약을 체결한 사람이어야 합니다.

⑤ 요양보호사는 입소자가 없더라도 기본 1명 배치하며 입소자가 3명을 넘

어서는 경우 "입소자÷3"로 계산한 값을 반올림한 인원수를 배치해야 합니다.

⑥ 치매전담형 노인요양공동생활가정의 경우에는 보건복지부장관이 정하여 고시하는 자격을 갖춘 프로그램관리자를 두어야 합니다.

⑦ 치매전담형 노인요양공동생활가정의 경우에는 해당 시설의 장, 요양보호사 및 프로그램관리자는 보건복지부장관이 정하여 고시하는 치매전문교육을 이수해야 합니다.

4. 재가급여

4-1. 노인장기요양보험법상 재가장기요양기관 설치 시 신고 개요

① 신고자 : 노인장기요양보험의 재가급여(방문요양, 방문목욕, 방문간호, 주·야간보호, 단기보호, 복지용구) 중 한 가지 이상의 급여를 제공하고자 하는 자

② 접수처 : 신고기관의 소재지를 관할하는 시·군·구

③ 신고서류

서비스	필요 서류
공통	1. 재가장기요양기관설치신고서([시행규칙 별지 제21호서식]) 　1-1. 일반현황 1부 　1-2. 인력현황 각1부(서비스 유형별 1부) 　1-3. 시설현황 각1부(서비스 유형별 1부) 2. 면허 또는 자격증 사본 　사회복지사, 간호(조무)사, 물리(작업)치료사, (계약)의사, 　요양보호사, 영양사 3. 사업계획서, 운영규정 1부 4. 정관 1부, 법인등기부등본(법인의 경우) 5. 사용자와 고용인 간의 직접 근로계약을 증빙할 수 있는 근로계약서 사본 또는 건강보험 사업장가입자 명부 6. (법인의 경우) 법인 대표자가 아닌 대리인 신청시 위임장
주·야간, 단기보호	급여종류·내용 변경을 희망하는 경우
복지용구	통보받은 장기요양인정등급에 이의가 있을 경우

④ 설치요건

(1) 인력

　1) 재가장기요양기관 관리책임자 : 사회복지사, 의료인 또는 5년 이상의 실무경력을 갖춘 요양보호사(보건복지부장관이 고시하는 교육을 이수), 5년 이상의 실무경력을 갖춘 간호조무사(보건복지부장관이 고시하는 교육을 이수)로서 상근하는 자, 방문간호는 간호업무경력이 2년 이상인 간호사로서 상근하는 자

　2) 재가장기요양기관의 대표자 : 자격소지 별도 확인 불요

　※ 재가노인복지시설 관리책임자 : 자격소지 확인 필요

3) 설치신고한 법인 및 개인이 이전에 타 지자체로부터 행정처분을 받은 후 재지정금지기간으로 관리되고 있는지 여부를 관할 공단 운영센터에 조회

※ 법인의 경우는 법인등록번호, 개인의 경우는 주민등록번호

(2) 시설 및 설비

1) 재가장기요양기관을 설치할 수 있는 건축물의 용도l

㉮ 노유자시설, 단독주택 또는 공동주택

㉯ 방문서비스(방문요양, 방문목욕, 방문간호)

- 업무시설

- 제1종 근린생활시설(「국토의계획및이용에관한법률」 등 관계법령의 용도에 적합한 경우)

- 제2종 근린생활시설에도 가능

2) 사회복지시설 또는 의료기관(방문간호의 경우) 등 기존 시설에 병설하여 시설 및 설비 공용시, 기존 재가 노인복지시설을 지정하는 경우 : 별도로 건축물 용도 심사하지 아니함

※ 예시 : 의료기관에 방문간호사업소 병설하고 사무실을 공용시 해당 사무실이 위치한 건축물 용도는 별도 심사 안 함

⑤ 시설 명칭 표기

1) 설치자의 재량사항이나 재가급여제공 기관임을 일반인이 알 수 있도록 "재가" 라는 용어사용

2) 하단에 제공하는 서비스의 종류 명기

예) ○○재가노인복지센터

- 방문요양, 방문a목욕, 주야간보호

4-2. 서비스별 시설 · 인력기준

4-2-1. 방문요양

① 시설기준 : 시설전용면적 16.5㎡ 이상(연면적)

구분	사무실	통신시설, 집기 등 사업에 필요한 설비 및 비품
방문 요양	O	O

② 시설기준 상세요건

1) 방문요양을 제공하는 기관이 하나 이상의 다른 재가급여(복지용구 제외)를 동시에 제공하는 경우 사업에 지장이 없는 범위에서 생활실, 침실 외의 사무실은 병용할 수 있습니다.

2) 방문요양을 제공하는 기관을 사회복지시설에 병설하여 운영하는 경우 사업에 지장이 없는 범위에서 상호중복되는 시설·설비를 공동으로 사용할 수 있습니다.

3) 아파트 등 다른 용도로 사용하고 있는 공간에 방문요양기관을 설치하고자 하는 경우 에는 벽면(커튼, 홀딩도어 등 이동식·접이식 칸막이 종류는 불가)을 설치하거나 독립된 공간에 설치하여 방문요양기관으로만 사용해야 합니다. 또한 방문요양기관은 관계법령에 따라 장기요양급여계약에 관한 서류, 장기요양급여 제공기록지 등 개인정보가 포함된 서류를 작성, 보관하여야 하므로, 당해 방문요양기관 종사자 외의 자가 사무실을 임의로 출입하거나 관련 서류를 열람할 수 없도록 시건 장치 등 필요한 조치를 하여야 합니다.

③ 인력기준

관리책임자	사회복지사	요양보호사
1명	1명(수급자 15명 이상)	15명 이상(농어촌 5명 이상)

④ 인력기준 상세요건

1) 관리책임자: 사회복지사, 의료인 또는 5년 이상의 실무경력을 갖춘 요양보호사 (복지부장관이 고시하는 교육을 이수), 5년 이상의 실무경력을 갖춘 간호조무사(복지부장관이 고시하는 교육을 이수)로 상근하는 자

2) 요양보호사

   가. 농어촌 지역은 요양보호사 5명 이상 배치, 그 외 지역은 요양보호

사 최소 15명 이상 배치해야 합니다.

※ "농어촌지역"이란 「지방자치법」 제2조 제1항 제2호에 따른 시·군의 읍·면 전 지역 또는 동 중 「국토의 계획 및 이용에 관한 법률」 제36조 제1항 제1호에 따라 지정된 주거지역·상업지역 및 공업지역을 제외한 지역을 말합니다.

나. 요양보호사는 수급자 상황에 따라 근무시간에 변화가 많으므로 시간제(단시간 근로자)인 요양보호사는 인력

기준 준수 여부를 판단할 때 실 근무시간에 관계없이 1명이 근무하는 것으로 계산합니다.

다. 모든 종사자의 근로계약서에는 근무시간, 시간급 임금, 초과근무 등을 명시하여야 합니다(근로기준법 제2조, 제17조 및 제18조, 동법 시행령 제8조 및 제9조, 별표 2 등 참조).

라. 요양보호사의 임금은 방문요양서비스 제공 시간뿐만 아니라 서비스 준비, 이동, 관리교육 등을 포함하는 총 근무시간을 기준으로 계산하는 것이 바람직합니다.

마. 주야간보호 또는 단기보호 제공 기관에서 방문요양사업 병설 시 방문요양사업의 요양보호사는 10명 이상(농어촌 : 5명 이상)으로 운영 가능합니다.

4-2-2. 방문목욕

① 시설기준 : 시설전용면적 16.5㎡ 이상(연면적)

구분	사무실	통신시설, 집기 등 사업에 필요한 설비 및 비품	이동용 욕조 또는 이동목욕차량
방문목욕	O	O	O

② 시설기준 상세요건

1) 이동목욕차량 : 본인명의 또는 타인 차량에 대해 유무상 사용계약(임대계약)을 체결, 사용권이 본인에게 있을 경우 무방

2) 이동용목욕차량 없이 이동용 욕조만 구비시 : 방문목욕 설치 가능(차
량미이용 수가 지급)
  가. 이동목욕차량 : 이동용 욕조, 급탕기, 물탱크, 펌프, 호스릴 등을
    갖춘 차량으로
    - 자동차등록증의 차량용도 : "이동목욕용"으로 표기된 차량
    - 자가용 또는 사업용으로 등록된 일반 차량을 구조변경해 자동차
      등록증에 해당 내용이 표기된 차량
  나. 이동용 욕조 : 통상 실내에서 목욕이 가능하도록 만든 욕조 (예 :
    공기주입식 욕조)

③ 인력기준

관리책임자	요양보호사	사무원	보조원
1명	2명 이상		

④ 인력기준 상세요건
  1) 관리책임자 : 사회복지사, 의료인 또는 5년 이상의 실무경력을 갖춘
    요양보호사(보건복지부장관이 고시하는 교육을이수), 5년 이상의 실무
    경력을 갖춘 간호조무사(보건복지부장관이 고시하는 교육을 이수)로
    상근하는 자
  2) 요양보호사 2명이상 배치의무

4-2-3. 방문간호

① 장기요양요원인 간호사 등이 의사, 한의사 또는 치과의사의 방문간호지
  시서에 따라 수급자의 가정 등을 방문해 간호, 진료의 보조, 요양에 관
  한 상담 또는 구강위생을 등을 제공하는 장기요양급여를 말합니다.
② 서비스 내용
  1) 간호사정 및 진단 등 기본간호
  2) 욕창치료 및 단순 상처치료 등 간호

3) 검사관련 사항, 투약관련지도

4) 환자가족 대상 건강관리에 필요한 식이요법 등 교육훈련, 상담 등

③ 시설기준 : 시설전용면적 16.5㎡ 이상(연면적)

구분	사무실	통신시설, 집기 등 사업에 필요한 설비 및 비품	혈압계, 온도계 등 간호에 필요한 비품
방문 간호	O	O	O

④ 의료기관에서 방문간호 개설시

1) 당해 의료기관의 시설 및 설비병용 가능

2) 방문간호를 병설하면서 방문간호와 더불어 방문요양, 방문목욕 등 복합적으로 서비스를 제공하는 시설 설치 가능

⑤ 인력기준

관리책임자	간호사 또는 간호조무사	치과위생사
1명	1명 이상	1명 이상 (구강위생을 제공하는 경우)

⑥ 인력기준 상세요건

1) 관리책임자 : 간호업무경력이 2년 이상인 간호사로서 상근하는 자(보건진료소, 장기요양기관 해당), 보건진료소를 제외한 의료기관이 방문간호를 하는 경우에는 의사, 한의사 또는 치과의사 중에서 상근하는 자

2) 직접서비스 제공인력 : 간호업무경력이 2년 이상인 간호사 또는 간호보조 업무경력이 3년 이상인 간호조무사로서 보건복지부장관이 정하는 방문간호 간호조무사 교육(700시간)을 이수한 자 1명 이상 배치

- 간호업무의 경력은 「의료법」에 규정된 간호사의 간호, 진료보조, 보건활동 등을 의미(간호처치, 주사투약 등)

- 구강위생을 제공하고자 하는 경우 치과위생사 1명 이상 배치

4-2-4. 주·야간간호

① 시설기준

1) 이용정원 5인 기준 연면적 90㎡이상(이용정원 6인 이상 : 1인당 6.6㎡ 이상의 생활실 공간 추가확보)

2) 주.야간보호, 단기보호를 함께 제공시 또는 사회복지시설에 병설시 : 공동사용하는 시설 면적 포함해 각각 90㎡ 이상

구분	생활실	사무실	의료/간호사실	프로그램실	물리(작업)치료실	식당/조리실	화장실	세면장/목욕실	세탁장/건조장
수급자 10명 이상	O	O		O		O	O	O	
수급자 10명 미만	O	O		O		O		O	

② 시설기준 상세요건

1) 주·야간보호와 하나 이상의 다른 재가급여(복지용구 제외)를 동시에 제공 : 생활실, 침실 이외 시설은 사업에 지장이 없는 범위에서 병용가능. 다만, 생활실은 주야간보호수급자만 이용하도록 별도로 구획

2) 주·야간보호가 사회복지시설에 병설운영될 시 : 생활실, 침실 이외 시설은 사업에 지장이 없는 범위에서 병용가능 (단, 시설의 연면적은 공동으로 사용하는 시설의 면적을 포함하여 90㎡이상)

3) 치매전담형 주·야간보호 제공시설의 경우에는 개인생활실을 추가로 갖추어야 하며, 최소 15㎡ 이상의 옥외공간을 둘 수 있다. (시설 연면적 90제곱미터 이상(이용정원이 6명 이상인 경우에는 1명당 6.6제곱미터 이상의 생활실 또는 침실공간을 추가로 확보하여야 함). 다만, 치매전담형 주·야간보호 제공시설은 그 이용정원을 25명 이하로 한다.)

4) 수급자가 자유롭게 활동할 수 있는 공간과 안전설비를 갖춘 생활실을 두어야 함

5) 침실 등 입소자가 이용하는 시설이 2층 이상 : [장애인·노인·임산부등

의 편의증진 보장에 관한 법률] 세부기준에 따른 경사로 또는 [승강기 시설 안전관리법]시행규칙에 따른 승객용 엘리베이터를 설치

6) 계단의 경사는 완만하여야 하며, 이용자의 낙상을 방지하기 위하여 계단의 출입구에 출입문을 설치하고, 그 출입문에 잠금장치를 갖추되, 화재 등 비상시에 자동으로 열릴 수 있도록 하여야 함

7) 배회이용자의 실종 등을 예방할 수 있도록 외부 출입구에 잠금장치를 갖추되, 화재 등 비상시에 자동으로 열릴 수 있도록 하여야 함

8) 이동서비스차량은 기관 대표자 명의(법인: 법인명의) 또는 기관명의인 경우 등록 가능
   - 타 명의 차량인 경우 기관대표와 사용권(사용대차, 임대차계약 등)설정할 경우 가능하나 영업용(택시, 버스 등) 차량의 경우 등록 불가

③ 인력기준

구분	관리책임자	사회복지사	간호(조무)사	물리(작업)치료사	요양보호사	사무원	조리원	보조원운전사
이용자 10명 이상	1명	1명 이상	1명 이상		이용자 7명당 1명(치매전담형의 경우 4명당 1명)	1명 (이용자 25명 이상)	1명	1명
이용자 10명 미만	1명	-	1명 이상			-	1명	-

④ 인력기준 상세요건

1) 관리책임자 : 사회복지사, 의료인 또는 5년 이상의 실무경력을 갖춘 요양보호사(보건복지부장관이 고시하는 교육을 이수), 5년 이상의 실무경력을 갖춘 간호조무사(보건복지부장관이 고시하는 교육을 이수)로 상근하는 자

2) 단독주택 또는 공동주택에 10인 미만의 주·야간보호시설을 설치하는 경우 관리책임자가 간호(조무)사, 물리(작업) 치료사 또는 요양보호사 자격이 있으면 주·야간보호에 근무하는 간호(조무)사, 물리(작업)치료

사 또는 요양보호사로 각각 겸직할 수 있음. 다만, 이 경우 상시적으로 근무하는 종사자는 관리책임자를 포함하여 2인 이상(조리원은 제외)이어야 함

3) 사회복지시설에 주·야간보호시설을 병설하는 경우 당해 시설의 간호(조무)사 또는 물리(작업)치료사가 주·야간시설의 해당 업무 겸직 가능

4) 방문요양사업 병설 시 방문요양사업의 요양보호사는 10명 이상(농어촌: 5명 이상)으로 운영가능하고, 요양보호사는 입소자가 없더라도 기본 1명 배치하며 입소자가 7명을 넘어서는 경우 "입소자 ÷ 7"로 계산한 값을 반올림한 인원수를 배치

5) 주·야간보호시설 내 치매전담실의 경우에는 보건복지부장관이 정하여 고시하는 자격을 갖춘 프로그램관리자를 두어야 함

6) 주·야간보호시설 내 치매전담실의 경우 해당 시설의 장, 요양보호사 및 프로그램관리자는 보건복지부장관이 정하여 고시하는 치매전문교육을 이수하여야 함

4-2-5. 단기보호

① 시설기준

1) 연면적 90㎡이상 (이용정원 6인 이상 : 1인당 6.6㎡이상의 침실 공간 추가확보)

2) 수급자 1인당 침실면적 6.6㎡, 합숙용 침실 1실의 정원 4인 이하

3) 주·야간보호, 단기보호를 함께 제공, 사회복지시설에 병설하는 경우 : 공동으로 사용하는 시설의 면적을 포함해 각각 90㎡ 이상

구분	침실	사무실	의료/간호사실	프로그램실	물리(작업)치료실	식당/조리실	화장실	세면장/목욕실	세탁장/건조장
수급자 10명 이상	O	O	O			O	O	O	
수급자 10명 미만	O	O		O		O		O	

② 시설기준 상세요건

1) 주·야간보호, 단기보호사업을 함께 운영하거나 사회복지시설에 병설시
   : 생활실, 침실 이외 시설은 사업에 지장이 없는 범위에서 병용가능

2) 침실 등 입소자가 이용하는 시설이 2층 이상인 경우 : [장애인·노인·임
   산부등의편의증진보장에관한법률]의 세부기준에 따른 경사로 또는 [승
   강기 시설 안전관리법] 시행규칙에 따른 승객용 엘리베이터를 설치해
   야 함

3) 계단의 경사는 완만하여야 하며, 이용자의 낙상을 방지하기 위하여 계
   단의 출입구에 출입문을 설치하고, 그 출입문에 잠금장치를 갖추되,
   화재 등 비상시에 자동으로 열릴 수 있도록 하여야 함

4) 배회이용자의 실종 등을 예방할 수 있도록 외부 출입구에 잠금장치를
   갖추되, 화재 등 비상시에 자동으로 열릴 수 있도록 하여야 함

③ 인력기준

구분	관리책임자	사회복지사	간호(조무)사	물리(작업)치료사	요양보호사	사무원	조리원	보조원운전사
이용자 10명 이상	1명	1명 이상	이용자 30명당 1명	1명 (이용자 30명 이상)	이용자 4명당 1명 이상	-	1명	-
이용자 10명 미만	1명	-	1명	1명 이상		-	필요수	필요수

④ 인력기준 상세요건

1) 관리책임자 : 사회복지사, 의료인 또는 5년 이상의 실무경력을 갖춘
   요양보호사(보건복지부장관이 고시하는 교육을 이수), 5년 이상의 실
   무경력을 갖춘 간호조무사(보건복지부장관이 고시하는 교육을 이수)로
   상근하는 자

2) 방문요양사업 병설시 방문요양사업의 요양보호사는 10명 이상(농어촌:

5명 이상)으로 운영가능

3) 요양보호사는 입소자가 없더라도 기본 1명 배치하며 입소자가 4명을 넘어서는 경우 "입소자÷4"로 계산한 값을 반올림한 인원수를 배치

4-2-6. 복지용구

① 시설 및 설비기준

구분	사무실	진열 및 체험공간	세정.수리 등 사업에 필요한 설비 및 비품
복지용구	○	○	○

1) 규모 : 다음 1.부터 3.까지 합한 공간. 다만, 타 사업자와 복지용구의 보관 및 세정·소독 등의 공간을 공동사용 하는 시설의 경우 기준 완화해 적용가능
   - 복지용구를 진열, 수급자가 직접 보고 체험할 수 있는 공간(23.1㎡ 이상)
   - 복지용구의 대여 및 관리(반환물품 및 재고물품 보관 등)를 위한 공간 : 사무실, 전시장 등과 별도의 공간
   - 복지용구의 세정(수도 및 배수시설 포함), 소독(소독액 및 세척. 건조에 필요한 용구 포함), 수선에 필요한 설비 및 공간(56.2㎡이상)
2) 복지용구 사업소의 사무실을 방문요양 등의 사무실과 공동 활용하는 것은 불가함. 다만, 복지용구 사업소 내부공간을 분리하여 방문요양 사무실을 별도로 확보한 경우는 운영 가능

② 인력기준

관리책임자	사무원
1명	필요한 인원

1) 모든 종사자는 기관의 장(법인의 대표자)과 근로계약이 체결된 자여야 함
2) 복지용구와 방문요양 사업을 함께 하고자 하는 사업자는 두 사업의 '신청인(대표자)' 과 복지용구 사업의 관리책임자를 겸하고 방문요양을 전담할 관리책임자를 별도로 둠으로써 운영 가능

4-3. 노인복지법상 재가요양복지시설을 설치·운영하고 있는 시설의 지정

① 신청자 : 「노인복지법」상 재가노인복지시설(방문요양, 주야간보호, 단기
   보호, 방문목욕) 대표자
② 접수처 : 소재지 관할 시·군·구
③ 신청서류 및 구비서류

서비스	필요 서류
공통	1. 장기요양기관 지정신청서(시행규칙 제19호서식) 1부 1-1. 일반현황 1부 1-2. 인력현황 각1부(서비스 유형별 1부) 1-3. 시설현황 각1부(서비스 유형별 1부) 2. 면허 또는 자격증 사본 사회복지사, 간호(조무)사, 물리(작업)치료사, (계약)의사, 요양보호사, 영양사 3. 사용자와 고용인 간의 직접 근로계약을 증빙할 수 있는 근 로계약서 사본 또는 건강보험 사업장가입자명부 4. 법인의 경우 - 법인 대표자가 아닌 대리인 신청시 위임장

4) 재가노인복지시설 중 「노인복지법」에 의해 설치되지 않은 서비스(방문
   간호, 복지용구) 추가 제공시 : 별도의 재가장기 요양기관 설치신고
   필요
5) 방문요양 제공하는 재가노인복지시설이 방문요양, 방문목욕, 주야간보
   호 제공 시설로 지정받으려면 : 재가노인복지시설 변경신고 먼저 한 후
   지정 받아야 함
④ 서비스 유형별 시설·인력 기준
1) 「노인장기요양보험법」상 재가장기요양기관 설치시"와 동일
2) 요양보호사 자격 기준 : 요양보호사 자격증 소지자

■ 장기요양기관의 지정·설치는 어떻게 하나요?

Q 장기요양기관의 지정·설치는 어떻게 하나요?

A ①시설급여를 제공하는 사업자의 경우, 「노인복지법」상 노인요양시
설 및 노인요양공동생활가정은 시·군·구청장의 지정을 받아
장기요양기관이 됩니다.

②신규로 재가급여 제공시설을 설치하는 경우, 「노인장기요양보험
법」의 재가장기요양기관의 시설·인력기준을 갖추어 시·군·구청장에
설치신고를 하면 재가급여를 제공하는 장기요양기관이 됩니다.

※「노인장기요양보험법」상의 재가장기요양기관은 시·군·구청장에 설
치신고를 하면 장기요양기관으로 지정의제 됩니다.

③기존에 재가노인복지시설을 설치·운영하고 있는 경우 「노인복지법
」상의 재가노인복지시설 기준과 「노인장기요양보험법」상의 재가
장기요양기관의 시설·인력기준을 갖추어 시·군·구청장의 지정
을 받아 장기요양기관이 됩니다.

■ 장기요양기관 지정 신청 시 효력 발생 시기는 언제인가요?

Q 장기요양기관 지정 신청 시 효력 발생 시기는 언제인가요?

A 장기요양기관의 지정일자는 장기요양기관 입장에서는 장기요양급여
를 제공할 수 있는 효력발생일입니다. 지정일자는 장기요양기관 지
정서 또는 재가장기요양기관 설치신고필증상의 기재일을 의미하며
일반적으로 장기요양기관 지정권자(시·군·구의 장)의 결재일로
지정됩니다.

■ 장기요양기관으로 지정받을 수 있는 기관의 기준과 장기요양기관 및 급여의 종류는 무엇인가요?

Q 장기요양기관으로 지정받을 수 있는 기관의 기준과 장기요양기관 및 급여의 종류는 무엇인가요?

A ①장기요양기관 지정기준 :「노인복지법」에 따라 설치·신고된 노인의료복지시설(노인요양시설, 노인요양공동생활가정), 재가노인복지시설로 시장, 군수, 구청장에게 장기요양기관 지정 신청을 하여「노인장기요양보험법」의 장기요양기관으로 지정을 받습니다.

②재가장기요양기관 지정기준 :「노인장기요양보험법」에 따라 시설, 인력기준을 갖추어 시장, 군수, 구청장에 설치 신고한 경우 장기요양기관으로 지정 받습니다. 즉「노인장기요양보험법」에 의해 설치된 재가장기요양기관은 별도의 지정절차가 필요치 않습니다.

■ 장기요양기관으로 지정받지 않으면 어떻게 되나요?

Q 장기요양기관으로 지정받지 않으면 어떻게 되나요?

A 기존 노인복지시설 등은「노인장기요양보험법」제31조에 따라 별도의 지정신청을 하여야 하며 지정을 받은 경우에 장기요양급여를 제공할 수 있습니다.「노인복지법」상 노인의료복지시설, 재가노인복지시설이 장기요양기관으로 지정을 받지 않을 경우「노인복지법」에 의한 사업 운영만 가능합니다.

■ 장기요양기관의 시설 및 인력이 변경되었는데 국민건강보험공단에 신고해야 하나요?

Q 장기요양기관의 시설 및 인력이 변경되었는데 국민건강보험공단에 신고해야 하나요?

A ①장기요양기관에서 제공하는 장기요양급여의 종류, 명칭·소재지(관할 시·군·구안에서의 소재지 변경을 말함), 법인대표자, 입소(이용)정원, 시설 및 인력현황의 변경신고를 하려면 변경 사유가 발생한 날부터 14일 이내에 「장기요양기관 변경신고서」에 다음의 서류를 첨부하여 특별자치시장 · 특별자치도지사 · 시장 · 군수 · 구청장에게 제출하여야 합니다.

〈 변경사항을 증명할 수 있는 서류 〉

- 장기요양기관 지정서 또는 재가장기요양기관 설치신고증명서
- 인력(변경)현황(직원에 대한 변경사항 발생시)
- 시설(변경)현황(시설현황에 대한 변경사항 발생시)
- 일반현황 및 시설현황(입소 · 이용 정원 변경시)
- 법인등기부등본(법인대표자 변경시)→미제출시 행정정보 공동이용시스템으로 확인가능

②장기요양기관의 인력 현황이 변경된 경우에는 「노인장기요양보험법 시행규칙」 제25조제3항에 의하여 변경사유가 발생한 날부터 14일 이내에 정보시스템(사회복지시설정보시스템)을 이용하여 특별자치시장 · 특별자치도지사 · 시장 · 군수 · 구청장에게 변경신고를 하여야 합니다.

③인력변경 신고를 받은 특별자치시장 · 특별자치도지사 · 시장 · 군수 · 구청장은 변경된 내용을 기재한 장기요양기관 지정서 또는 재가장기요양기관 설치신고증명서를 신고인에게 다시 발급하여야 합니다.

■ 장기요양기관이 노인장기요양보험 홈페이지에 정보를 게시할 의무가 있나요?

Q 장기요양기관이 노인장기요양보험 홈페이지에 정보를 게시할 의무가 있나요?

A ①수급자의 선택권과 장기요양기관이 제공하는 급여의 질을 보장하기 위하여 장기요양기관별 급여의 내용, 시설, 인력 등 현황 자료, 비급여 대상 항목별 비용 등을 국민건강보험공단이 운영하는 인터넷 홈페이지에 직접 게시해야 합니다. 또한, 게시된 내용이 변경되는 경우에는 지체 없이 변경된 내용을 반영하여 다시 게시해야 합니다.
②장기요양기관에 관한 정보를 게시하지 않거나 거짓으로 게시한 경우에는 과태료(500만 원 이하)가 부과됩니다.

■ 장기요양기관이 폐업 또는 휴업하는 경우 수급자는 어떻게 되나요?

Q 장기요양기관이 폐업 또는 휴업하는 경우 수급자는 어떻게 되나요?

A 장기요양기관이 폐업 또는 휴업을 할 경우 예정일 30일 전까지 신고하여야 하고, 이때 수급자에 대한 조치계획서를 작성하여 함께 제출하여야 합니다. 수급자는 희망하는 급여를 연속적으로 이용할 수 있도록 지역별, 급여종류별 수급자가 이용 가능한 장기요양기관 등을 안내받을 수 있습니다.

■ 장기요양기관의 폐업 또는 휴업 신고 절차는 어떻게 되나요?

Q 장기요양기관의 폐업 또는 휴업 신고 절차는 어떻게 되나요?

A ①장기요양기관 및 재가장기요양기관이 폐업 또는 휴업을 하려는 경우에는 폐업 또는 휴업 예정일 30일 전까지 '장기요양기관 폐업, 휴업 신고서'와 다음의 서류를 첨부하여 시장·군수 - 구청장에게 제출하여야 합니다.
- 폐업 또는 휴업 의결서(법인만 제출)
- 수급자에 대한 조치 계획서
- 장기요양기관 지정서 또는 재가장기요양기관 설치신고증명서 사본(폐업의 경우만 제출)
- 장기요양 급여제공자료 이관계획서(또는 신청서)

②장기요양기관 폐업 또는 휴업 신고를 접수한 시장, 군수, 구청장은 인근 지역에 대체 장기요양기관이 없는 경우 등 장기요양급여에 중대한 차질이 예상되는 경우 장기요양기관의 폐업 또는 휴업 철회를 권고할 수 있습니다.

③폐업 또는 휴업 신고를 받은 시장, 군수, 구청장은 지체 없이 폐업 또는 휴업신고 명세를 국민건강보험공단에 통보하여야 합니다.

■ 의료법인인 경우 단기보호, 방문간호 등 재가사업을 운영할 수 없나요?

Q 의료법인인 경우 단기보호, 방문간호 등 재가사업을 운영할 수 없나요?

A 의료법인은 「의료법」에서 재가시설을 부대사업으로 운영할 수 없도록 제한되어 있습니다. 다만 의료법인도 요양시설은 부설로 운영할 수 있으며, 개인 의료기관인 경우에는 요양시설이든 재가시설이든 아무런 제한이 없음을 알려드립니다.

■ 사회복지법인이 아닌 개인도 요양시설을 설치하여 지정받을 수 있나요?

Q 사회복지법인이 아닌 개인도 요양시설을 설치하여 지정받을 수 있나요?

A ①개인도 요양시설을 설치하여 지정받을 수 있습니다. 다만, 해당 시설의 토지, 건물 소유권을 보유하고 등기부상 설정 등의 권리관계가 깨끗해야 합니다.
②노인요양공동생활가정은 타인의 소유토지나 건물을 사용하여 시설을 설치할 수 있습니다.

■ **방문요양과 방문목욕, 방문간호를 같이 하려고 합니다. 요양보호사 몇 명을 고용해야 하나요? 그리고 4대 보험과 근로계약도 갖추어야 하나요?**

Q 방문요양과 방문목욕, 방문간호를 같이 하려고 합니다. 요양보호사 몇 명을 고용해야 하나요? 그리고 4대 보험과 근로계약도 갖추어야 하나요?

A ①방문요양과 방문목욕을 같이 하는 경우 요양보호사는 상호 겸직이 가능하므로 요양보호사 15명(농어촌은 5명)만 고용하면 되고, 방문요양·방문목욕·방문간호를 모두 하는 경우에는 간호사가 요양보호사 자격증을 갖춘 경우 요양보호사 겸직이 가능하므로 요양보호사 자격이 있는 간호사 1명과 요양보호사 14명(농어촌은 4명)만 고용하면 됩니다.

②방문요양과 방문목욕을 같이 하는 경우 시설장(관리책임자)은 의료인, 사회복지사 또는 실무경력 5년 이상인 요양보호사(복지부장관이 고시하는 교육을 이수)이면 가능하나, 방문간호의 경우 간호사만이 시설장(관리책임자)이 될 수 있으므로 방문간호를 포함하여 운영할 경우 시설장(관리책임자)은 반드시 간호업무경력이 2년 이상인 간호사로서 상근하는 자여야 합니다.

③4대 보험은 「국민건강보험법」, 「국민연금법」, 「고용보험법」, 「산업재해보상보험법」등 관계법령의 적용대상 규정이 정하는 바에 따라 모두 가입해야 하며, 근로계약은 사용자와 근로자간 직접 근로계약 관계로 체결되어야 하며 인력파견업체로부터의 고용은 불가합니다.

■ 노인요양공동생활가정을 운영하려고 하는데, 임대는 안 되나요?

Q 노인요양공동생활가정을 운영하려고 하는데, 임대는 안 되나요?

A 노인요양공동생활가정의 경우에는 2008년 7월 1일부터 「노인복지법 시행규칙」 제22조에 따라 소유권뿐만 아니라 사용권에 의해서도 설치와 운영이 가능합니다. 참고로 노인요양공동생활가정은 노유자시설 뿐만 아니라 단독주택 또는 공동주택에도 설치가 가능합니다.

■ 10명 미만의 주간보호시설과 방문요양사업을 병행하고자 하는데 최소인원 구성은 어떻게 되나요?

Q 10명 미만의 주간보호시설과 방문요양사업을 병행하고자 하는데 최소인원 구성은 어떻게 되나요?

A 주·야간보호시설은 시설장(관리책임자) 1명, 간호(조무)사 또는 물리(작업)치료사 1명 이상, 요양보호사는 수급자 7명당 1명 이상(치매전담형은 4명당 1명 이상), 조리원 1명이 필요하고, 방문요양시설은 시설장(관리책임자) 1명, 사회복지사 1명(수급자 15명 이상), 요양보호사는 공동으로 활용할 수 있으므로 최소 10명 이상(농어촌은 5명 이상)으로 운영이 가능합니다.

■ 정원 10인 미만의 주·야간보호시설을 정원 10인 이상으로 변경 시 추가로 배치해야 하는 인력은 무엇인가요?

Q 정원 10인 미만의 주·야간보호시설을 정원 10인 이상으로 변경 시 추가로 배치해야 하는 인력은 무엇인가요?

A 정원 10인 미만의 주 · 야간보호시설을 10인 이상으로 변경 시 인력은 사회복지사 1명 이상, 사무원 1명(이용자 25명 이상인 경우로 한정), 보조원 1명을 추가로 채용하여야 합니다.

※ 요양보호사는 입소자가 없더라도 기본 1명배치하며, 입소자가 7명을 넘어서는 경우 "입소자÷7(인당 배치기준)" 한 값을 반올림하여 배치(치매전담형의 경우 4명당 1명 이상 배치)

※ 보조원은 월 기준 근무시간의 100분의 50 이상인 경우 1명으로 산정

■ 기존 재가시설이 장기요양기관으로 지정신청을 할 때 개정된 노인복지법」 상의 기준과 「노인장기요양보험법」의 기준을 같이 맞춰야 하나요?

Q 기존 재가시설이 장기요양기관으로 지정신청을 할 때 개정된 노인복지법」 상의 기준과 「노인장기요양보험법」의 기준을 같이 맞춰야 하나요?

A 기존 재가노인복지시설이 재가장기요양기관으로 지정신청을 할 경우 「노인복지법」과 「노인장기요양보험법」의 기준을 모두 갖추어야 합니다. 이는 재가장기요양기관으로 지정받은 재가노인복지시설은 「노인복지법」에 따른 재가노인복지사업도 실시하고, 「노인장기요양보험법」에 따른 재가장기요양 사업도 실시하므로 각각 별개로 기준을 갖추어야 하는 것입니다.

Q 입원실을 이용하여 주 · 야간보호시설로 사용할 수 있나요?
또한 입원실을 설치하지 않고 간단한 휴식과 수면을 취할 수
있는 시설만으로도 주·야간보호 시설을 지정받을 수 있나요?

A ①주·야간보호시설을 설치할 수 있는 건축물의 용도는 노유자시설,
단독주택 또는 공동주택이어야 합니다. 따라서 병원시설을 이용
하여 주·야간시설을 운영하려면 건축물의 용도를 달리하여 구분
운영하여야 합니다. 이 경우 동일한 층에 같이 운영할 수는 없
으며, 의료기관과 주·야간보호시설의 층을 달리하여야 합니다.
②또한, 주·야간보호시설은 「노인장기요양보험법 시행규칙」 별표9
에서 규정하고 있는 시설(생활실, 사무실/ 의료/ 간호사실, 프로
그램실 / 물리(작업)치료실, 식당/조리실, 화장실, 세면장/목욕실,
세탁장/건조장)의 설치기준을 충족하여야 합니다.

Q 개인병원을 운영하고 있는데 방문간호 사업을 병설하고자
한다면 어떻게 해야 하나요?

A ①개인이 운영하는 의료기관은 방문간호를 병설하여 운영할 수 있
습니다. 의료기관에서 방문간호를 병설하여 운영할 때 시설장(관
리책임자)은 의료기관의 의사, 한의사, 치과의사 중 상근하는 자
로 하고, 당해 의료기관의 간호사 또는 간호조무사 중에서 방문
간호를 제공할 수 있는 자격기준을 갖춘자가 방문간호 겸직 가
능합니다.

②보건소, 보건지소, 보건의료원, 보건진료소의 경우 시설·인력기준
만 갖추면 방문간호사업의 병설운영이 가능합니다. 다만 보건소,
보건지소 등에 방문간호사업을 병설 운영하고자 할 때 소관 지
방자치단체에서는 인력배치방법, 사업수익의 회계처리방법 등에
대해 관련 법령을 잘 검토하여 필요한 경우 지방자치단체 조례
제정 등 조치를 취하여야 합니다. 보건소, 보건지소, 보건의료원
에서 방문간호를 병설하는 경우에는 시설장(관리책임자)가 의사,
한의사 또는 치과의사여야 하나, 보건진료소에서 방문간호를 병
설하는 경우에는 간호업무경력이 2년 이상인 간호사가 시설장(관
리책임자)이 됩니다.

■ 의료기관에서 방문간호를 병설하려 합니다. 이때 건축물 용도도 변경해야 하나요?

Q 의료기관에서 방문간호를 병설하려 합니다. 이때 건축물 용도도 변경해야 하나요?

A ①건축물 용도를 변경할 필요가 없습니다. 의료기관에서 방문간호를 병설하는 경우 당해 의료기관의 사무실을 공용할 수 있으며 이 경우 건축물의 용도는 별도로 심사할 필요가 없습니다.

②이와 유사한 경우로서 의료기관의 일부 층을 요양시설로 전환하는 경우에도 공용하는 조리실, 물리치료실 등은 해당 건축물의 용도를 변경할 필요가 없습니다. 다만, 노인요양시설 전용 층은 노인요양시설의 건축물 용도에 맞게 변경하여야 합니다.

③예를 들어, 1~7층으로 된 의료기관이 있는데, 4~7층을 요양시설로 전환하고, 3층에 있는 물리치료실을 의료기관과 공동으로 사용하는 경우, 4~7층은 노인요양시설 전용 시설이므로 노유자시설로 건축물용도를 변경하여야 하고, 3층의 물리치료실은 공동시설이므로 원래 의료기관의 건축물 용도로 그대로 사용하셔도 무방합니다.

■ 사회복지시설의 재가장기요양기관 병설에서 "병설"의 의미는 무엇인가요?

Q 사회복지시설의 재가장기요양기관 병설에서 "병설"의 의미는 무엇인가요?

A ①병설은 동일 대표자가 한 건물 안에, 혹은 같은 대지(동일 필지 또는 한울타리 내) 안에 설치하는 것을 의미합니다. 그러나 같은 대지 안의 다른 건물에 재가기관을 병설하면서, 기존 건물의 시설 또는 설비를 공용하고자 하는 경우에는 중증 수급자의 이동에 불편이 없는지를 면밀히 판단해서 필요한 경우에는 각각의 건물 내에 별도의 시설을 갖추어야 합니다.

②예를 들어, 건물과 건물을 잇는 이동 경로가 계단 밖에 없는 경우 또는 이동 경로에 경사로가 설치되어 있으나 휠체어를 탄 수급자가 도저히 이동할 수 없을 만큼 가파른 경우 등 지방자치단체 담당자가 현지 실사를 통해 양 건물 간 시설의 공용이 불가능하다고 판단되는 경우에는 각 건물의 시설 기준을 준수하시면 됩니다.

■ 방문요양, 방문목욕, 방문간호 사업을 할 때 요양보호사나 간호 (조무)사는 상근하여야 하나요?

Q 방문요양, 방문목욕, 방문간호 사업을 할 때 요양보호사나 간호(조무)사는 상근하여야 하나요?

A 방문요양과 방문목욕, 방문간호 사업의 경우 시설장(관리책임자)은 상근(1일 8시간 근무, 월 20일 이상 근무)하여야 하지만 시설장(관리책임자)이 아닌 자는 상근하지 않아도 상관없습니다.

■ 개인이 운영하는 장기요양기관에 대표자가 변경될 경우 어떻게 해야 하나요?

Q 개인이 운영하는 장기요양기관에 대표자가 변경될 경우 어떻게 해야 하나요?

A 개인이 운영하는 장기요양기관의 경우 대표자 변경 시 기존 장기요양기관 폐업신고 후 신규 설치해야합니다. (공동명의로 변경하는 경우 포함) 다만, 2인 이상의 공동명의로 설치신고를 한 장기요양기관의 공동 대표자 일부가 제외될 경우에는 신규로 설치 신고한 당시의 대표자 중 일부가 연속적으로 운영하고 있으므로 장기요양기관의 연속성을 인정하여 장기요양기관 변경신고로 처리 가능합니다. 법인 운영 장기요양기관은 대표자 변경신고로 처리 가능합니다.

Q 주·야간보호기관에서 보호자의 부탁이 있으면 수급자를 재워도 되나요?

A ①주 · 야간보호의 시설 및 인력기준이 수급자에게 숙박을 제공할 수 있는 침실 등을 갖추도록 되어 있지 아니할 뿐만 아니라, 수급자를 24시간 돌보기 위하여 필요한 요양보호사의 교대 근무 또한 가능하지 아니하므로 적절한 서비스 제공이 될 수 없습니다.
②따라서 천재지변 및 이에 준하는 사례 이외에 수급자의 사정 등의 불가피한 사유로 인한 숙식제공은 불가합니다.

Q 주·야간보호에서 제공하는 인지활동형 프로그램이란 무엇인가요?

A ①수급자의 인지기능 악화방지 및 잔존능력 유지를 위해 제공하는 프로그램으로 프로그램관리자가 수립한 프로그램 계획에 따라 프로그램관리자, 치매전문요양보호사 또는 외부강사가 1회 60분 이상 제공합니다.
②인지활동형 프로그램은 1~4등급 치매 수급자, 5등급 및 인지지원등급 수급자에게 제공할 수 있습니다. 1~4등급 치매수급자에게는 주 3회 또는 월 12회 이상 제공하도록 노력하여야 하며 5등급 및 인지지원등급 수급자에게는 주 · 야간보호급여를 이용할 때마다 인지활동형 프로그램을 제공하여야 합니다.

■ **주·야간보호센터에서는 공단에서 지급되는 이동서비스 비용 외에 수급자 개인에게 이동서비스와 관련된 본인부담금을 받을 수 있나요?**

Q 주·야간보호센터에서는 공단에서 지급되는 이동서비스 비용 외에 수급자 개인에게 이동서비스와 관련된 본인부담금을 받을 수 있나요?

A 공단에서 지급되는 이동서비스비 외에 별도의 비용을 수급자에게 받을 수 없습니다. 아울러 이동서비스 비용은 월 한도액에서 제외되는 내용으로 급여이용에 따른 본인일부부담금(15%)은 발생하지 않습니다.

■ **이동서비스가 편도 1회만 발생할 경우 비용을 지급받을 수 있나요?**

Q 이동서비스가 편도 1회만 발생할 경우 비용을 지급받을 수 있나요?

A 이동서비스는 주·야간보호기관에서 수급자를 자택으로 모시러 가고, 모셔다 드리는 내용으로 1일 1회 산정되고 있으나, 부득이한 사유로 인해 편도만 이동서비스가 이루어질 경우 장기요양급여비용 고시에서 정한 비용의 50%만 산정됩니다.

■ 야간 및 토요일, 휴일가산은 어떤 경우에 적용되나요?

Q 야간 및 토요일, 휴일가산은 어떤 경우에 적용되나요?

A ①평일 18시 이후 22시 이전에 급여를 제공한 경우 급여비용의 20%를 가산합니다.
②토요일과 공휴일에 급여를 제공한 경우 급여비용의 30%를 가산합니다.

■ 양로원에 입소해 있는 경우 장기요양급여를 제공받을 수 있나요?

Q 양로원에 입소해 있는 경우 장기요양급여를 제공받을 수 있나요?

A ①「장기요양급여 제공기준 및 급여비용 산정방법 등에 관한 고시」 제4조(급여의 중복제공 금지)에 의하면 타 법령에 의한 사회복지시설(사회복지사업법 제34조 제2항의 규정에 의한 신고를 하지 아니하고 설치·운영되는 시설을 포함한다)에 입소 중인 수급자에게 제공한 장기요양급여를 제공할 수 없습니다.
②다만 노인복지법 제32조에 의한 노인복지주택에 입소 중인 경우 재가급여는 그러하지 아니하다 라고 규정된 바, 「노인복지법」에 따른 주거복지시설인 양로시설에 입소중인 경우 시설 및 재가급여를 받을 수 없습니다.

Q 주간보호를 이용하고 있는 3등급 수급자가 보호자 사정에
의해 1~2주간 단기보호 입소를 원하고 그 후 월~금까지
는 주간보호와 토~일은 단기입소를 번갈아가며 희망한다
면 이용이 가능할까요?

A ①수가산정의 일반원칙에 따라 재가급여 중 방문요양, 방문목욕,
방문간호, 주·야간보호, 단기보호 등은 2가지 이상의 급여를 동
시(동일한 시간)에 산정할 수 없음을 원칙으로 하고 있습니다.
급여이용은 월 한도액 내에서 가능하므로 주 · 야간보호와 단기
보호를 교차적으로 이용하는 것은 가능합니다.

②다만, 단기보호의 경우 월 9일(1회 9일 이내의 범위에서 연간 4
회까지 연장 가능)까지만 급여비용을 산정할 수 있으므로 이용
계획 시 유의해야 할 것입니다.

■ 정원 60명인 노인요양시설에 현원 60명이 입소해 있던 도중 수급자 1명이 장기 입원하여 그 자리에 특례 입소자를 받았습니다. 병원에 입원해 있던 수급자가 복귀한 경우 입소자 수는 어떻게 계산하나요?

Q 정원 60명인 노인요양시설에 현원 60명이 입소해 있던 도중수급자 1명이 장기 입원하여 그 자리에 특례 입소자를 받았습니다. 병원에 입원해 있던 수급자가 복귀한 경우 입소자 수는 어떻게 계산하나요?

A 특례 입소자도 입소자 수에 포함하는 것이 원칙이나, 사례와 같이 병원에 입원해 있던 수급자가 복귀하여 일시적으로 정원이 초과된 경우에는 초과인원에 해당하는 특례입소자는 다른 입소자의 퇴소 등으로 그 초과가 해소될 때까지 입소자 수의 계산에서 제외됩니다.

■ 장기요양기관의 근무인원을 계산할 때 1인으로 계산되는 월기준 근무시간은 어떻게 되나요?

Q 장기요양기관의 근무인원을 계산할 때 1인으로 계산되는 월 기준 근무시간은 어떻게 되나요?

A 장기요양기관 직원 1인의 월 근무시간은 [해당 월에 공휴일, 근로자의 날 및 토요일을 제외한 근무가능일수 × 8시간]으로 합니다. 다만, 종사자 중 일부가 1일 3교대 또는 1일 2교대 근무형태로 규칙적으로 근무하였으나 월 기준 근무시간을 충족하지 못한다면, 월 중 근무한 일수가 연차 유급휴가 등을 포함하여 15일 이상이고 근무시간이 160시간 이상인 경우에 한하여 1인으로 인정합니다.

Q 장기요양기관의 종사자가 연차 유급휴가, 출산휴가 등을
   사용한 경우 근무시간으로 인정되나요?

A ○ 근무시간에 포함되는 항목은 다음과 같습니다.
   - 휴게시간을 제외한 실 근무시간
   - 「근로기준법」제60조 제1항, 제2항, 제4항 및 제5항에 의한 연
     차 유급휴가
   - 동법 제74조에 의한 출산전후휴가, 유산·사산휴가 중 유급
     으로 하는 최초 60일
   - 동법 제75조에 의한 수유 시간(1일 최대 2시간)
   - 동법 제74조제7항에 의한 임산부 근로 단축시간(1일 최대 2시간)
   - 동법 제10조에 의한 공민권의 행사
   - 「모자보건법」제10조에 의한 임산부의 건강진단
   - 갑작스러운 질병 또는 부상으로 인한 병가(1인당 연간 최대 30일)

Q 장기요양기관의 종사자가 경조사 휴가를 사용한 경우 근무시간으로 인정되나요?

A ○ 근무시간에 포함되는 경조사 휴가의 기준은 다음과 같습니다.
- 본인의 결혼 : 5일
- 배우자의 출산 : 3일(출산일로부터 30일 이내 연속적으로 사용)
- 본인 · 배우자의 부모 또는 배우자의 사망 : 5일
- 본인 · 배우자의 조부모 또는 외조부모의 사망 : 2일
- 자녀 또는 그 자녀의 배우자의 사망 : 2일

Q 수급자가 15인 이상인 방문요양기관에서 의무 배치한 사회복지사가 가산을 받기 위해서는 어떠한 업무를 수행해야 하나요?

A 수급자 15인 이상인 방문요양기관에서 사회복지사 1명을 의무 배치한 경우 사회복지사는 전체 수급자에 대하여 급여제공 시간 중에 매월 1회 이상 수급자의 가정을 방문하여 욕구사정 및 수급자별 급여제공계획 수립·기록, 적정 서비스제공 여부 확인·기록 등의 업무를 수행하여야 합니다. 또한, 업무 수행 내용을 사회복지사 업무수행일지에 작성하여 비치하여야 합니다.

■ 장기요양기관 종사자가 교육에 참여한 경우 근무시간으로 인정 되나요?

Q 장기요양기관 종사자가 교육에 참여한 경우 근무시간으로 인정되나요?

A ①근로시간 중에 참여한 교육 및 출장 등이 다음에 해당하는 경우 1일 8시간 내에서 실제 소요시간만큼 근무시간으로 인정합니다.
- 관련법에 의한 보수교육 등
- 장기요양급여 평가 지표에 제시되어 있는 교육
- 공단 또는 지방자치단체에서 주관하는 장기요양 직무 관련 교육
- 공단 또는 지방자치단체 외 외부기관에서 주관하는 전문성 강화 및 서비스 질 향상을 위한 직무 관련 교육. 이 경우 요양보호사, 사회복지사, 간호(조무)사, 물리(작업)치료사, 조리원, 위생원, 보조원(운전사)은 종사자 1인당 연간 16시간에 한하여 인정
②다만, 자격 취득 또는 자기계발을 목적으로 하는 교육에 참여한 시간, 해외연수, 체육행사, 기념식 등 사기 진작 등을 위한 행사에 참여한 시간은 포함하지 않습니다.

■ **장기요양기관 직원이 개인 사정으로 2주간 근무를 못하게 되어 해당 기간 동안 시간제 종사자를 채용한 경우 근무인원 1인으로 인정받을 수 있나요?**

Q 장기요양기관 직원이 개인 사정으로 2주간 근무를 못하게 되어 해당 기간 동안 시간제 종사자를 채용한 경우 근무인 원 1인으로 인정받을 수 있나요?

A ①동일 직종에 종사하는 직원 중 월 기준 근무시간 미만 근무로 인해 1인으로 계산되지 아니한 직원의 근무시간은 합할 수 있습니다. 이 경우 합한 근무시간을 월 기준 근무시간으로 나누어 계산한 수를 근무인원에 포함하며, 소수점 이하는 절사합니다. 또한, 감액 산정하는 경우에는 소수점 둘째자리에서 절사하되, 소수점 첫째 자리가 4이하인 경우에는 소수점 첫째자리에서 절사합니다.

②예시) 월 기준 근무시간이 176시간인 2018년 11월에 요양보호사 A는 신규입사자로 11월 9일부터 128시간근무하고 요양보호사 B 는 시간제근로자로서 11월 1일부터 1일 4시간씩 총84시간 근무 한 경우, 총근무시간은 A와 B의 시간을 합하면 212시간이 되고 이를 월 기준 근무시간인 176시간으로 나누면 1.2가 나와 근무 인원 1인으로 계산할 수 있습니다.

Q 장기요양기관이 인력배치기준을 충족하지 못한 경우 가산 적용은 어떻게 되나요?

A ①인력추가배치 가산을 받고자 하는 장기요양기관은 제48조의 인력배치기준을 충족하여야 하고 인력배치기준 위반 감액이 적용되는 시설급여기관, 주·야간보호기관, 단기보호기관은 인력추가배치 가산을 적용하지 않습니다. 다만, 인력배치기준을 충족하지 못한 경우라도 간호사 배치 가산, 야간직원배치 가산, 맞춤형서비스제공 가산은 적용받을 수 있습니다.

②감액사유에 따른 가산인정 항목은 다음과 같습니다.

감액사유	가산인정 여부			
	인력추가배치	간호사 배치	야간직원배치	맞춤형 서비스제공
정원초과	×	×	×	×
인력배치	×	○	○	○
배상책임 보험	○	○	○	○

■ 수급자 수 15인 이상인 방문요양기관에서 사회복지사 등 배치 가산은 배치한 인원수대로 받을 수 있나요?

Q 수급자 수 15인 이상인 방문요양기관에서 사회복지사 등 배치가산은 배치한 인원수대로 받을 수 있나요?

A 수급자 수 15인 이상인 방문요양기관의 사회복지사 등 배치 가산은 수급자수 규모에 따라 최대한도(인정범위)가 정해져 있습니다. 수급자 수 15명이상인 경우 사회복지사를 1명이상 배치하여야 가산이 적용되며, 수급자 수 30명이상부터는 사회복지사, 간호(조무)사, 팀장급 요양보호사 중 추가 배치하면 규모별인정범위 내에서 배치한 가산인원 수에 따라 가산을 적용받을 수 있습니다. 수급자 수 규모별 가산인정인원은 다음과 같이 차등 적용됩니다.

수급자수	가산인정 인원수
15명 이상 30명 미만	1명
20명 이상 60명 미만	2명
60명 이상 90명 미만	3명
90명 이상	4명

Q 수급자 수가 60명인 가정방문급여기관에 방문요양이용 수급자가 50명, 방문목욕만 이용하는 수급자가 10명인 경우 사회복지사 1명만 의무배치 했다면 해당 기관의 전체수급자인 60명을 모두 방문상담 하여야 하나요?

A ①방문목욕기관은 가산을 선택할 수 있습니다. 방문목욕기관의 가산을 선택하였다면 방문상담이 이루어져야 하나, 수급자 수가 30인 이상인 가정방문급여기관에서 사회복지사 1인만 의무 배치하여 모두 상담하기 어려운 경우, 매월 수급자 30인 이상 수급자를 방문하여 사회복지사 등 배치가산을 받기 위한 업무를수행하였다면 가산점수 100%산정합니다.

②다만, 모든 수급자에 대해서는 3개월마다 1회 이상 방문하여 해당업무를 수행해야 합니다.

■ 요양시설에서 야간배치가산을 적용받기 위한 근무인원 계산은 어떻게 하나요?

Q 요양시설에서 야간배치가산을 적용받기 위한 근무인원 계산은 어떻게 하나요?

A 야간배치 인력 수는 해당 월의 각 일자별 22시부터 다음날 06시 사이에 근무한 요양보호사 또는 간호(조무)사의 실 근무시간을 합산하여 7로 나눈 수를 급여제공일 수로 나누어 계산하며, 소수점 이하는 절사합니다. 이 때, 주간 인력 수는 해당 월의 각 일자별 06시 부터 22시까지 근무한 요양보호사 또는 간호(조무)사의 실 근무시간 및 유급연차휴가 등 세부사항 제12조 제1항에 따른 근무시간을 합산하여 14로 나눈 수를 급여제공일수로 나누어 계산합니다.

■ 장기요양기관에서 입소자의 증가로 의무배치인원이 변경된 경우에도 감액이 되나요?

Q 장기요양기관에서 입소자의 증가로 의무배치인원이 변경된 경우에도 감액이 되나요?

A 전월 인력배치기준을 준수하여 운영하던 기관이 입소자의 증가로 요양보호사, 간호(조무)사, 사회복지사, 물리(작업)치료사의 의무배치인원이 변경될 경우 해당 월에는 증가한 입소자로 인한 인력배치기준 위반 감액을 산정하지 않습니다. 다만, 직종별로 반기 각1회에 한하며, 치매전담실이 있는 노인요양시설의경우에는 각 실별로 적용합니다.

■ **주·야간보호기관과 병설 운영 중인 노인요양시설 입니다. 공동으로 사용하는 프로그램실에서 노인요양시설 어르신과 주·야간보호 어르신을 모두 모시고 맞춤형 프로그램을 진행한 경우 맞춤형 서비스 제공 가산을 받을 수 있나요?**

Q 주·야간보호기관과 병설 운영 중인 노인요양시설 입니다. 공동으로 사용하는 프로그램실에서 노인요양시설 어르신과 주·야간보호 어르신을 모두 모시고 맞춤형 프로그램을 진행한 경우 맞춤형 서비스 제공 가산을 받을 수 있나요?

A 맞춤형 서비스 제공 가산을 위한 프로그램은 외부강사가 장기요양기관별로 해당 수급자를 위하여 전적으로 제공하여야 합니다. 다만, 노인복지법과 노인장기요양보험법에서 허용한 병설 운영 기관의 병용하는 공간에서 2개 이상 기관의 수급자에게 동시에 맞춤형 프로그램을 제공하는 경우 한 개의 기관에 한하여 가산이 적용됩니다.

Q 장기요양기관 직원이 갑자기 퇴사를 하였습니다. 이 경우 적용받을 수 있는 특례가 있나요?

A ①요양보호사, 간호(조무)사, 사회복지사, 물리(작업)치료사, 조리원, 위생원, 보조원의 갑작스러운 퇴사로 후임자를 채용하여야 하는 경우 퇴사일이 속하는 달을 기준으로 직전 6개월 동안 해당 월 기준 근무시간 이상 근무(사유발생월 근무시간이 월 기준 근무시간 이상이면 사유발생월을 포함하여 직전 5개월)한 직원에 대하여 기관의 적극적인 채용노력에도 불구하고 부득이한 사유가 있다는 입증자료를 제출한 경우에 한하여 퇴사특례를 적용합니다.
②직원 1인이 '1일 8시간씩(보조원은 1일 4시간)' 근무한 것으로 인정하며 직종별로 요양보호사, 사회복지사, 조리원, 위생원, 보조원은 퇴사일로부터 21일, 간호(조무)사, 물리(작업)치료사는 퇴사일로부터 30일을 적용합니다. 이 때, 공휴일, 근로자의 날 및 토요일은 제외하여 산정합니다.

■ 수급자 수가 15인 미만인 방문요양기관이라서 사회복지사 1인 배치가 의무는 아니지만 방문요양 수급자 10명, 방문목욕만 이용 수급자 10명으로 전체 수급자가 20명이어서 수급자에 대한 서비스 질 향상을 위해 사회복지사를 추가 배치한 경우라도 가산을 받을 수 없나요?

Q 수급자 수가 15인 미만인 방문요양기관이라서 사회복지사 1인 배치가 의무는 아니지만 방문요양 수급자 10명, 방문목욕만 이용 수급자 10명으로 전체 수급자가 20명이어서 수급자에 대한 서비스 질 향상을 위해 사회복지사를 추가 배치한 경우라도 가산을 받을 수 없나요?

A 방문요양의 수급자가 15명 미만일 때, 요양, 목욕, 간호 이용 수급자 수를 합하여 전체 수급자 수가 15명 이상이라면 사회복지사, 간호(조무)사, 팀장급 요양보호사 중 1명 이상을 배치하고 사회복지사 등 배치 가산 업무를 수행하였다면 가산을 적용받을 수 있습니다. 다만, 이 때 배치된 사회복지사에 대한 가산 점수는 1.2점이 적용됩니다.

■ 방문요양 사회복지사 등 배치가산을 위한 업무 수행 시 급여제
공이 야간·심야시간에만 이루어져서 급여제공 이외의 시간에 수
급자를 방문했다면 해당 업무를 수행한 것으로 보는데, 이 때
수급자만 상담하면 되는 건가요?

Q 방문요양 사회복지사 등 배치가산을 위한 업무 수행 시 급
여제공이 야간·심야시간에만 이루어져서 급여제공 이외의
시간에 수급자를 방문했다면 해당 업무를 수행한 것으로
보는데, 이 때 수급자만 상담하면 되는 건가요?

A 해당 사유로 급여제공 이외의 시간에 방문했다면 매월 1회 이상
수급자 및 급여제공자를 모두 면담(유선상담 불가)하고 업무수행일
지에 기록해야 합니다.

■ 미리 계획된 방문요양(또는 방문목욕)을 제공해야하는 요양보호
사의 부득이한 사정으로 급여제공이 어려운 경우 팀장급 요양
보호사가 그 업무를 대신할 수 있나요?

Q 미리 계획된 방문요양(또는 방문목욕)을 제공해야하는 요
양보호사의 부득이한 사정으로 급여제공이 어려운 경우
팀장급 요양보호사가 그 업무를 대신할 수 있나요?

A 미리 계획된 방문요양 제공예정이었던 요양보호사가 부득이하게 서
비스 제공이 어려울 경우 팀장급 요양보호사가 그 업무를 대신하
여 방문요양을 제공할 수 있지만 그에 대한 급여비용은 산정할 수
없습니다. 또한, 팀장급 요양보호사 1인을 포함하여 요양보호사 2
인이 목욕을 제공하는 경우 해당 급여비용의 50%를 산정할 수 있
습니다.

■ 공동생활가정의 경우 인력추가배치 가산 인정범위가 어떻게 되나요?

Q 공동생활가정의 경우 인력추가배치 가산 인정범위가 어떻게 되나요?

A 인력추가배치 가산은 요양보호사, 사회복지사, 간호(조무)사, 물리(작업)치료사 직종에 해당하며 공동생활가정의 경우에는 조리원을 배치하면 인원수에 상관없이 1점의 가산점수를 산정합니다. 다만, 가산점수 인정범위에 따라 최대 2.2점까지 가산이 가능하며, 추가로 가산점수의 합에 0.25점을 더하여 인력추가배치 가산금액을 산정합니다. (0.25점은 가산점수 인정범위에 불포함)

■ 주·야간보호기관의 보조원(운전사)도 월 기준근무시간을 충족해야 '근무인원 1인'으로 인정 되나요?

Q 주·야간보호기관의 보조원(운전사)도 월 기준근무시간을 충족해야 '근무인원 1인'으로 인정 되나요?

A 주·야간보호기관 보조원(운전사)은 월 기준 근무시간의 50% 이상인 경우에도 '근무인원 1인'으로 인정합니다.

Q 종사자가 입원한 경우에만 병가를 근무시간으로 인정할 수 있나요?

A 2018년 6월 1일 부터는 직원의 질병 또는 부상으로 의료기관에 입원한 경우를 포함하여 외래진료를 받은 경우에도 유급 병가라면 연간 30일 범위 내에서 1일 최대 8시간을 근무시간으로 인정합니다. 병가를 근무시간으로 인정받기 위해서는 장기요양기관은 처방전 등 사유를 증빙할 수 있는 자료를 보관하여야 하며, 7일 이상의 연속적인 병가의 경우 진단서를 보관하여야 합니다.

■ 주·야간보호와 시설을 병설하는 기관에 겸직인 간호사가 한명이 있는 상태에서 주·야간보호에 추가로 간호조무사를 한명 더 배치하였습니다. 이 경우 인력추가배치 가산과 간호사 가산이 가능한가요?

Q 주·야간보호와 시설을 병설하는 기관에 겸직인 간호사가 한명이 있는 상태에서 주·야간보호에 추가로 간호조무사를 한명 더 배치하였습니다. 이 경우 인력추가배치 가산과 간호사 가산이 가능한가요?

A 가산 및 감액산정 원칙에 따라 겸직인 직원은 그 직종의 가산적용을 위한 근무인원수에 포함하지 않습니다. 따라서 이 경우 기관은 간호(조무)사를 추가 배치하였더라도 인력추가배치 가산을 받을 수 없습니다.

■ 수급자 100명인 노인요양시설에 요양보호사를 40명 배치하고 있습니다. 요양보호사 한명을 더 추가로 배치하면 가산을 받을 수 있나요?

Q 수급자 100명인 노인요양시설에 요양보호사를 40명 배치하고 있습니다. 요양보호사 한명을 더 추가로 배치하면 가산을 받을 수 있나요?

A ①인력추가배치 가산은 인력배치기준을 초과하여 직원을 배치하고, 추가로 배치한 직종별로 입소자수를 근무인원 수로 나누어 계산한 값(소수점이하 절사)이 다음 각 호의 기준을 충족한 경우에 가산합니다.
　1. 요양보호사 1인당 입소자 수가 다음 중 어느 하나에 해당
　- 시설급여기관: 2.4명 미만
　- 주·야간보호기관: 6.4명 미만
　- 단기보호기관: 3.75명 미만
　2. 간호(조무)사: 1인당 입소자 수가 19.0미만
②해당 기관은 요양보호사를 41명 배치한 경우 1인당 수급자 수가 2.43명으로 가산조건에 해당하지 않아 요양보호사 인력추가배치 가산을 받을 수 없습니다.

■ 가족에게만 가정방문급여를 제공하는데 이 경우에도 전문인 배상책임보험에 가입하여야 하나요?

Q 가족에게만 가정방문급여를 제공하는데 이 경우에도 전문인 배상책임보험에 가입하여야 하나요?

A 가정방문급여를 제공하는 장기요양요원이 가족 및 민법에 의한 친족에게만 급여를 제공하는 경우 전문인 배상책임보험에 가입하지 않을 수 있습니다.

■ 주·야간보호를 제공하는 기관의 입소자 입퇴소 신고 및 제출방법(순서)에 대해 알려주세요

Q 주·야간보호를 제공하는 기관의 입소자 입퇴소 신고 및 제출방법(순서)에 대해 알려주세요

A ①가산 및 감액산정/입퇴소내용관리의 대상자명단의 급여 계약한 대상자의 명단이 자동 구축됩니다. 입퇴소내역시간을 선택하여 달력에 서비스제공일자에 맞추어 찍으신 후에 저장하시면 됩니다.
②미입소 경우에는 구분을 미입소로 체크하여 달력에 찍고 저장하면 됩니다.

■ 주·야간보호 이동서비스 신고방법은 어떻게 되나요?

Q 주·야간보호 이동서비스 신고방법은 어떻게 되나요?

A 가산 및 감액산정/입퇴소내용관리의 해당대상자를 클릭한 후 서비스등록버튼을 클릭합니다. 팝업이 생성되면 적용구간내의 이동서비스 제공일자에 달력을 클릭하여 이동(왕복), 이동(입소), 이동(퇴소)와 함께 차량번호를 선택 후 저장하면 됩니다.

Q 주·야간보호 입소자 입퇴소 내용을 신고하여 급여비용을
지급받았으나 이동서비스 제공 신고를 누락하였습니다. 이
경우 어떻게 하나요?

A 가산 및 감액산정/입퇴소내용관리의 해당대상자의 서비스내용에서
이동서비스를 입력하여 제출하여 결정요청 받은 후에 이동서비스
비용만 추가 청구할 수 있습니다.

Q 주·야간보호 기관에서 프로그램관리자는 어떻게 지정하나요?

A ①가산 및 감액산정/입퇴소내용관리의 해당 수급자를 선택하여 서
비스등록 버튼을 눌러 프로그램관리자 탭으로 가서 해당 프로그
램관리자를 선택하여 달력에 저장하면 됩니다.
②프로그램 관리자는 주 · 야간보호 기관에서 근무하는 시설장, 사
회복지사, 간호(조무)사, 물리(작업)치료사 중 지정할 수 있습니다.

■ 종사자 신고방법(순서)에 대해 알려주세요.

Q 종사자 신고방법(순서)에 대해 알려주세요.

A ①가산 및 감액산정/근무내용관리메뉴에서 해당 종사자의 시간을
선택하여 달력에 클릭하여 저장하면 됩니다.
②교육, 출장, 공가, 수유, 임산부 건강검진, 임산부 단축근무 등의
신고내용이 필요할 경우에는 근무내용상세신고 탭에서 신고하시
면 됩니다.
③휴가특례, 퇴직특례, 기준근무시간인정등을 신고할 경우에는 기
타근무내용신고탭에서 신고하시면 됩니다. 모든 사항을 신고한
후에는 종합조회에서 확인 한 후에 제출하시면 됩니다.
④실근무신고는 상시 가능하나 제출은 다음 달 초부터 가능합니다.

■ 전동침대 대여 후 3일 만에 계약해지한 경우 급여비용 청구는 어떻게 하나요?

Q 전동침대 대여 후 3일 만에 계약해지한 경우 급여비용 청
구는 어떻게 하나요?

A ①복지용구 대여가격은 월 단위로 산정하며, 월이라 함은 매월 1일
부터 말일까지를 의미합니다.
②월 중에 급여가 시작되거나, 종료된 경우 일자별로 산정합니다.
다만, 연속된 대여일수가 15일 미만인 경우에는 월 15일로 산정
할 수 있습니다. 따라서 실대여시작일과 실 대여종료일 입력 후
대여일수를 15일로 직접 입력하시면 됩니다.

Q 수가 가산 및 산정비율 결정 후 급여비용을 청구하여 급여
비용을 지급 받은 후에 입소자 신고가 누락된 것을 확인했
습니다. 이 경우 어떻게 해야 하나요?

A ①수급자의 변경된 입퇴소 내용을 신고 후 제출합니다. 결정요청
후 수가 가산 및 산정 적용 비율을 확인하여 지급받은 가감율과
상이한 경우에는 차액 분을 추가청구하거나, 정산이 발생하는 경
우 해당지사에 착오청구 자진환수를 통해 정산을 해야 합니다.
②참고사항
- 기지급 가산 및 산정비율 〉 새로 받은 가산 및 산정비율 : 해당
지사에 착오청구자진환수 처리
- 기지급 가산 및 산정비율 〈 새로 받은 가산 및 산정비율 : 추가
청구
③해당월 급여비용이 청구 ~ 지급 사이에는 입퇴소내용 수정이 불
가합니다.

■ **수급자에게 복지용구를 판매하고 비용을 청구했는데 수급자가 반품한 경우 어떻게 해야 하나요?**

Q 수급자에게 복지용구를 판매하고 비용을 청구했는데 수급자가 반품한 경우 어떻게 해야 하나요?

A ①노인장기요양보험 포털의 청구서 목록에서 청구취소 또는 청구착오 자진신고를 하면 됩니다. 청구취소 이후에는 바로 급여계약 해지가 가능하며, 청구착오 자진신고를 한 경우에는 해당 명세서가 심사불능 처리되므로 지급 이후에 급여계약 해지가 가능합니다. 이때 청구취소 가능기간은 청구일 포함하여 2일까지 가능하며 청구착오자진신고는 청구일로부터 10일 이내 가능합니다.
②청구착오 자진신고를 하지 못한 경우에는 급여비용 지급 이후 관할지사에 자진신고하면 됩니다.

■ **수급자가 복지용구를 대여해서 사용하다가 노인요양시설에 입소하게 되면 해당 월 급여비용은 어떻게 청구해야 하나요?**

Q 수급자가 복지용구를 대여해서 사용하다가 노인요양시설에 입소하게 되면 해당 월 급여비용은 어떻게 청구해야 하나요?

A ①시설급여이용 중에는 복지용구 이용이 불가합니다. 다만, 시설 입소일 또는 시설 퇴소 일에는 복지용구 청구가 가능합니다.
②외박기간 중에도 입소시설 급여계약이 유지되어 있으므로 복지용구 이용은 불가합니다.

Q 복지용구 대여 중 수급자가 6월 18일 사망하였습니다. 이 경우 사망한 수급자의 대여품목 청구는 어떻게 해야 하나요?

A ①복지용구 급여범위 및 급여기준 등에 관한 고시(보건복지부고시 제2012-42호) 변경에 따라 2012.4.1 급여제공분부터 복지용구 대여기간 중 수급자가 사망한 경우 사망일 다음날로부터 최대 7 일까지 대여가격 추가 산정이 가능합니다.

②따라서 6월 18일 사망일인 경우 대여시작일자 6월 1일, 대여종료 일자는 6월 18일로 기재하고 일수는 18일에 7일을 더하여 25일 로 직접 기재하면 됩니다.

③사망자라 하더라도 사망신고가 지연되어 행망 상 사망자로 처리 되지 않은 경우에는 대여가격을 추가산정 할 수 없으니 참고하 시기 바랍니다.

■ 원거리교통비 지급 중단 사유에 해당되나, 기관에서 중단 신고 를 하지 않았을 경우에는 어떻게 되나요?

Q 원거리교통비 지급 중단 사유에 해당되나, 기관에서 중단 신고를 하지 않았을 경우에는 어떻게 되나요?

A ①원거리교통비 적용중단 사유가 발생된 경우에는 반드시 중단신고 를 해야 합니다. 또한, 중단 사유가 해당되나 중단신고를 하지 않는 경우 공단에서 직권으로 적용중단 결정을 할 수 있습니다.

②중단신고를 하지 않고 계속하여 원거리교통비를 청구한 경우에 는 공단의 사후관리를 통하여 기 지급된 비용을 환수할 수 있 음을 알려드립니다.

Q 원거리교통비 적용통보서에 기재된 요양보호사가 아닌 다른 요양보호사가 급여를 제공하게 되었을 경우에는 어떻게 되나요?

A 원거리교통비 적용통보서에 기재된 요양보호사가 급여를 제공한 경우에만 원거리교통비를 청구할 수 있으며, 요양보호사가 변경된 경우에는 요양보호사 변경신고를 한 경우에만 원거리교통비를 청구할 수 있습니다.

Q 1명의 수급자에 대하여 2개 이상의 방문요양기관에서 급여를 제공하게 될 경우 원거리교통비는 각각 청구할 수 있나요?

A 1명의 수급자에 대하여 2개 이상의 방문요양기관에서 급여를 제공하게 될 경우 원거리교통비는 각각 청구할 수 있나요?

■ 수가 가산 및 산정비율 결정 방법을 알려주세요(노인요양시설, 주·야간보호, 단기보호).

Q 수가 가산 및 산정비율 결정 방법을 알려주세요(노인요양시설, 주·야간보호, 단기보호).

A ①입퇴소 내용관리 : 장기요양기관 입소자의 입퇴소 내용을 신고 후 제출 합니다.

②근무내용관리 : 장기요양기관의 종사자 근무 내용을 신고 후 제출합니다.

③기타자료관리 : 장기요양기관의 배상책임보험 가입내용, 급식 및 세탁물 위탁사항을 신고 후 제출합니다.

④프로그램관리 : 장기요양기관에서 수행한 프로그램의 수행 내용을 신고 후 제출합니다.

⑤결정요청 : 급여비용 가산 및 산정 비율 결정을 위한 결정을 요청합니다.

■ 공단에서 구축해 준 종사자의 근무내용을 확인해보니 기관에서 확인한 시간과 다릅니다. 이런 경우 어떻게 해야 하나요?

Q 공단에서 구축해 준 종사자의 근무내용을 확인해보니 기관에서 확인한 시간과 다릅니다. 이런 경우 어떻게 해야 하나요?

A 공단에서 구축한 종사자의 근무시간은 원청구와 보완청구만 반영하였으며 월한도 초과수가로 청구된 내역은 제외되었습니다. 그 외 반영되지 않은 추가청구 및 환수 등으로 인해 구축된 시간과 실제 종사자의 근무시간이 크거나 작을 수 있습니다. 이런 경우 기관에서 실제 시간으로 수정하여 청구한 후 소명 자료를 보관하여야 하며 청구한 내역이 실제와 다른 경우 추후 환수가 이루어질 수 있습니다.

■ 방문요양기관의 수가 가산 및 산정비율 결정 방법이 궁금합니다.

Q 방문요양기관의 수가 가산 및 산정비율 결정 방법이 궁금
합니다.

A ①방문요양 수급자수가 15명 이상인 기관, 방문요양 수급자수가 15
명 이상이며 방문목욕과 방문간호를 제공하는 기관에서 시설장과
의무사회복지사가 배치된 경우 가산이 가능합니다. 또한 방문요양
급여를 포함하며 방문목욕, 방문간호 등의 가정방문급여의 수급
자수가 15명 이상인 기관에서 시설장과 사회복지사, 팀장급 요양
보호사, 간호(조무)사가 배치된 경우에 가산이 가능합니다.

②근무내용관리 : 시설장, 사회복지사(팀장급 요양보호사, 간호(조
무)사 등)의 근무내용을 신고 후 제출합니다.

③배상책임보험관리 : 종사자의 전문인 배상책임보험 가입내용을
신고하고 제출합니다.

④방문비율을 선택한 후 결정요청 합니다.

Q 60명 정원인 입소시설에서 한 달 중 이틀간은 62명이 입
소해있었는데 정원 초과 결정이 된 이유가 무엇인가요?

A 입소시설 및 단기보호 기관이 정원을 초과하여 운영한 기간 동안
수급자 전원에 대하여 해당일의 급여비용을 정원초과 비율에 따라
산정하므로, 정원을 초과해 운영한 이틀간은 정원초과에 따른 급
여비용이 정원초과 비율에 따라 산정됩니다.

정원초과비율	급여비용 산정비율(%)
5%미만	90
5%이상 ~ 10%미만	80
10%이상	70

장기요양 급여기준 및 수가

제4장 장기요양 급여기준 및 수가

1. 장기요양급여 제공기준

1-1. 장기요양급여 제공기준의 일반원칙

① 장기요양기관은 수급자 개인의 장기요양급여의 종류 및 내용에 대한 선택권을 존중하고 자립생활을 할 수 있도록 지원하여야 하며, 수급자의 심신상태에 따라 적정한 급여를 제공해야 합니다.

② 적정한 급여 제공을 위한 세부기준에 관한 사항은 보건복지부장관이 정하여 고시합니다.

③ 장기요양기관이 본인일부부담금을 수급자에게 청구하는 경우에는 법령에 따라 인정되는 비용 외에 입소보증금 등 다른 명목으로 비용을 청구하여서는 아니 됩니다.

1-2. 장기요양급여의 신청

① 장기요양급여를 받으려는 수급자는 장기요양기관에 장기요양인정서를 제시하여야 한다. 다만, 장기요양인정서를 제시 하지 못하는 경우에는 장기요양기관은 공단에 전화나 인터넷 등을 통하여 자격을 확인할 수 있습니다.

② 수급자 중 「의료급여법」에 따른 수급권자는 주소지를 관할하는 특별자치시장·특별자치도지사·시장·군수·구청장에게 장기요양급여를 신청해야 합니다.

③ 의료급여수급권자의 급여신청을 받은 특별자치시장·특별자치도지사·시장·군수·구청장은 장기요양기관 입소·이용의뢰서를 장기요양기관의 장에게 송부하고 그 사실을 수급자와 공단에 통지해야 한다.

④ 이 경우 관할하는 특별자치시·특별자치도·시·군·구(자치구의 구를 말한다. 이하 같다)에 장기요양기관이 부족하면 다른 특별자치시·특별자치도·시·군·구와 협의하여 수급자가 장기요양급여를 받을 수 있도록 해야 합니다.

⑤ 장기요양기관은 급여를 받으려는 수급자의 본인 여부, 장기요양등급, 장기요양인정 유효기간, 장기요양급여의 종류 및 내용, 본인일부부담금 감경여부 등을 확인해야 합니다.

1-3. 장기요양급여의 범위

① 장기요양급여의 범위에서 제외되는 사항(이하 "비급여대상"이라 한다)은 다음 각 호와 같습니다.

1) 식사재료비

2) 상급침실 이용에 따른 추가비용: 노인요양시설 또는 노인요양공동생활가정에서 본인이 원하여 1인실 또는 2인실을 이용하는 경우 장기요양에 소요된 총 비용에서 제1호·제3호 및 제4호의 비용과 장기요양급여 비용을 제외한 금액

3) 이·미용비

4) 그 외 일상생활에 통상 필요한 것과 관련된 비용으로 수급자에게 부담시키는 것이 적당하다고 보건복지부장관이 정하여 고시한 비용

② 수급자와 장기요양기관은 장기요양급여를 제공받거나 제공할 경우에는 다음 각 호의 행위를 요구하거나 제공하여서는 아니 됩니다.

1) 수급자의 가족을 위한 행위

2) 수급자 또는 그 가족의 생업을 지원하는 행위

3) 그 밖에 수급자의 일상생활에 지장이 없는 행위

1-4. 수급자에 대한 안내

장기요양기관은 운영규정의 개요, 종사자 근무체계, 제공하는 장기요양급여의 종류, 비급여 대상 및 항목별 비용, 그 밖에 장기요양급여의 선택에 도움이 되는 중요 사항을 수급자가 잘 볼 수 있는 곳에 게시해야 합니다.

1-5. 장기요양급여 계약

① 수급자와 장기요양기관은 장기요양급여 개시 전에 다음 각 호의 사항이 포함된 장기요양급여 제공계약을 문서로 체결해야 합니다. 이 경우 장기요양기관은 계약서를 2부 작성하여 1부는 지체 없이 수급자에게 발급하고 1부는 장기요양 기관이 보관하여야 하며, 계약을 변경하려는 경우에도 또한 같습니다.

1) 계약 당사자

2) 계약기간

3) 장기요양급여의 종류, 내용 및 비용 등

4) 비급여대상 및 항목별 비용

② 장기요양기관은 계약을 체결할 때에는 수급자 또는 그 가족에게 제공하려는 장기요양급여의 제공계획 및 비용(비급여대상 및 항목별 비용을 포함한다) 등 장기요양급여 제공과 관련된 사항을 설명한 후 동의서를 받아야 합니다.

③ 장기요양기관은 계약을 체결하거나 계약서의 내용을 변경한 경우에는 지체 없이 장기요양 급여내용 통보서를 팩스나 공단이 운영하는 전자문서 교환방식을 통하여 공단에 통보해 야 합니다.

1-6. 장기요양급여 중복수급 금지

① 수급자는 재가급여, 시설급여 및 특별현금급여를 중복하여 받을 수 없습니다. 다만, 가족요양비 수급자 중 기타 재가급여를 받는 경우에는 그러하지 아니합니다.

② 수급자는 동일한 시간에 방문요양, 방문목욕, 방문간호, 주·야간보호 또는 단기보호 급여를 2가지 이상 받을 수 없습니다. 다만, 방문목욕과 방문간호, 방문요양과 방문간호는 수급자의 원활한 급여 이용을 위하여 부득이한 경우 동일한 시간에도 불구하고 각각의 급여를 받을 수 있습니다.

1-7. 장기요양급여의 기록

① 장기요양기관은 장기요양급여를 실시한 경우에는 장기요양급여제공기록지에 장기요양급여 실시내역 등을 기재하고 수급자에게 그 정보를 제공해야 합니다.

② 제공 주기

1) 가정방문급여 주 1회. 다만, 재가급여 전자관리시스템으로 전송한 경

우는 월1회

2) 주·야간보호, 단기보호 및 시설급여 월 1회

③ 제공 방법

수급자 또는 보호자에게 직접 제공해야 합니다. 다만, 전자적으로 열람
이 가능한 경우도 포함합니다.

2. 월 한도액 및 급여비용

2-1. 재가급여

① 재가급여(복지용구 제외)의 월 한도액

등급	월 한도액(원)
1등급	1,456,400
2등급	1,294,600
3등급	1,240,700
4등급	1,142,400
5등급	980,800
인지지원등급	551,800

② 방문요양 급여비용(방문당)

분류	급여비용
30분이상	14,120
60분이상	21,690
90분이상	29,080
120분이상	36,720
150분이상	41,730
180분이상	46,130
210분이상	50,190
240분이상	53,940

③ 방문목욕 급여비용(방문당)

분류	급여비용
방문목욕차량을 이용한 경우(차량 내 목욕)	72,540
방문목욕차량을 이용한 경우(가정 내 목욕)	65,410
방문목욕차량을 이용하지 아니한 경우	40,840

④ 방문간호 급여비용(방문당)

분류	급여비용
30분미만	35,230
30분이상~60분미만	44,190
60분이상	53,170

⑤ 주야간보호 급여비용(1일당)

분류	등급	급여비용
3시간이상~6시간미만	1등급	34,120
	2등급	31,590
	3등급	29,160
	4등급	27,830
	5등급	26,500
	인지지원등급	26,500
6시간이상~8시간미만	1등급	45,740
	2등급	42,370
	3등급	39,110
	4등급	37,780
	5등급	36,440
	인지지원등급	36,440
8시간이상~10시간미만	1등급	56,890
	2등급	52,710
	3등급	48,660
	4등급	47,330
	5등급	45,980
	인지지원등급	45,980
10시간이상~12시간미만	1등급	62,680
	2등급	58,060
	3등급	53,640
	4등급	52,290
	5등급	50,960
	인지지원등급	45,980
12시간이상	1등급	67,210
	2등급	62,270
	3등급	57,520
	4등급	56,190
	5등급	54,850
	인지지원등급	45,980

⑥ 단기보호 급여비용(1일당)

등급	급여비용
1등급	55,710
2등급	51,600
3등급	47,660
4등급	46,400
5등급	45,140

⑦ 치매전담형 주·야간보호(주·야간보호 내 치매전담실) 급여비용(1일당)

분류	등급	급여비용
3시간이상~6시간미만	2등급	39,730
	3등급	36,670
	4등급	35,010
	5등급	33,330
	인지지원등급	33,330
6시간이상~8시간미만	2등급	53,290
	3등급	49,190
	4등급	47,520
	5등급	45,830
	인지지원등급	45,830
8시간이상~10시간미만	2등급	66,300
	3등급	61,200
	4등급	59,530
	5등급	57,840
	인지지원등급	57,840
10시간이상~12시간미만	2등급	73,040
	3등급	67,470
	4등급	65,770
	5등급	64,090
	인지지원등급	57,840
12시간이상	2등급	78,300
	3등급	72,360
	4등급	70,670
	5등급	69,000
	인지지원등급	57,840

2-2. 시설급여

① 시설 급여기관의 1일당 비용

분류	등급	1일당 급여비용(원)
노인요양시설	1등급	69,150
	2등급	64,170
	3~5등급	59,170
노인요양공동생활가정	1등급	60,590
	2등급	56,220
	3~5등급	51,820

② 치매전담 시설급여기관의 1일당 비용

분류	등급	1일당 급여비용(원)	
		가형	나형
노인요양시설 내 치매전담실	2등급	79,140	71,220
	3등급~5등급	72,970	65,670
치매전담형 노인요양공동생활가정	2등급	69,690	
	3등급~5등급	64,260	

3. 본인일부부담금 감경

노인장기요양보험법 제40조에 따라 장기요양급여이용의 활성화를 도모하고
자 장기요양급여이용 시 본인일부 부담금을 최대 60%까지 감경해드리고 있
습니다.

3-1. 감경 적용범위 및 기준

① 「국민건강보험법 시행규칙」 제15조에 따라 건강보험 본인부담액 경감인
정을 받은 자

  1) 대상자

    (가) 희귀난치성질환자 이면서 차상위 : 2009년 1월 1일부터 감경 시행

    (나) 만성질환자 이면서 차상위 : 2009년 4월 1일부터 감경 시행

  2) 감경률 : 본인일부부담금 100분의 60을 감경

② 「장기요양 본인일부부담금 감경에 관한 고시」 제2조제1항제4호 및 제2
항에서 정한 감경 적용기준에 해당되는 자

  1) 저소득 대상자 : 2009년 7월 1일부터 감경 시행

  2) 감경대상 및 감경률

    (가) 본인일부부담금 100분의 60을 감경하는 자

      「국민건강보험법」 제69조제4항 및 제5항의 월별 보험료액(이하
      "보험료액"이라 한다)이 국민건강보험 가입자 종류별 및 가입자수
      별(직장가입자의 경우 당해 피부양자를 포함한다) 보험료 순위가
      0~25%이하에 해당되며, 직장가입자는 재산이 일정기준 이하인자

    (나) 본인일부부담금 100분의 40을 감경하는 자

③ 보험료액이 국민건강보험 가입자 종류별 및 가입자수별(직장가입자의 경우
당해 피부양자를 포함한다) 보험료 순위 25%초과~보험료 순위 50%이
하에 해당되며, 직장가입자는 재산이 일정기준 이하인자

  - 지역가입자는 월별보험료액과 가입자 수를 기준으로 감경여부 판단

  - 직장가입자는 직장보험료액과 가입자수, 재산과표액을 기준으로 감경
여부 판단

④ 보험료액에 따른 월별 보험료액 적용기준

가구원 (가입 자수)	지역 보험료액		직장 보험료액 및 재산과표액		
	본인부담률		본인부담률		재산과표액
	60% 감경	40% 감경	60% 감경	40% 감경	
1명	13,550원 이하	21,890원 이하	48,460원 이하	64,610원 이하	122,000,000원 이하
2명	26,070원 이하	94,740원 이하	52,920원 이하	80,760원 이하	207,000,000원 이하
3명	42,570원 이하	110,020원 이하	59,250원 이하	96,910원 이하	268,000,000원 이하
4명	59,830원 이하	123,300원 이하	64,610원 이하	116,290원 이하	329,000,000원 이하
5명	62,980원 이하	129,450원 이하	84,760원 이하	142,770원 이하	389,000,000원 이하
6명 이상	83,460원 이하	153,270원 이하	103,370원 이하	161,760원 이하	450,000,000원 이하

1) 「장기요양 본인일부부담금 감경에 관한 고시」제2018-128호(2018.6.28.)
   부칙 제2조(본인일부부담금 감경 적용에 관한 특례)제1항에 따른 직장
   가입자는 재산과표액이 종전 규정 별표에 정한 감경 적용기준에 해당되
   면 월별 보험료액만을 기준으로 감경적용합니다.
2) 「장기요양 본인일부부담금 감경에 관한 고시」제2018-128호(2018.6.28.)
   부칙 제2조(본인일부부담금 감경 적용에 관한 특례)제2항에 따른 지역
   가입자(법률 제14776호 국민건강보험법 일부개정법률 부칙 제4조 제1호
   에 해당하는 자)는 종전기준에 따라 감경적용합니다.
3) 보험료 변동 등으로 감경적용 신청한 자는 해당년월의 감경적용기준에
   따라 감경여부를 결정합니다.보험료액에 따른 월별 보험료액 적용기준

3-2. 감경 적용기간

① 건강보험 본인부담액 경감 인정을 받은 희귀난치성질환자 또는 만성질환
   자는 공단이 「국민건강보험법 시행규칙」 제15조에 따라 경감인정을 한
   날부터 경감 제외 결정을 한날까지 적용. 즉, 건강보험의 차상위 본인부
   담 경감합니다. 기간과 동일하게 감경 적용합니다.
② 월별 건강보험료액이 감경 고시 기준에 해당하는 자는 매월 20일부터

매월 말까지 해당요건을 확인하여 다음달 1일부터 월단위로 감경 적용
및 해지 결정합니다.

3-3. 본인일부부담금 감경절차

① 국민건강보험공단이 보유하고 있는 자료를 토대로 해당요건 확인하여
직권으로 감경 적용합니다.

② 다만, 대상자 결정 이후 보험료가 변동되는 등의 사유로 경감 기준에
해당되는 경우에는 장기요양보험 가입자 또는 그 피부양자로부터 본인
일부부담금 감경 신청을 받아 감경 적용합니다.

3-4. 감경대상자의 본인 일부부담금 부담비율

구분	장기요양급여비용		의사소견서 발급비용	방문간호지시서 발급비용
본인일부부담금 **100분의 60** 감경하는 자	재가급여	본인 6% 공단 94%	본인 10% 공단 90%	본인 10% 공단 90%
	시설급여	본인 8% 공단 92%		
본인일부부담금 **100분의 40** 감경하는 자	재가급여	본인 9% 공단 91%		
	시설급여	본인 12% 공단 88%		

4. 급여비용 계산하기

4-1. 재가급여

① 방문요양, 방문목욕, 방문간호, 주야간보호, 단기보호 급여는 각 서비스 유형별 급여비용을 합산하여 총 급여비용을 산출하며 등급별로 월 한도액을 적용받습니다.

② 월 한도액을 초과하여 장기요양급여를 이용할 경우 초과금액은 전액 수급자 본인이 부담합니다.

③ 방문요양, 방문간호, 주야간보호는 18시~22시 이용 시 급여비용 20%, 22시~06시, 공휴일에 이용 시 급여비용 30%, 주야간보호 토요일 이용 시 급여비용 30%의 가산비용이 적용되어 본인부담금이 증가합니다.

4-2. 급여비용 가산이란?

① 재가급여 중 주야간보호 및 단기보호는 본인이 전액 부담해야하는 비급여 항목이 있습니다.

  1) 비급여 항목 : 식사재료비, 이·미용비, 상급침실(1~2인실) 이용에 따른 추가 비용 등

  2) (방문요양) '210분 이상' , '240분 이상' 은 1~2등급에 한해 1일 1회 이용 가능

  3) (1일 방문횟수) 방문요양 '30분 이상 ~ 180분 이상' 은 1일 3회까지 이용 가능

  4) 수급자유형 경감자 구분

  ○ 본인부담 40% 감경대상자

    보험료 감경대상자(보험료순위 25%초과 50%이하인자)

  ○ 본인부담 60% 감경대상자

   - 기타의료급여자(기초생활수급자 제외)

   - 차상위감경대상자(희귀난치성 또는 만성질환자)

   - 천재지변 등 보건복지부령 생계곤란자

   - 보험료감경대상자(보험료순위 25%이하인자)

4-3. 시설급여

① 노인(전문)요양시설·노인요양공동생활가정 수가는 장기요양 등급 및 급
여제공일수를 기준으로 산정합니다.

② 시설급여에는 본인이 전액부담하여야 할 비급여항목이 별도로 있습니다.

- 비급여 항목 : 식사재료비, 이·미용비 등

③ 수급자유형 경감자 구분

○ 본인부담 40% 감경대상자

보험료감경대상자(보험료순위 25%초과 50%이하인자)

○ 본인부담 60% 감경대상자

- 기타의료급여자(기초생활수급자 제외)

- 차상위감경대상자(희귀난치성 또는 만성질환자)

- 천재지변 등 보건복지부령 생계곤란자

- 보험료감경대상자(보험료순위 25%이하인자)

■ 장기요양보험료는 무엇인가요?

Q 장기요양보험료는 무엇인가요?

A ①노인장기요양보험 재정의 기초를 이루는 것으로 보험자인 국민건강보험공단의 장기요양보험급여 등에 필요한 재원을 마련하기 위하여 가입자가 부담하는 금액입니다.
②장기요양보험료는 장기요양급여에 대한 반대급부로서 가입자가 치매·중풍 등의 노화현상으로 인한 보험사고가 발생하였을 때 보험자가 지급하여야 할 총비용을 고려하여 산정된 금액을 개인에게 그 경제적 수준에 따라 각각 배분한 금액입니다.
③장기요양보험료는 일반 사보험처럼 계약자의 의사에 따라 결정되는 것이 아니라 법령의 규정에 의하여 보험료를 강제적으로 부과하고 징수합니다.

■ 장기요양보험료의 산정 및 부과 방법은 무엇인가요?

Q 장기요양보험료의 산정 및 부과 방법은 무엇인가요?

A ①장기요양보험료 산정
장기요양보험료 = (건강보험료-감경 또는 면제 비용)×장기요양보험료율(8.51%)
※건강보험료는 「국민건강보험법」상 감경 또는 면제되는 비용을 공제한 금액을 말합니다.
②장기요양보험료는 표준 OCR 및 자동이체고지서 등으로 고지하며, 보험료고지서에는 건강보험료와 장기요양보험료를 구분하고 그 합계액(납부할 보험료)을 표시하여 통합 징수합니다. 이 경우 통합 징수한 건강보험료와 장기요양보험료는 국민건강보험공단이 각각 독립회계로 관리합니다.

■ 장기요양보험료의 성격은 무엇인가요?

Q 장기요양보험료의 성격은 무엇인가요?

A ①노인장기요양보험은 국민(노인)에게 최소한의 인간다운 생활을 보
　장하기 위하여 사회연대원칙을 전제로 하는 사회보험방식으로 도
　입되었습니다.

　②보험급여를 전제로 하고 있는 장기요양보험료는 보험의 원칙과
　사회연대의 원칙을 가지고 있습니다.

　③장기요양보험 가입자는 보험료를 부담하고 있으나, 납부한 보험
　료에 비례하여 반대급부인 보험급여를 받는 것은 아니므로 기여
　금의 성격이 있습니다.

　④사회보험의 장기요양보험료는 가입자와 그 사용자(수급자)가 보
　험자의 보험급여를 위한 재정을 충당할 목적으로 법률에 근거하
　여 납부하는 공과금의 성격을 가집니다.

　⑤또한 이러한 장기요양보험료의 성격은 건강보험료와 동일합니다.
　따라서 장기요양보험료의 납부·고지, 독촉 등은 건강보험의 일련
　의 절차에 따라 징수됩니다.

■ 장기요양보험료 부담 대상자는 누구인가요?

Q 장기요양보험료 부담 대상자는 누구인가요?

A ①장기요양보험료는 장기요양보험 가입자가 납부합니다. 「노인장기 요양보험법」제7조제3항에 의하면 장기요양보험의 가입자는 「국 민건강보험법」제5조 및 제109조에 따른 가입자로 규정하고 있어 국민건강보험 가입자와 동일합니다.

②장기요양보험 납부 대상자 : 모든 직장가입자 및 지역가입자

※직장가입자의 경우 가입자와 사용자가 각각 50%씩 부담

※직장피부양자와 의료급여수급권자는 장기요양보험료 납부 대상 자가 아닙니다.

③다만 「노인장기요양보험법」제7조제4항, 「노인장기요양보험 시행령」 제3조의2에 의거, 「외국인근로자의 고용 등에 관한 법률」및 「출입 국관리법」제10조에 따른 외국인 근로자 등에 대하여는 외국인이 신청하는 경우, 장기요양보험가입자에서 제외될 수 있습니다.

Q 장기요양보험료 감경 방법은 무엇인가요?

A ①장기요보험 가입자(지역 및 직장) 또는 그 피부양자에 대하여 장기요양보험료를 감경합니다.

②직장보험료는 가입자 또는 피부양자 중 보험료 감경대상자가 있는 경우 가입자 및 사용자 부담분 모두 감경합니다.

③지역가입자는 세대 단위에서 보험료 감경대상자가 있는 경우 세대단위로 보험료를 감경합니다.

④동일가구에 2인 이상의 감면 대상 장애인 또는 희귀난치성질환이 있거나, 동일인이 2개 이상의 장애 또는 희귀난치성질환을 가진 경우에는 그 중 하나만 적용합니다.

⑤또한 동일 가구 또는 동일인이 장애와 희귀난치성질환을 가진 경우에는 그 중 하나만 적용합니다.

⑥건강보험료가 감경된 가입자가 장기요양보험료 감경대상자에 해당하는 경우 장기요양보험료를 다시 감경 받을 수 있습니다.

Q 장기요양급여비용 청구는 어떻게 해야 하나요?

A ①장기요양급여비용청구서에 명세서를 첨부하여 국민건강보험공단
에 전자문서교환방식(노인장기요양보험포털, 재가급여전자관리시
스템) 또는 전산매체로 제출합니다. 참고로 2011년 7월부터 사
회복지시설정보시스템의 청구방법이 해지됨에 따라 공단 노인장
기요양 포털로 일괄 청구하게 되었습니다.

②장기요양급여비용청구서 및 명세서를 작성하기 위해서는 먼저 공
단 지사를 방문하여 공인인증서를 발급받아야 합니다. 이후 발
급받은 공인인증서로 노인장기요양포털에서 로그인(회원가입) 후
장기요양기관회원 서비스/급여비용청구 메뉴에서 청구서 및 명세
서를 작성하여 전송하면 됩니다.

③또한, 최초 청구 시는 장기요양급여비용 청구 이전에 국민건강보
험공단 지사에 "장기요양기관 현황통보서"를 제출하고 노인장기
요양포털 장기요양급여비용 청구방법 신청란에서 "장기요양급여
비용 청구방법 신청(변경)서"를 전송하여야 합니다.

Q 장기요양급여비용 청구에는 어떤 종류가 있나요?

A ①원청구
- 수급자에게 급여제공 후 급여비용을 최초로 청구
- 원청구의 전체 반려 건 청구
- 월별 청구 후 일부 수급자 누락분 청구
- 원청구 후 급여제공일 일부 누락 청구(복지용구 제외)
※복지용구의 경우는 추가청구로 분류됨.
②보완청구
- 원청구 심사과정에서 심사불능으로 처리된 명세서를 보완하여 청구
③추가청구
- 급여비용을 청구하여 이미 지급 받았으나 청구된 일자의 일부 서비스 급여비용이 누락된 경우 그 누락된 서비스 급여비용을 추가로 청구
- 종류 : 누락분 추가청구, 가산금 추가청구, 배상책임 추가 청구, 산정비율 추가청구

■ 청구 종류별로 청구 방법이 다른가요?

Q 청구 종류별로 청구 방법이 다른가요?

A ①원청구, 보완청구, 추가청구 화면은 같은 화면을 사용하기 때문에 방법이 크게 다르지는 않습니다. 다만, 보완청구와 추가청구의 경우에는 「장기요양급여비용청구 및 심사·지급업무 처리기준」제22조(심사관련 보완자료의 요청)에 따라 장기요양급여제공기록지 등 장기요양급여비용 심사에 필요한 자료를 제출하여야 합니다.
②제출방법은 청구 시 청구명세서 등록완료 전 [파일첨부] 버튼을 클릭하여 우편, 팩스, 자료첨부 등의 방법을 선택할 수 있습니다.

■ 8월 급여비용을 청구하여 지급 받은 후 공휴일인 8월 15일이 기본수가로 청구된 사실이 발견된 경우, 누락된 휴일가산 수가청구는 보완청구인가요, 추가청구인가요?

Q 8월 급여비용을 청구하여 지급 받은 후 공휴일인 8월 15일이 기본수가로 청구된 사실이 발견된 경우, 누락된 휴일가산 수가청구는 보완청구인가요, 추가청구인가요?

A 원 청구 시 급여제공일에 해당하는 급여비용을 청구하였으나 휴일가산 등 일부 금액이 누락되어 누락된 급여비용만 청구하는 것은 추가청구에 해당합니다.

■ **보완청구 시 원청구 내역에 원청구 접수번호, 명세서 일련번호, 심사불능사유 코드는 어떻게 기재해야 하나요?**

Q 보완청구 시 원청구 내역에 원청구 접수번호, 명세서 일련번호, 심사불능사유 코드는 어떻게 기재해야 하나요?

A 보완청구 대상자를 생성할 때 심사불능 처리된 원청구 내역을 자동 연계하므로 별도 입력하지 않아도 됩니다.

■ **청구명세서가 전체 반려된 경우 반려사유 확인은 어떻게 해야 하나요?**

Q 청구명세서가 전체 반려된 경우 반려사유 확인은 어떻게 해야 하나요?

A 청구서 목록에서 전체 반려된 청구서 바로가기의 "처리내역보기"를 눌러 ⇒ "청구서 조회 및 전송관리" 화면 이동 ⇒ 접수(반려)증을 클릭하면 반려사유를 확인할 수 있습니다.

■ 청구명세서가 전체 반려된 경우 청구서 재생성은 어떻게 하나요?

Q 청구명세서가 전체 반려된 경우 청구서 재생성은 어떻게 하나요?

A 청구서 목록에서 전체 반려된 청구서 바로가기의 "처리내역보기"를 눌러 ⇒ "청구서 조회 및 전송관리" 화면으로 이동 ⇒ "청구서 재생성" 버튼을 클릭합니다.
- 가정방문급여의 경우 청구서 재생성 버튼을 클릭하고 서비스내용입력부터 또는 명세서등록완료부터 진행할지를 선택하여 반려사유에 따른 내용을 보완하여 청구합니다.
- 입소시설, 단기보호, 주·야간보호의 경우 청구서 재생성 버튼을 클릭하고 입퇴소 신고내용관리와 명세서등록완료 중 무엇을 먼저 진행할지를 선택하여 반려사유에 따른 내용을 보완하여 청구합니다.

■ 심사조정이나 심사불능건의 사유 확인은 어떻게 하나요?

Q 심사조정이나 심사불능건의 사유 확인은 어떻게 하나요?

A 청구서 목록에서 처리상태가 "지급"으로 변경되면 바로가기의 "심사지급통보서"를 눌러 "급여비용지급내역 조회"로 이동 또는 급여비용청구 메뉴 - 조회 및 출력 - 급여비용지급내역 조회에서 급여제공월 입력 후 조회하여 장기요양급여 비용심사지급통보서 내용을 확인할 수 있습니다.

Q 수급자에게 급여제공 후 장기요양급여비용은 언제부터 청구가 가능한가요?

A 장기요양급여비용은 보건복지부 장관이 별도로 정한 경우를 제외하고는 급여제공일이 속한 달의 다음 달 초일부터 월별로 청구가 가능하며 청구에 관한 소멸시효는 3년입니다.

Q 장기요양기관 폐업 후 공인인증서를 폐기한 경우 급여비용을 청구할 수 있나요?

A 공단 관할 지사를 방문하여 '보건복지분야용 개인공인인증서'를 발급받아 노인장기요양포털 /로그인화면/폐업후인증서폐기기관 메뉴에서 로그인하면 급여비용을 청구할 수 있습니다.
  ※개인 공인인증서 로그인이 허용되는 기간은 폐업일로부터 36개월 이내 가능합니다.

■ 청구명세서 급여내역 입력 후 청구서 목록 - 바로가기 버튼을 눌러 청구서 조회 시 청구금액이 "0"원으로 확인되는데 어떻게 해야 하나요?

Q 청구명세서 급여내역 입력 후 청구서 목록 - 바로가기 버튼을 눌러 청구서 조회 시 청구금액이 "0"원으로 확인되는데 어떻게 해야 하나요?

A 청구금액은 청구명세서 작성 후 청구서 생성을 하여야 입력됩니다. 따라서 청구금액이 "0"원으로 확인되는 경우는 청구서 생성을 실시하지 않은 상태이므로 청구서 목록에서 바로가기의 "청구서 생성하기" 선택하여 청구서 조회화면에서 작성인을 입력 후 청구서생성을 클릭하여 청구서생성을 실시하여야 청구금액이 확인되고 그 후 전송을 완료하여야 공단에 청구 의뢰됩니다.

■ 청구서 생성 후 착오부분이 발견된 경우 어떻게 수정하나요?

Q 청구서 생성 후 착오부분이 발견된 경우 어떻게 수정하나요?

A 청구서 생성 후 전송을 하지 않은 경우에는 "청구서목록 - 바로가기 버튼을 눌러 청구서생성취소"를 선택하여 생성된 청구서를 취소하면 청구명세서 수정이 가능합니다.
ㅇ만약, 청구서 전송까지 진행되었다면, 청구서 목록 화면에서 "취소"버튼을 클릭하여 착오부분 수정 후 다시 진행하시면 됩니다.

■ 특정내용은 무엇이며 어떻게 기재하나요?

Q 특정내용은 무엇이며 어떻게 기재하나요?

A ①특정내용은 청구내용에 대한 추가적 기술사항 등을 기재하는 것으로 급여내용 자료관리와 청구명세서조회 화면에서 기재합니다.
　②명세서일련번호 단위의 특정내용은 아래와 같습니다.
- 주야간보호급여 월 20일 미만 이용사유 및 치매전담형 주·야간보호 월 15일미만 이용사유, 인지지원등급 수급자의 경우 월 9일 미만 이용사유, 장기근속장려금 산정대상종사자 계속 근무 인정사유
- 단기보호급여 월 9일 초과 이용사유(2018.1.1.이전은 월 15일 초과 이용사유)
- 기타내용
　③제공일 단위의 입력하는 특정내용은 아래와 같습니다.
- 2인의 요양보호사 동시 방문요양 급여 제공사유
- 주·야간보호기관 숙박 제공 여부
- 방문목욕급여 주1회 초과 제공 사유
- 목욕제공장소
- 인지활동형 방문요양급여 120분 미만 이용 사유
- 5등급 수급자의 주·야간보호급여 8시간 미만 이용사유
- 5등급 수급자의 인지활동형 프로그램 외의 방문요양급여 이용 사유
- 치매가족휴가제 24시간 방문요양 간호(조무)사 방문여부
- 월 4일 270분이상 연속 방문요양급여제공 사유
- 인지활동형 프로그램 관리자 및 제공자
- 기타내용

■ 동일 월에 급여 받은 수급자를 수급자 별로 각각 분리하여 청구하여도 되나요?

Q 동일 월에 급여 받은 수급자를 수급자 별로 각각 분리하여 청구하여도 되나요?

A 동일 월에 급여 받은 수급자의 청구명세서는 수급자 별로 각각 작성하되 월별로 통합하여 하나의 청구서로 청구하여야 합니다. 수급자별로 청구서를 각각 분리하여 청구하면 청구서가 전체반려 처리됩니다.

■ 수급자에게 월(연)한도액을 초과하여 서비스를 제공한 경우 총금액을 청구하는지, 아니면 월(연)한도액 만큼만 청구해야 하는지 궁금합니다.

Q 수급자에게 월(연)한도액을 초과하여 서비스를 제공한 경우 총금액을 청구하는지, 아니면 월(연)한도액 만큼만 청구해야 하는지 궁금합니다.

A 월(연)한도액을 초과한 비용은 본인이 부담하여야 하므로 급여비용은 월(연)한도액 내에서 청구하여야 하며 특히 병설기관의 경우 운영하는 모든 급여종류의 (방문요양, 방문목욕, 방문간호, 주·야간보호, 단기보호) 급여비용을 합산하여 월 한도액 초과여부를 계산합니다.

■ 산정총액, 장기요양급여비용 총액, 가산 후 총액, 본인일부부담금, 청구액, 가산 후 청구액, 가산금액은 무엇인가요?

Q 산정총액, 장기요양급여비용 총액, 가산 후 총액, 본인일부부담금, 청구액, 가산 후 청구액, 가산금액은 무엇인가요?

A ①산정총액은 서비스 분류코드별 단가에 급여비용 산정비율을 곱하여 산정된 단가에 일수 또는 횟수를 곱하여 산출된 산정금액의 소계를 합산하여 기재합니다.

②장기요양급여비용 총액은 산정총액에 수급자가 부담하지 아니하는 원거리교통비, 이동서비스비, 인지활동형 방문요양 요양보호사 가산, 프로그램관리자 가산,방문간호 간호(조무)사 가산, 주·야간보호 목욕서비스 제공가산 등을 합산하여 기재합니다.

③가산 후 총액은 장기요양급여비용 총액에 가산금액을 더하여 기재합니다.

④본인일부부담금은 산정총액에 해당 본인부담률을 곱한 금액에서 10원미만을 절사한 금액을 기재합니다.

⑤청구액은 장기요양급여비용 총액에서 본인일부부담금을 공제한 금액을 기재합니다.

⑥가산 후 청구액은 청구액에 가산금액을 더하여 기재합니다.

⑦가산금액은 각 청구명세서상의 인력추가배치, 간호사배치, 야간직원배치, 맞춤형서비스 가산금액을 각각 합산하여 기재합니다.

■ 해당 월 서비스 제공 급여비용의 합이 월 한도액 초과 시 급여 비용 청구는 어떻게 하나요?

Q 해당 월 서비스 제공 급여비용의 합이 월 한도액 초과 시 급여비용 청구는 어떻게 하나요?

A ① '급여내용자료관리'에서 '명세서 생성'을 하면 월 한도액 범위 내에서 장기요양급여비용 서비스내용이 생성됩니다. 월 한도액을 초과하는 서비스는 '월한도액 초과' 수가로 생성되며 월 한도액과 생성된 급여비용의 차액으로 단가가 생성됩니다.

② 명세서생성 진행 중에 제공되는 '청구명세서 자동생성' 화면에서 해당 수급자의 월 한도액 및 재가급여 승인금액 대비 잔여금액을 확인할 수 있으며 동일기관 내에서 이용한 급여유형별 산정금액이 제시됩니다.

■ 요양보호사가 급여를 제공하였을 경우 급여비용청구 가능일자는 언제부터인가요?

Q 요양보호사가 급여를 제공하였을 경우 급여비용청구 가능일자는 언제부터인가요?

A 요양보호사 자격증을 취득하고 시·군·구에 인력신고가 되어 있는 요양보호사에 한하여 장기요양기관 근무시작일부터 급여비용 청구가 가능합니다.

■ 요양보호사 입사 날짜를 늦게 신고해서 수급자의 급여개시일 보
다 입사일이 늦게 되어 있는 경우 급여비용 청구가 가능한가요?

Q 요양보호사 입사 날짜를 늦게 신고해서 수급자의 급여개
시일 보다 입사일이 늦게 되어 있는 경우 급여비용 청구가
가능한가요?

A 요양보호사가 입사일 및 근무시작일 이전에 제공한 급여비용은 청
구 할 수 없으며 입사일 및 근무시작일 착오신고 등에 관한 사항
은 장기요양기관 지정을 담당한 해당 시 · 군 · 구로 문의하시기 바
랍니다.

■ 청구서생성 버튼 클릭 시 "미완료된 건이 있어 청구서를 생성 할
수 없습니다." 라는 메시지가 뜨는 경우 어떻게 처리하나요?

Q 청구서생성 버튼 클릭 시 "미완료된 건이 있어 청구서를
생성 할 수 없습니다." 라는 메시지가 뜨는 경우 어떻게
처리하나요?

A 명세서 작성완료 후 명세서 등록완료 버튼을 클릭하지 않아 명세서
처리상태가 미완료로 되어있는 경우로 작성된 명세서에서 등록완료
버튼을 클릭하여 완료 상태로 변경해야 청구서생성이 가능합니다.

■ 급여비용은 청구 후 언제 지급되나요?

Q 급여비용은 청구 후 언제 지급되나요?

A ①장기요양급여비용은 「노인장기요양보험법 시행규칙」제31조제2항에 따라 장기요양급여비용의 청구를 받은 날부터 30일 이내에 이를 심사하여 그 내용이 기재된 "장기요양급여비용 심사지급통보서"를 전자문서교환방식 등을 통하여 장기요양기관에 통보하고 "장기요양급여비용 심사지급통보서"에 기재된 장기요양급여비용을 해당 장기요양기관에 지체 없이 지급하도록 되어 있습니다.
②현재 월초 장기요양급여비용 집중 청구 및 전산과부하 현상을 해소하고 장기요양기관 자금운영의 효율성을 높이기 위하여 지급일정이 운영되고 있으니 참고하시기 바랍니다.

■ 보완청구나 추가청구는 빨리 지급되나요?

Q 보완청구나 추가청구는 빨리 지급되나요?

A 원청구, 보완청구, 추가청구 모두 장기요양급여비용의 청구를 받은 날부터 30일 이내에 이를 심사하여 그 내용이 기재된 "장기요양급여비용 심사지급통보서"를 전자문서 교환방식 등을 통하여 장기요양기관에 통보하고 통보서에 기재된 금액을 지급합니다.

■ **지급통보서에 본인부담환급금이 발생되었는데 어떻게 처리하나요?**

Q 지급통보서에 본인부담환급금이 발생되었는데 어떻게 처리하나요?

A 「노인장기요양보험법 시행규칙」제31조제3항에 따라 급여비용 심사 조정으로 본인부담환급금이 발생한 경우 장기요양기관에 지급할 금액에서 그 과다하게 납부된 금액을 공제하여 국민건강보험공단 이 해당 수급자에게 지급하도록 되어 있습니다.

■ **장기요양급여와 관련한 각종서류(급여제공기록지, 급여계약서, 장기 요양급여명세서 부본, 방문간호지시서 등)의 보존기간이 있나요?**

Q 장기요양급여와 관련한 각종서류(급여제공기록지, 급여계약서, 장기요양급여명세서 부본, 방문간호지시서 등)의 보존기간이 있나요?

A 장기요양급여 제공에 관한 자료는 「노인장기요양보험법 시행규칙」 제27조(장기요양급여비용 명세서 및 자료의 기록·관리)의 규정에 따라 문서 또는 전자문서로 기록· 관리하고, 이를 장기요양급여가 종료된 날부터 5년간 보존하여야 합니다.

■ 수급자에게 급여제공 후 본인부담금 수납 시 명세서(영수증)는 반드시 제공하여야 하나요?

Q 수급자에게 급여제공 후 본인부담금 수납 시 명세서(영수증)는 반드시 제공하여야 하나요?

A 본인부담금 수납 시 장기요양급여비용 명세서(영수증)를(「노인장기요양보험법 시행규칙」 별지 제24호 서식) 발급하고 부본을 보관하여야 합니다.

■ 의료급여수급권자의 경우 입소·이용의뢰서 승인일 이전에 제공한 급여비용을 청구해도 되나요?

Q 의료급여수급권자의 경우 입소·이용의뢰서 승인일 이전에 제공한 급여비용을 청구해도 되나요?

A 의료급여 수급권자의 경우 급여제공 전 해당 시·군·구로부터 입소·이용의뢰서를 받도록 규정되어 있으므로 승인일 이전에 제공한 급여비용은 청구할 수 없습니다.

■ **의료급여수급권자의 경우 입소·이용의뢰서 유효기간이 있나요?**

Q 의료급여수급권자의 경우 입소·이용의뢰서 유효기간이 있나요?

A 입소시설의 경우 해당 시설에 입소해 있는 기간으로 보며 재가기관의 경우는 재가서비스 이용내역서상의 "이용기간"을 유효기간으로 합니다. 이 경우 인정서 유효기간을 초과할 수 없습니다.

■ **의료급여수급권자의 경우 재가서비스 이용내역서 금액을 초과하여 급여를 제공한 경우 초과비용을 청구 할 수 있나요?**

Q 의료급여수급권자의 경우 재가서비스 이용내역서 금액을 초과하여 급여를 제공한 경우 초과비용을 청구 할 수 있나요?

A 의료급여수급권자의 경우 재가서비스 이용내역서 금액범위 내에서 급여를 제공하도록 되어있으므로 초과비용은 청구할 수 없습니다.

Q 수급자가 5월 25일 외박 후 6월 17일 복귀하였습니다. 5
월 급여비용 청구 시 외박수가 7일을 청구를 했는데 6월
에는 외박수가를 어떻게 입력해야 하나요?

A ①외박수가는 1회당 최대 10일까지 산정 가능합니다. 따라서 5월에
7일을 청구하였으므로 6월은 3일만 청구하여야 합니다.

②입소자 입퇴소 신고한 내용을 연계하여 급여내용 자료관리에서 '산
정외박일수' 항목에 '1' 또는 '0'으로 표시됩니다. '1'은 산정 일
수에 포함됨을 나타내고, '0'은 산정일수에 포함되지 않음을 나타
냅니다.

■ 수급자가 입소한 당일 외박한 경우 수가 산정은 어떻게 해야
하나요?

Q 수급자가 입소한 당일 외박한 경우 수가 산정은 어떻게 해
야 하나요?

A 예) 수급자가 6월17일 11:30분 입소 후 당일 17:15분 외박한 다음
25일 17시에 복귀한 경우

①수급자가 입소한 당일 외박한 경우 입소당일내역 및 수가는 별
도 입력하지 않아도 되며 외박시작일 6.17일 외박종료일(복귀 전
일)은 6.24일로 입력하여 외박수가로 청구하고 복귀한 날부터는
1일당 수가로 청구합니다.

②이 경우 급여비용 청구 전 반드시 급여비용 가산 및 감액산정-
입퇴소 내용관리화면에서 6.17일 입소내역과 외박내역, 6.25일
복귀내역을 신고하여야 합니다.

■ 수급자 등의 신체적·정신적 상태 등으로 동시에 2인의 요양보호사가 방문요양급여를 제공한 경우 실제 급여 제공시간으로 급여비용을 각각 산정할 수 있나요?

Q 수급자 등의 신체적·정신적 상태 등으로 동시에 2인의 요양보호사가 방문요양급여를 제공한 경우 실제 급여 제공시간으로 급여비용을 각각 산정할 수 있나요?

A 동시에 2인의 요양보호사가 방문요양 급여를 제공한 경우 급여비용은 요양보호사별로 각각 산정할 수 있으나 이 중 1인의 요양보호사가 제공한 방문요양 급여비용은 "가-3"(90분 이상)의 범위 내에서 산정합니다. 이 경우 수급자의 동의를 얻고 그 내용을 장기요양급여제공기록지 등에 기재하여야 합니다. 또한 청구 시 급여내용자료관리 화면의 특정내용등록 칸에 S301(2인의 요양보호사 동시 방문요양 급여 제공사유)코드 관련 사항을 기재하시면 됩니다.

■ 가족인 요양보호사가 수급자에게 급여를 제공한 날에는 동 비용 이외 방문요양 급여비용은 산정하지 아니하도록 되어 있는데 방문목욕은 산정할 수 있나요?

Q 가족인 요양보호사가 수급자에게 급여를 제공한 날에는 동 비용 이외 방문요양 급여비용은 산정하지 아니하도록 되어 있는데 방문목욕은 산정할 수 있나요?

A 가족인 요양보호사에 의하여 방문요양 급여비용을 산정한 날 방문목욕 급여비용은 산정 가능합니다.

■ 방문간격을 두지 않고 연속하여 1회 4시간 이상 방문요양 급여를 제공하는 경우 1일 최대 몇 시간까지 급여비용을 산정 할 수 있나요?

Q 방문간격을 두지 않고 연속하여 1회 4시간 이상 방문요양 급여를 제공하는 경우 1일 최대 몇 시간까지 급여비용을 산정 할 수 있나요?

A ①수급자 등의 특별한 요청이 있는 경우 월 4회에 한하여 270분 이상 연속하여 방문요양급여를 제공할 수 있으며 이 경우 급여제공기록지에 수급자 등의 동의내용과 요청사유를 기재하여야 합니다. 급여비용은 2회로 분할하여 최초 270분에 대하여는 급여비용 산정방법 등에 관한 고시 제18조의 표 중 '가-8'(240분)의 금액을, 270분을 초과하는 나머지 시간에 대하여는 '가-8'(240분) 범위 내에서 해당 급여비용을 산정하고 1회에 480분 이상 연속하여 급여를 제공한 경우에는 '가-8'의 금액을 2회 산정합니다. 이와 같은 급여비용을 산정하는 날에는 동 비용 이외의 방문요양 급여비용은 산정하지 아니합니다.

②청구 시 급여내용자료관리 화면의 특정내용등록 칸에 S310(월 4일 270분 이상 연속 방문요양급여 제공 사유)코드 관련 사항을 기재하시면 됩니다.

■ 인지활동형 프로그램을 제공한 경우 프로그램관리자 가산은 어떻게 청구하나요?

Q 인지활동형 프로그램을 제공한 경우 프로그램관리자 가산은 어떻게 청구하나요?

A 수급자의 급여비용을 청구하기 위해 사용하는 '급여내용자료관리' 화면에서 프로그램관리자가 수급자의 가정(사적인 공간)을 방문하여 업무를 수행한 날짜에 프로그램관리 여부를 체크하면 됩니다. 프로그램관리자가 시설장(관리책임자)인 경우에는 가산금은 발생하지 않지만 급여내용자료관리 화면에서 업무를 수행한 날짜를 체크하는 것은 동일합니다.

■ 5등급 수급자인데 일반 방문요양은 이용할 수 없나요?

Q 5등급 수급자인데 일반 방문요양은 이용할 수 없나요?

A ①5등급 수급자의 경우 인지활동형 방문요양급여가 아닌 방문요양 급여는 이용할 수 없습니다.
②이 경우 청구 시 급여내용자료관리 화면의 특정내용등록 칸에 S308(5등급 수급자의 인지활동형 프로그램 외의 방문요양급여 이용 사유)코드 관련 사항을 기재하시면 됩니다.

Q 방문목욕을 주1회 초과하여 산정하는 경우 사유를 기재하
고, 급여비용 청구 시 급여제공기록지를 제출하여야 하는
데 어디에 기재를 하며, 어떻게 제출을 하나요?

A 방문목욕 주1회 초과 산정이 불가피한 경우 그 사유를 장기요양급
여제공기록지의 비고란에 기재하고, 급여비용 청구 시 급여내용자
료관리 화면의 특정내용등록 칸에 S303(방문목욕급여 주1회 초과
제공사유)코드 관련 사항을 기재하시면 됩니다.

Q 수급자와 성별이 다른 요양보호사 2인이 장애인 복지기관
내 목욕실에서 목욕 서비스를 제공했을 경우 어떻게 청구
하여야 하나요?

A ①차량을 이용하지 않은 방문목욕급여는 목욕차량에 부속되지 않
은 이동식 욕조, 가정 내 욕조 등의 장비를 이용하여 제공하거
나, 법 제31조 및 제32조에 따라 목욕실이 갖추어진 장기요양기
관 또는 「공중위생관리법」에 따라 목욕설비가 갖추어진 대중목
욕탕에서 제공하여야 합니다.
②따라서, 청구 시 특정내용에 해당일에 맞는 목욕제공장소(S304)를
기재하고, 목욕제공방법(S015)코드를 선택하여 진행하여야 합니다.

■ **수급자의 상태변화 등으로 당초의 방문간호지시서와 다른 내용의 간호, 처치 등이 필요한 경우 어떻게 해야 하나요?**

Q 수급자의 상태변화 등으로 당초의 방문간호지시서와 다른 내용의 간호, 처치 등이 필요한 경우 어떻게 해야 하나요?

A 수급자의 상태변화 등으로 당초의 방문간호지시서와 다른 내용의 간호, 처치 등이 필요한 경우 방문간호지시서 발급의사와 상의한 후 지시에 따라 간호를 시행하며, 반드시 그 내용을 장기요양급여 제공기록지에 기재하여야 합니다.

■ **시설에 입소해 있는 수급자에게 방문간호지시서를 발급한 경우 청구가 가능한가요?**

Q 시설에 입소해 있는 수급자에게 방문간호지시서를 발급한 경우 청구가 가능한가요?

A 방문간호지시서는 재가급여 중 방문간호를 받기위해 필요한 서류이므로 시설에 입소해 있는 수급자의 발급비용은 원칙적으로 인정되지 아니합니다. 다만 수급자가 퇴소 예정에 있어 퇴소 후 방문간호를 제공받기 위해 발급한 경우에는 청구 가능합니다.

Q 방문간호지시서를 유효기간내에 재발급 받을 경우 청구
가능한가요?

A 방문간호지시서의 유효기간은 발급일로부터 180일이며, 수급자의
상태변화 등이 있는 경우에 유효기간 내 재발급이 가능합니다. 따
라서 유효기간 내에 단순 재발급일 경우는 급여비용 산정이 불가
합니다.

Q 수급자가 주·야간보호 이용 시 등급별 월 한도액의 50%를
추가 산정할 수 있는 경우가 궁금합니다.

A ①수급자가 주·야간보호급여를 월 20일(1일 8시간 이상) 이상 또는
수급자가 급여비용 산정방법 등에 관한 고시 제 74조 제1항에
따른 주·야간보호 내 치매전담실을 월 15일(1일 8시간 이상) 이
상 이용한 경우 등급별 월 한도액의 50%범위 내에서 월 한도액
을 추가 산정할 수 있습니다.
②다만, 천재지변, 수급자의 입원·사망, 주·야간보호기관의 폐업
·지정취소(폐쇄명령)·업무정지 등 부득이한 사유가 있을 경우에
는 청구 시 급여내용자료관리 화면의 특정내용 등록 란에 M003
(주·야간보호급여 월20일 미만 이용 사유 및 치매전담형 주·
야간보호 급여 월15일(인지지원등급은 9일) 미만 이용사유)코드
관련 내용을 기재하시면 월 한도액을 추가 산정할 수 있습니다.

■ 이동서비스 비용은 어느 경우에 지급되나요?

Q 이동서비스 비용은 어느 경우에 지급되나요?

A 주·야간보호기관을 이용하는 수급자 중 주·야간보호기관의 차량을 이용해 이동서비스가 제공되는 경우 수급자별로 1일 1회에 한하여 비용을 별도 지급하게 됩니다. 이 경우, 장기요양기관은 이동서비스 적용신청을 사전에 공단에 신청(서면 또는 전자문서교환방식)하여 "적용"판정을 받아야 합니다.

■ 이동서비스 지급대상의 적용기간은 어떻게 되나요?

Q 이동서비스 지급대상의 적용기간은 어떻게 되나요?

A ①주·야간보호기관에서 이동서비스비 적용신청 시 명시한 적용일을 기준으로 이동서비스 비용이 지급됩니다.
②주·야간보호기관은 수급자의 계약해지 및 급여이용 중지 사유가 발생하면 중단 일을 명시해 공단에 중단신청을 하여야 하며 명시된 중단일 전일까지 비용이 지급됩니다.

■ 인지활동형 프로그램을 제공한 후 프로그램관리자 가산은 어떻게 청구하나요?

Q 인지활동형 프로그램을 제공한 후 프로그램관리자 가산은 어떻게 청구하나요?

A ①먼저, 급여비용 가산 및 감액산정 – 입퇴소내용관리(주) – [서비스 등록] – [프로그램관리자]탭에서 수급자에게 인지활동형 프로그램을 제공한 일자에 프로그램 관리자를 등록해야 합니다.

②이 후 '급여내용자료관리' 화면의 특정내용등록 버튼을 클릭하여 인지활동형 프로그램 제공자를 해당 일자에 입력하면 됩니다.

③인지활동형 프로그램을 제공한 프로그램관리자가 아래에 해당하는 경우에는 가산금은 발생하지 않지만 급여내용자료관리 화면에서 업무를 수행한 날짜를 체크하는 것은 동일하게 가능합니다.

- 노인복지법 시행규칙 별표9 제5호 및 제6호에 따라 겸직하는 시설장(관리책임자)인 경우
- 주·야간보호기관의 정원(현원이 아님)이 20인이 넘는 규모의 시설장(관리책임자)인 경우

■ 목욕서비스 제공 가산은 어떻게 청구하나요?

Q 목욕서비스 제공 가산은 어떻게 청구하나요?

A 가산 및 감액산정/입퇴소내용관리의 해당 수급자를 선택하여 서비스등록-목욕서비스탭으로 이동하여 제공자, 제공방법, 제공 시작시간과 종료시간 입력하여 신고하시면 됩니다.

■ 주·야간보호 이용 중 보호자가 수급자를 모시고 병원에 다녀온 경우 비용청구는 어떻게 하나요?

Q 주·야간보호 이용 중 보호자가 수급자를 모시고 병원에 다녀온 경우 비용청구는 어떻게 하나요?

A 예를 들어 09시부터 18시까지 이용하는 수급자가 주·야간보호 급여를 이용하다가 보호자의 요청으로 보호자 동행 하 12시부터 14시까지 병원에 다녀왔다면, 해당 일 급여제공시간은 09시~12시 / 14시~18시로 청구하여야 합니다.

■ 요양보호사가 수급자의 가족을 위한 식사준비나 집안일을 제공해야 하나요?

Q 요양보호사가 수급자의 가족을 위한 식사준비나 집안일을 제공해야 하나요?

A 노인장기요양보험법 시행규칙 제14조제2항에 따라 수급자의 가족을 위한 행위, 수급자 또는 그 가족의 생업을 지원하는 행위, 그 밖에 수급자의 일상생활에 지장이 없는 행위를 요구하거나 제공하여서는 안 된다고 규정하고 있으므로 수급자의 가족을 위한 식사준비 등은 제공할 수 없습니다.

Q 급여제공기록지는 수급자에게 반드시 주어야 하나요?

A ①「노인장기요양보험법 시행규칙」 제18조에 따르면 장기요양급여
　　제공기록지에 장기요양급여 실시내역을 기재하고 그 정보를 수
　　급자에게 제공하여야 한다고 규정되어 있습니다.
　②따라서, 인지활동형 방문요양급여를 포함하여 가정방문급여(방
　　문요양, 방문목욕, 방문간호)는 주 1회 이상 제공하고, 재가급여
　　전자관리시스템으로 전송하거나 주·야간보호, 단기보호 및 시설
　　급여의 경우 월 1회 이상 제공하여야 합니다.

■ 장기요양기관에서 유급강사로 프로그램을 진행하는 경우 수급자
　에게 별도 비용을 받을 수 있나요?

Q 장기요양기관에서 유급강사로 프로그램을 진행하는 경우
　　수급자에게 별도 비용을 받을 수 있나요?

A ①원칙적으로 프로그램 운영은 장기요양급여의 일환으로서 제공되
　　는 기본 서비스범주에 들어가므로 별도로 비용을 수급자에게 받
　　을 수 없습니다.
　예) 음악치료, 미술치료, 레크리에이션, 웃음치료 등 프로그램을 운
　　　영하는데 드는 비용(강사료와 재료비 포함)
　②다만, 수급자의 개별적인 희망에 의해 외부의 서비스 제공자가
　　개인을 대상으로 제공하는 프로그램·서비스에 대해서 수급자가
　　그 실비를 부담하는 것은 가능합니다.

■ **재가 및 시설급여 비용은 누가 결정하는 것이며 산정 방법은 어떻게 되나요?**

Q 재가 및 시설급여 비용은 누가 결정하는 것이며 산정 방법은 어떻게 되나요?

A ①재가 및 시설급여비용은 장기요양위원회의 심의를 거쳐 보건복지부장관이 정하여 고시하게 됩니다.

②보건복지부장관 소속의 장기요양위원회는 가입자 대표(근로자 단체, 사용자 단체, 시민단체, 노인단체, 농·어업인 단체, 자영자 단체), 장기요양기관 등 대표(장기요양기관 또는 의료계), 고위 공무원 등 공익의 대표로 구성되어 운영되고 있습니다.

③재가 및 시설급여비용은 기본적으로 장기요양기관의 운영에 필요한 인력수 및 인건비, 관리운영비 등 운영비를 기초하여 급여의 종류에 따라 다음과 같은 방법으로 산정합니다.

* 재가 및 시설급여비용 산정방법

급여종류		산정방법(기준)
재가급여	방문요양 및 방문간호	방문 당 제공시간을 기준으로 산정
	방문목욕	방문횟수를 기준으로 산정
	주·야간 보호	장기요양 등급 및 1일당 급여제공시간을 기준으로 산정
	단기보호	장기요양 등급 및 급여제공일수를 기준으로 산정
	기타재가급여(복지용구)	복지용구의 품목별, 제공 방법별 기준으로 산정
시설급여		장기요양 등급 및 급여제공일수를 기준으로 산정

Q 수급자로부터 장기요양급여비용의 본인일부부담금을 어떻게 받아야 하나요?

A ①본인일부부담금은 장기요양기관의 청구에 의하여 수급자가 지불하나, 청구의 방법 및 주기 등은 수급자와 장기요양기관의 자유계약사항입니다.
②따라서, 장기요양기관은 계약 당시 수급자에게 본인이 부담하여야 할 급여비용 수준을 설명하고 수급자의 동의를 얻어야 할 것입니다. 또한, 본인일부부담금을 징수한 경우는 장기요양기관은 '장기요양급여비용명세서(영수증)'를 수급자에게 발급해 주어야 합니다.

Q 방문간호기관과 수급자의 거주지간 거리가 멀어 기관에서 급여제공을 꺼려합니다. 이용할 수 있는 방법이 있을까요?

A 섬·벽지나 대중교통의 접근성이 떨어지는 지역에 거주하는 수급자가 방문간호서비스를 원활하게 이용할 수 있도록 수급자의 실거주지부터 가장 가까운 방문간호기관까지의 거리를 산출하여 일정 기준이상이 되면 공단에서 방문간호기관으로 수급자 부담없이 별도의 원거리교통비를 지급합니다. 원거리교통비는 방문간호기관에서 공단으로 사전 신청을 하면 공단에서 기준이 합당한지 확인한 후 원거리교통비 지급대상을 결정합니다.

Q 기존에 가정간호 제공받던 수급자가 노인장기요양보험으
로 방문간호도 제공받아 동일한 날 두 가지 서비스를 동시
에 제공받을 수 있나요?

A 장기요양급여 제공기준 및 급여비용 산정방법 등에 관한 고시」에
의하면 방문간호와 건강보험의 가정간호를 동일한 날에 제공하여
서는 아니 된다고 규정하고 있습니다.

Q 사망한 수급자의 급여비용은 어떻게 계산하나요?

A 장기요양기관에 입소 중인 대상자가 사망한 경우, 급여비용 산정은
사망일까지 가능합니다.

Q 수급자가 시설에 입소 중 병원에 입원하였을 경우, 시설에 지불하는 본인부담금과 식재료비는 어떻게 되나요?

A ①입소기간 중 의료기관에 입원하여 외박을 한 경우에는 해당 등급별 1일당 수가의 50%를 산정하는 바, 외박기간 동안 발생한 비용에 대하여도 비용의 일부를 부담해야 합니다. 따라서 본인부담금은 외박수가(해당 등급별1일당 수가의 50%)의 20%가 되며, 비급여 대상인 식재료비는 실제로 시설에서 식사하지 않았다면 부담하지 않아도 됩니다.
②외박비용은 수급자가 의료기관에 입원하거나 시설장의 허가를 받아 외박을한 경우에 산정하며 1회당 최대 10일(1개월에 15일)까지 산정할 수 있다고 규정하고 있습니다.

■ 건강보험과 장기요양보험의 중복수급이 가능한가요?

Q 건강보험과 장기요양보험의 중복수급이 가능한가요?

A 장기요양 시설 및 재가급여는 의료기관에 입원할 경우에만 인정되지 않으며, 외래이용 및 약국은 특별한 제한이 없습니다.

■ 가족요양보호사의 가족의 범위가 궁금합니다.

Q 가족요양보호사의 가족의 범위가 궁금합니다.

A 가족인 요양보호사의 가족 등의 범위는 수급자를 기준으로 요양보호사가 배우자, 직계혈족 및 형제자매, 직계혈족의 배우자, 배우자의 직계혈족 및 배우자의 형제자매에 해당하는 관계로 규정하였으며 가족관계 성립여부는 법률상의 요건으로 판단합니다.

■ 가족인 요양보호사도 인지활동형 방문요양을 제공할 수 있나요?

Q 가족인 요양보호사도 인지활동형 방문요양을 제공할 수 있나요?

A 가족인 요양보호사는 치매전문교육을 이수한 경우에 한하여 인지활동형 방문요양을 제공할 수 있습니다. 이 경우 120분 이상 180분 이하를 연속하여 서비스를 제공하더라도 수급자 1인에 대하여 1일 가족요양 인정 급여비용(월 20일 1일 60분, 예외적으로 20일 초과 90분)내에서 산정하며 인지활동형 방문요양가산비용인 수급자 1인당 1일 가산(5,760원)은 적용되지 않습니다.

■ 가족요양보호사로서 급여를 제공하려고 하는데, 알아야 할 사항이 있나요?

Q 가족요양보호사로서 급여를 제공하려고 하는데, 알아야 할 사항이 있나요?

A ① 수급자의 가족인 요양보호사가 급여를 제공하기 위해서는 장기요양기관의 장은 공단에 장기요양급여계약통보서 통보 시에 수급자와 요양보호사의 가족관계를 확인하여 이를 통보하여야 하며, 가족인 요양보호사가 "일정한 직업"에 종사한 경우, 가족요양보호사로서 급여비용 산정을 제한하고 있습니다.

▶ 일정한 직업에 종사한다는 것은 소속된 직장(장기요양기관포함)에서 근무한 시간이 월 160시간 이상인 경우를 말하고, 이 경우 요양보호사가 가족인 수급자에게 제공한 시간은 포함하지 아니 합니다.

② 가족요양보호사에 의한 방문요양 급여는 월 20일 범위 내에서 1일 60분의 급여비용만 산정이 가능합니다. 다만, 65세 이상인 요양보호사가 그 배우자에게 방문요양급여를 제공하는 경우와 수급자가 치매로 인한 폭력성향, 피해망상, 부적절한 성적행동 등과 같은 문제행동이 있는 경우에는 월 20일을 초과하여1일 90분의 급여비용 산정이 가능합니다.

③ 가족요양보호사가 가족인 수급자에게 방문요양을 제공한 날에는 일반요양보호사가 제공하는 방문요양급여를 받을 수 없습니다.

■ 치매가족휴가제는 치매가 있는 모든 수급자가 이용할 수 있나요?

Q 치매가족휴가제는 치매가 있는 모든 수급자가 이용할 수 있나요?

A ①치매가족휴가제는 가정에서 치매수급자를 돌보는 가족의 휴식을 위하여 2014년 7월 1일부터 시행되는 제도로 같은 달에 시설급여 또는 단기보호급여를 이용하지 않은 치매수급자인 경우 치매가족휴가제를 이용할 수 있습니다.

※치매수급자(의사소견서에 치매상병이 있거나 최근 2년이내 치매진료내역이 있는 1등급부터 5등급까지의 수급자 또는 인지지원등급 수급자)

②치매가족휴가제 대상이 되는 수급자는 월 한도액과 관계없이 연간 6일의 범위 내에서 단기보호급여(1-5등급 치매수급자 또는 인지지원등급 수급자) 또는 24시간 방문요양급여(1-2등급 치매수급자)를 이용할 수 있습니다. 이 때 본인일부부담금은 이용한 일수만큼의 급여비용의 15%를 부담하면 됩니다.

■ 인건비 지출비율이란 무엇인가요?

Q 인건비 지출비율이란 무엇인가요?

A 인건비 지출비율이란, 공단이 심사하여 지급하기로 결정한 급여비용(공단부담금과 본인부담금 합계)중 그 일부를 장기요양요원에 대한 인건비로 지출한 비율을 말합니다.

이는, 양질의 장기요양급여를 제공이 가능하도록 장기요양요원의 인건비를 일정 비율 이상 지출하도록 하여, 장기요양요원의 처우개선을 도모하고자 시행된 제도입니다.

■ 장기근속 장려금이란 무엇인가요?

Q 장기근속 장려금이란 무엇인가요?

A ①장기요양 서비스 질 향상 및 종사자의 처우 개선 차원에서 3년 이상 동일 기관에서 근무하고 있는 종사자에게 장기근속 장려금을 지급합니다.
②근속기간과 서비스 질 간의 상관관계가 상대적으로 큰 요양보호사, 사회복지사, 간호(조무)사, 물리(작업)치료사 등 수급자에게 직접 서비스를 제공하는 직종을 대상으로 지급합니다.

■ 치매전담형 장기요양기관 한시적 지원금이란 무엇인가요?

Q 치매전담형 장기요양기관 한시적 지원금이란 무엇인가요?

A 치매전담형 장기요양기관 신축 또는 자율전환을 유도하고자 한시적으로 운영지원금을 지급합니다. 치매전담형 장기요양기관 한시적 지원금은 2018년 1월부터 최초의 급여를 제공하는 월부터 36개월까지 수급자별 월 1회 지급하며 이 비용은 수급자가 부담하지 않습니다.
- 노인요양시설, 노인요양공동생활가정 수급자 1인당 월 10만원
- 주 · 야간보호 : 수급자 1인당 월 5만원

■ 등급별 월 한도액을 초과하여 장기요양 급여를 이용할 수는 없나요?

Q 등급별 월 한도액을 초과하여 장기요양 급여를 이용할 수는 없나요?

A ①장기요양 급여는 월 한도액 범위 내에서 이용이 가능하며, 월 한도액을 초과한 경우 수급자가 전액 본인부담해야 합니다. 다만, 수급자가 주·야간보호급여를 월 20일(1일 8시간 이상) 이상 이용한 경우 등급별 월 한도액의 50% 범위 내에서 월 한도액을 추가 산정할 수 있습니다(치매전담실은 1일 8시간이상, 월 15일 이상).

②인지지원등급 수급자의 경우 주·야간보호 내 치매전담실을 월 9일 이상(1일 8시간 이상) 이용한 경우 월 한도액의 30% 범위 내에서 월 한도액을 추가 산정할 수 있습니다.

■ 방문요양에서 기관지절개관을 하고 있는 수급자에게 흡인(suction) 행위가 가능한가요?

Q 방문요양에서 기관지절개관을 하고 있는 수급자에게 흡인(suction)행위가 가능한가요?

A 「의료법」제27조제1항에 의하면 의료인이 아니면 누구든지 의료행위를 할 수 없고 의료인도 면허된 것 이외의 의료행위를 할 수 없다고 규정하고 있으며, 동법 제2조제1항에서 의료인이란 보건복지부 장관의 면허를 받은 의사, 치과의사, 한의사, 조산사 및 간호사로 규정하고 있습니다.

■ 방문요양서비스 이용 중 단기간 병원에 입원할 경우 병원에서 방문요양을 받을 수 있나요?

Q 방문요양서비스 이용 중 단기간 병원에 입원할 경우 병원에서 방문요양을 받을 수 있나요?

A 「장기요양급여 제공기준 및 급여비용 산정방법 등에 관한 고시」에 의하면 "타 법령에 의해 의료기관(공공보건기관 포함)에 입원 중인 수급자에 다른 종류의 재가급여를 제공하여서는 아니 된다."고 규정하고 있습니다. 따라서 병원에 입원한 수급자가 병원에서 방문요양급여를 받을 수 없습니다.

■ 원거리교통비용 적용이 되는 수급자를 부모로 둔 다른 지역에 살고 있는 딸이 서비스를 제공하고 있습니다. 원거리교통비용이 적용되나요?

Q 원거리교통비용 적용이 되는 수급자를 부모로 둔 다른 지역에 살고 있는 딸이 서비스를 제공하고 있습니다. 원거리교통비용이 적용되나요?

A 요양보호사와 수급자가 가족인 경우, 방문요양급여를 제공한 경우에는 원거리교통비용을 적용하지 아니합니다.

■ **방문요양시간에 요양보호사가 병원 동행하여 수급자가 진료받는 동안 요양보호사도 진료를 받은 경우 급여 인정되나요?**

Q 방문요양시간에 요양보호사가 병원 동행하여 수급자가 진료받는 동안 요양보호사도 진료를 받은 경우 급여 인정되나요?

A 가정방문급여 (방문요양, 방문목욕, 방문간호)는 해당 방문시간 동안 수급자 1인에 대하여 전적으로 제공해야 되는 것으로 요양보호사가 급여제공시간 중에 병원 진료를 받았다면 요양보호사의 진료시간을 제외하고 수급자 1인에 대해 전적으로 제공된 시간만 급여비용 산정이 가능합니다.

■ **수급자의 가정 이외의 장소(복지관 등)에서 서비스를 제공할시 급여비용 산정이 가능한가요?**

Q 수급자의 가정 이외의 장소(복지관 등)에서 서비스를 제공할시 급여비용 산정이 가능한가요?

A ①가정방문급여는 수급자의 가정(가정집 등 사적인 공간)을 방문하여 제공하나 수급자의 병원방문 도움 등 특별한 사유가 있는 경우에는 예외로 인정하고 있으며 "특별한 사유"란 수급자의 신체활동 또는 가사활동과 직접적인 관련이 있는 병원동행, 식사준비를 위한 시장보기, 일상생활지원을 위한 관공서 방문 등의 경우를 말합니다.

②요양보호사가 수급자의 가정방문 없이 복지관내에서 서비스를 시작하고 종료하였다면 이는 가정방문급여 제공 원칙에 벗어나는 것이므로 급여비용 산정이 불가능할 것입니다.

Q 요양보호사 1인이 동일 가정의 부부 수급자(A, B)에게 방문요양 서비스를 제공하고 있습니다. A 수급자에게 9:00~12:00, B 수급자에게 12:00~15:00, A 수급자에게 15:00~18:00까지 서비스 제공이 가능한가요?

A ①동일 수급자에게 급여를 제공할 때 급여비용은 1일 3회까지 산정이 가능하지만 이 때에 급여비용은 '1회 방문 당' 급여비용이며, 방문간격이 2시간 미만인 경우에는 급여제공시간을 합산하여 1회로 산정합니다.
②사례와 같이 동일가정에 부부수급자 A, B가 있을 때, 9시-15시까지는 각각 또는 동시·순차의 방법으로 급여를 제공할 수 있으나, 15시부터 이루어지는 급여는 방문간격이 발생하지 않았기 때문에 급여비용 산정이 불가합니다.

Q 방문목욕 급여 이용 시 전신입욕을 하지 않은 경우 수가 산정이 불가능한가요?

A 방문목욕은 욕조를 활용한 전신입욕의 방법으로 제공하는 것이 원칙입니다. 다만, 감염성질환 여부, 혈압, 체온 등 수급자의 신체적 상태를 고려하여 미 입욕한 경우라도 해당 수가 산정이 가능합니다.

Q 기저귀 사용, 여름 등 계절적 요인으로 인하여 목욕을 매일할 수 밖에 없는데 주1회 제한 조치는 과도한 것 아닌가요?

A 재가급여에서의 방문목욕은 전신입욕의 방법으로 수급자에게 충분한 목욕서비스를 제공하는 것을 전제로 한 급여입니다. 단순한 샤워 등은 방문요양 서비스 내용에도 포함되어 있는 점을 고려할 때 질의 사례의 경우에는 방문요양 급여이용을 병행하는 것이 타당할 것입니다.

Q 방문목욕 급여비용은 주1회까지 산정 가능한데 이 경우 1주를 어떻게 계산하여야 하나요?

A 방문목욕에서의 수가 산정이 가능한 주1회의 개념은 매주 월요일에서 일요일까지 범위 안에서 1회 산정이 가능하다는 의미입니다.

■ 월 한도액과 관계없이 받을 수 있는 방문간호 급여가 있나요?

Q 월 한도액과 관계없이 받을 수 있는 방문간호 급여가 있나요?

A ①방문요양급여 또는 방문목욕급여를 이용하는 1~4등급까지의 수급자 중 인정조사표 '간호처치 영역'의 증상유무의 '있다'란에 하나 이상 표시된 자는 월 1회에 한하여 월 한도액과 관계없이 예방관리 등을 위한 방문간호 급여를 이용할 수 있습니다. 이 경우 수급자는 본인일부부담금은 부담하여야 합니다.
②또한, 등급을 처음 판정받은 1~5등급 치매수급자는 등급을 받은 날부터 60일이내에 월 한도액과 관계없이 방문간호급여를 총 4회 범위 내에서 월 2회까지 이용할 수 있습니다. 이 경우 수급자의 별도 부담은 없습니다.

■ 주·야간보호 이용 당일에 다른 재가급여를 이용할 수 있나요?

Q 주·야간보호 이용 당일에 다른 재가급여를 이용할 수 있나요?

A 주·야간보호급여를 이용하는 날에 시간이 중복되지 않는다면 월 한도액 범위 내에서 다른 재가급여 이용이 가능합니다. 또한, 5등급 수급자의 경우 원칙적으로 일반 방문요양을 이용할 수 없으나, 주·야간보호급여를 1일 8시간 이상 이용하는 경우에 한하여 급여 제공시간 전후 옷 벗고 입기, 세면 등의 도움을 받기 위해 방문요양을 1일 2회 범위 내에서 1회 2시간까지 이용할 수 있습니다.

Q 주간보호를 20일 이용하기로 계약하고 수급자 본인 사정으로 며칠 동안 이용을 못하였는데 이용하지 않은 날에도 본인부담금을 내야 하나요?

A ①주·야간보호급여는 등급별 및 1일당 급여제공시간을 기준으로 수가를 산정하도록 정하고 있습니다. 다만, 수급자의 결석으로 인한 주·야간보호기관의 고정적 지출비용(인건비, 관리운영비 등)을 보전해 주기 위해 주·야간보호 미이용 급여비용을 도입하였습니다.

②미이용 급여비용은 전월 말일까지 장기요양급여 계약통보서(월 15일 이상 이용계약)를 공단에 송부하고 당월에 개인적인 사유로 주·야간보호급여를 이용하지 않은 날에 최대 5일까지 소정수가의 50%를 산정하도록 하고 있어, 이에 대한 본인부담금은 수급자가 부담하여야 합니다. 다만, 장기요양기관은 수급자와의 급여계약 시 미이용에 따른 비용부담에 대해 수급자 또는 보호자에게 사전에 안내해야 합니다.

Q 시설 입소 중인 수급자에게 가족의 요청으로 경관영양식을 투여하는 경우 비급여가 타당한가요?

A 식사 재료비는 비급여대상이며, 그 중 경관영양 유동식을 시설에서 자체적으로 조제하거나 완제품을 사용하는 경우 소요되는 비용은 식사 재료비의 일종으로 본인이 전액 부담하는 것이 타당합니다.

■ 장기요양 비급여 비용의 범위는 어떻게 되나요?

Q 장기요양 비급여 비용의 범위는 어떻게 되나요?

A ①「노인장기요양보험법 시행규칙」제14조에서 규정하는 장기요양 비급여에 대한 비용은 원칙적으로 해당 용역을 제공하기 위한 실제 소요비용(실비)을 산정하여야 하며, 사실상 다른 명목의 비용을 비급여 항목 내에 포함시켜서는 안 됩니다.

②실제비용(실비)이라 함은 물품 또는 기타 용역을 제공함에 있어 실제 소요되는 비용으로 별도의 이윤을 부가하지 않는 비용을 말합니다.

※명목상은 식사 재료비등 합법적인 비급여항목으로 설정하였으나, 실제로는 인건비 및 기타 관리운영비를 충당하기 위해 추가적으로 비용을 징수하는 것은 불가

예) 식사재료비 실제소요액이 20만원 내외인데 사실상 다른 명목의 비용 등을 포함하여 50만원을 수납하는 경우

■ 시설에서 촉탁의의 지시로 간호사가 욕창 치료나 유치도뇨관 등 교환 시 재료비를 수급자에게 받아도 되나요?

Q 시설에서 촉탁의의 지시로 간호사가 욕창 치료나 유치도뇨관 등 교환 시 재료비를 수급자에게 받아도 되나요?

A 장기요양보험에서 비급여 대상을 제외하고는 일체의 비용이 수가에 포함되어 있습니다. 입소시설 수가에는 기본적인 위생재료 및 일반 의약품 비용이 평균금액으로 포함되어 있어 통상적으로 소요되는 소독약, 거즈 등의 의료 소모품 및 간호사의 간호행위에 대해서도 별도 비용을 받을 수 없습니다.

■ 시설에서 식사 재료비 이외 간식비를 비급여로 받아도 되나요?

Q 시설에서 식사 재료비 이외 간식비를 비급여로 받아도 되나요?

A 식사 재료비는 장기요양보험의 비급여 대상 항목으로 주·부식 및 간식 등의 비용을 포함하고 있습니다.

■ 시설에서 욕창 치료 시 수급자(보호자)의 요청에 의해 질 높은거즈 등을 사용하게 되면 비급여 비용으로 부담을 시킬 수 있나요?

Q 시설에서 욕창 치료 시 수급자(보호자)의 요청에 의해 질 높은거즈 등을 사용하게 되면 비급여 비용으로 부담을 시킬 수 있나요?

A 시설급여 1일당 수가에는 의료적 처치에 소요되는 재료비용이 포함되어 있으므로 욕창처치 시 사용한 재료에 대하여 별도의 비용을 수납할 수 없습니다. 다만, 시설에서 통상적으로 제공하지 않는 물품으로서 수급자의 요청에 의한 개별적인 물품 및 용역의 구입에 따른 비용은 수급자가 부담해야 합니다.

Q 단기보호, 주· 야간보호 이용 시에도 시설급여의 경우처럼
식사재료비 등의 비급여 항목은 똑같이 적용되는 것인가요?

A 단기보호, 주·야간보호 이용 시 식사재료비 등의 비급여항목은 시
설급여의 경우와 같이 비급여로 적용됩니다.

Q 시설에 입소한 수급자가 욕창이 생겼는데, 보호자에게 욕
창예방매트리스를 구입해오도록 해도 되나요?

A 장기요양기관은 장기요양서비스를 제공하는 과정에서 법정 급여에
기본적으로 포함되는 항목과 비급여 대상으로 별도로 정한 항목
외에는 다른 비용을 임의로 수납할 수 없으며, 노인요양시설(노인
요양공동생활가정, 단기보호 포함) 입소 전 또는 입소 중에 수급
자로 하여금 복지용구를 구입 또는 대여해오도록 요구하거나 유
도해서는 안 됩니다. 다만, 수급자가 가정에서 사용하던 복지용구
를 본인의 희망에 따라 가지고와서 사용하는 것은 가능합니다.

■ **군사업장 등 특수사업장 직장가입자(또는 피부양자)인 수급자의 당월 감경여부가 확인되지 않습니다.**

Q 군사업장 등 특수사업장 직장가입자(또는 피부양자)인 수급자의 당월 감경여부가 확인되지 않습니다.

A 군사업장, 항운노동조합 등 특수사업장의 경우 매월 보험료가 다음 달 산정되며, 보험료가 산정된 매월 20일 이후 별도로 대상자를 구축하여 당월 감경 소급적용여부를 결정합니다.

■ **본인부담금 감경대상과 감경비율은 어떻게 되나요?**

Q 본인부담금 감경대상과 감경비율은 어떻게 되나요?

A 장기요양 본인부담 감경대상은 의료급여수급권자(기초생활수급자제외), 차상위감경대상자, 보험료감경대상자이며,
- 의료급여수급권자란 「의료급여법」제3조제1항제2호부터 제9호까지의 규정에 따른 수급권자이고
- 차상위감경대상자란 「국민건강보험법 시행규칙」제15조에 따라 '건강보험 본인부담액 감경' 인정을 받은 자이며
- 보험료감경대상자란 전체 건강보험 가입자의 보험료 순위 하위 50% 이하에 해당하는 자(직장가입자는 재산이 일정기준이하인 자)로 대상자별 감경비율은 아래와 같습니다.
* 감경대상별 본인일부부담금 감경비율

구분	기초 (면제)	의료 급여	차상위 감경	보험료감경	
				보험료순위25 %이하	보험료순위5 0%이하
감경률	100%	60%			40%

■ 본인적용기준인 '보험료액' 과 '재산과표액' 이란 무엇인가요?

Q 본인적용기준인 '보험료액' 과 '재산과표액' 이란 무엇인가요?

A ①감경기준이 되는 보험료액은 「국민건강보험법」 제69조제4항 및 제5항의 '월별 보험료액' 으로 장기요양보험료액을 제외한 건강보험료액만 해당합니다.
- 이때, 지역가입자 보험료 감경(65세 이상, 장애인 등)액은 제외되고,
- 직장 보험료액은 사용자(사업주)부담 보험료를 제외한 가입자부담 보험료만 해당합니다.

②또한, 직장가입자 재산과표액이란 「국민건강보험법 시행령」 제42조제3항 제1호에 해당하는 재산으로 건강보험 부과자료 상의 토지, 건물, 주택, 항공기, 선박이 이에 해당하며, 당해 직장가입자와 그 가입자의 피부양자로 등재된 자 모두의 재산과표액을 합산한 금액입니다.

■ 감경적용 시 직장가입자만 재산과표액을 반영하는 이유는 무엇입니까?

Q 감경적용 시 직장가입자만 재산과표액을 반영하는 이유는 무엇입니까?

A 지역가입자는 소득·재산 등을 기준으로 보험료를 산정합니다. 그러나 직장가입자의 경우는 해당 사업장에서 받는 보수를 기준으로 보험료를 산정하므로 감경대상자를 선정 할 때 형평성을 위해 직장가입자와 그 피부양자의 재산과표액 총액을 반영하고 있습니다.

■ 본인부담 감경은 어떻게 신청하면 되나요?

Q 본인부담 감경은 어떻게 신청하면 되나요?

A ①장기요양 본인부담 감경은 국민건강보험공단에서 직권으로 대상
자를 결정하며, 별도의 신청 절차는 필요하지 않습니다.
②다만, 대상자 결정 이후 보험료가 변동되는 등의 사유로 감경 기
준에 해당된다면, 신청서· 신분증 등을 지참하여 가까운 국민건
강보험공단 운영센터에 방문·우편·유선· 팩스나 노인장기요
양보험 홈페이지를 통해 온라인으로도 신청할 수 있습니다.

■ 본인부담 감경은 언제부터 적용되나요?

Q 본인부담 감경은 언제부터 적용되나요?

A 의료급여수급권자 및 차상위 감경대상자는 각 자격을 인정받은 날
부터 본인부담 감경이 적용되고, 보험료감경대상자는 매월 말 수급
자의 당월 건강보험료 등을 확인하여 다음 달부터 감경을 적용하
고 있습니다.

Q 감경 대상자 결정 시 건강보험료 등을 확인한 당월부터 적용되지 않는 이유는 무엇입니까?

A ①건강보험료는 매월 부과자료를 마감하고 해당 월 20일 이후 산정됩니다.

②따라서 당월 건강보험료 확인이 가능한 20일 이후 까지는 수급자의 감경 적용·해지여부를 알 수가 없으며, 당월보험료를 기준으로 당월 감경적용여부 결정 시 월중에 감경이 해지되는 문제 등을 방지하고자 해당요건을 확인한 다음 달부터 적용합니다.

치매의 이해 및 예방

제5장 치매의 이해 및 예방

1. 치매, 어떤 병인가요?

1-1. 치매의 개념

"치매"란 퇴행성 뇌질환 또는 뇌혈관계 질환 등으로 인해 기억력, 언어능력, 지남력(指南力), 판단력 및 수행능력 등의 기능이 저하됨으로써 일상생활에서 지장을 초래하는 후천적인 다발성 장애를 말합니다(「치매관리법」 제2조 제1호).

1-2. 노인의 개념

① 치매 노인의 대상이 되는 "노인"은 일반적으로 65세 이상(지원사업에 따라 60세 이상)이 되는 사람을 말합니다.

② 장기요양급여를 받을 수 있는 노인은 고령이나 노인성 질병 등의 사유로 일상생활을 혼자서 하기 어려운 사람 즉, 65세 이상의 노인 또는 65세 미만의 사람으로서 치매·뇌혈관성질환 등 노인성 질병을 가진 사람을 말합니다(「노인장기요양보험법」 제1조 및 제2조제1호).

1-3. 치매의 증상

① 치매는 다양한 증상을 보일 수 있지만 다음과 같이 인지증상과 정신행동증상으로 나눌 수 있습니다.

  1) 인지기능 변화에 의한 증상

  - 기억력 저하 : 최근의 말이나 사건에 대해서 기억을 하지 못한다.

  - 언어기능 저하 : 사물이나 사람의 이름이 기억이 나지 않는다.

  - 시간 지남력 저하 : 날짜와 시간에 대한 감각이 없다.

  - 시공간능력 저하 : 자주 다니던 길을 잃고 헤맨다.

  - 수행능력 저하 : 집안의 간단한 도구를 다루지 못한다.

  2) 정신행동 증상

- 성격변화 : 예전의 성격이 강해지거나 충동의 조절이 안 된다.
- 우울 : 슬프거나 기분이 쳐진 것처럼 행동한다.
- 초조 : 가만히 있지를 못하고 목적 없이 자꾸 움직인다.
- 환각 : 실제로는 없는 소리나 사물, 사람을 보거나 듣는다.
- 망상 : 자신의 돈이나 사물을 다른 사람이 훔쳐 갔다고 주장한다.
- 무감동/무관심 ; 주변에 대한 관심과 흥미를 잃고 새로운 일을 시작
  하려는 의욕이 감소한다.
② 치매 단계별 증상과 특징
  1) 치매 초기 : 가족이나 동료들이 문제가 있음을 알아차리기 시작하나,
     아직은 혼자서 지낼 수 있는 수준
  - 예전 기억은 유지되나 최근에 있었던 일을 잊어버립니다.
  - 음식을 조리하다가 불 끄는 것을 자주 잊어버립니다.
  - 미리 적어 두지 않으면 중요한 약속을 잊어버립니다.
  - 조금 전에 했던 말을 반복하거나 질문을 되풀이합니다.
  - 대화 중 정확한 단어가 떠오르지 않아 '그것', '저것'으로 표현하거나
    머뭇거립니다.
  2. 치매 중기 : 치매임을 쉽게 알 수 있는 단계로 어느 정도의 도움 없이
     는 혼자 지낼 수 없는 수준
  - 돈 계산이 서툴러집니다.
  - 전화, TV 등 가전제품을 조작하지 못합니다.
  - 며칠인지, 몇 시인지, 어느 계절인지, 자신이 어디에 있는지 등을 파악
    하지 못합니다.
  - 평소 잘 알고 지내던 사람을 혼동하기 시작하지만 대부분 가족은 알
    아봅니다.
  - 익숙한 장소임에도 불구하고 길을 자주 잃어버립니다.
  3) 치매 말기 : 인지기능이 현저히 저하되고 정신행동 증상과 아울러 신경
     학적 증상 및 기타 신체적 합병증 등이 동반되어 독립적인 생활이 거
     의 불가능한 수준

- 식사, 옷 입기, 세수하기, 대소변 가리기 등 완전히 다른 사람의 도움을 필요로 합니다.
- 대부분의 기억이 상실됩니다.
- 배우자나 자식을 알아보지 못합니다.
- 혼자 웅얼거리거나 전혀 말을 하지 못합니다.
- 의미 있는 판단을 내릴 수 없고, 간단한 지시도 따르지 못합니다.

■ "치매의 중기에 있다"라는 말은 무슨 의미인가요?

Q 의사가 저희 아버지께서 치매의 중기에 있다고 합니다. 무슨 의미인가요?

A 치매는 일반적으로 그 진행과정에 따라 초기, 중기, 말기로 구분할 수 있습니다. 이렇게 구분하는 이유는 진행성 질환인 치매는 시간의 흐름에 따라 증상의 양상과 심각도가 변하므로, 병의 양상을 이해하고 어떻게 케어할 것인가를 결정하는 기준이 필요하기 때문입니다.

대략적으로 초기는 기본적인 생활능력이 유지되는 상태이고, 중기는 기본적으로 생활하는 데 도움이 필요한 상태입니다. 말기에는 기본적인 생활을 타인에게 전적으로 의존해야 하는 상태입니다. 각 단계의 기간, 증상의 종류, 증상의 중증도는 환자마다 다르며 각 단계간의 구분도 명확하지 않을 수 있습니다.

1-4. 치매의 진단

1-4-1. 치매 자가진단 체크리스트

다음의 문항을 읽으면서 자신의 행동이나 생각 또는 느낌과 일치하는 것에 √ 표시를 하세요.

질 문	예	아니오
1. 당신은 기억력에 문제가 있습니까?	☐	☐
2. 당신의 기억력은 10년 전에 비해 저하되었습니까?	☐	☐
3. 당신은 기억력이 동년의 다른 사람들에 비해 나쁘다고 생각합니까?	☐	☐
4. 당신은 기억력 저하로 일상생활에 불편을 느끼십니까?	☐	☐
5. 당신은 최근에 일어난 일을 기억하는 것이 어렵습니까?	☐	☐
6. 당신은 며칠 전에 나는 대화 내용을 기억하는 것이 어렵습니까?	☐	☐
7. 당신은 며칠 전에 한 약속을 기억하기 어렵습니까?	☐	☐
8. 당신은 친한 사람의 이름을 기억하기 어렵습니까?	☐	☐
9. 당신은 물건 둔 곳을 기억하기 어렵습니까?	☐	☐
10. 당신은 이전에 비해 물건을 자주 잃어버립니까?	☐	☐
11. 당신은 집 근처에서 길을 잃은 적이 있습니까?	☐	☐
12. 당신은 가게에서 사려고 하는 두세 가지 물건의 이름을 기억하기 어렵습니까?	☐	☐
13. 당신은 가스불이나 전깃불 끄는 것을 기억하기 어렵습니까?	☐	☐
14. 당신은 자주 사용하는 전화번호(자신 혹은 자녀의 집)를 기억하기 어렵습니까?	☐	☐

※ 6개 항목 이상에 '예'라고 표시될 경우 가까운 보건소에 가서 치매조기검진을 받아 보십시오.
점수가 높을수록 주관적 기억감퇴가 심한 것을 의미합니다.

1-4-2. 치매 진단

치매는 매우 다양한 원인에 의해 생기기 때문에 한 가지 검사로 진단을 내리 릴 수 없습니다. 따라서 전문의에게 의뢰하게 되면 다음과 같은 검사를 받게 되며 이를 통해 진단을 내리게 됩니다.

① 첫째, 자세한 병력 조사입니다.
  1) 병력조사란 언제부터 증세가 시작되었고, 어떤 증세가 주로 나타났으며, 지금까지 어떤 변화를 겪어왔는지를 자세히 알아보는 과정을 말합니다.
  2) 첨단 기계를 사용하는 검사과정보다 이러한 문진 과정이 훨씬 더 중요합니다.
  3) 일단 증상에 대한 전반적인 파악이 되면 치매의 원인이 될 수 있는 질환이 혹시 있는지의 여부도 묻게 됩니다. 고혈압, 당뇨, 고지혈증, 체중의 급격한 변화, 과거의 신체 질환들, 뇌 손상 여부, 알코올이나 다른 약물에 대한 중독 여부 등이 정확한 진단에 중요한 단서를 제공할 수 있습니다.
② 둘째, 직접 진찰하는 과정입니다.
  1) 이 과정은 신체검사, 신경학적 검사, 정신상태 검사 등 세 가지로 이루어지는데, 혈압, 체온, 맥박 등의 측정과 전신의 각 부분에 대한 진찰을 하고, 이어서 감각, 운동 신경이나 근육의 위축, 보행능력, 반사운동 등 각종 신경학적 기능도 평가하게 됩니다.
  2) 정신상태 검사는 우울증과 불안, 공포증, 망상 등의 정신 현상을 평가하는 과정을 말합니다.
③ 셋째, 검사실 검사 과정입니다.
  1) 위의 두 과정을 거친 후, 대부분의 경험 많은 치매 전문가들은 환자가 치매를 앓고 있는지의 여부, 또 치매가 있다면 어떤 종류의 치매인지를 개략적으로 추정할 수 있지만, 확진을 위해서는 각종 검사 과정이 필요합니다.
  2) 검사 과정은 신체질환의 여부를 확인하기 위한 검사실 검사, 뇌 기능을 평가하기 위한 신경인지기능 검사 및 뇌의 구조와 기능을 보기 위한 뇌영상 검사로 구분됩니다

1-5. 치매 예방수칙 3.3.3
① 치매의 경우 예방 접종과 같은 확실한 예방법이 있는 것은 아니지만, 치

매의 발병 위험성을 높일 수 있는 인자들을 미리 조절함으로써 치매에 걸릴 확률을 줄일 수 있습니다.

② 뇌세포는 일단 손상되면 재생되지 않기 때문에 치매에 대한 예방이 매우 중요합니다.

③ 치매는 건강한 생활을 통해서 상당 부분이 예방이 가능하며, 다음의 사항을 잘 인식하고 실천해야 합니다.

1) 3권(勸-즐길 것)
- 일주일에 3번이상 걷기
- 생선과 채소 골고루 먹기
- 부지런히 읽고 쓰기

2) 3금(禁-참을 것)
- 술은 적게 마시기
- 담배는 피지 말기
- 머리 다치기 않도록 조심하기

3) 3행(行-챙길 것)
- 정기적으로 건강검진 받기
- 가족, 친구들과 자주 소통하기
- 매년 초기치매 검진 받기

1-6. 치매 조기검진을 통해 치매를 예방하세요.

1-6-1. 치매검진사업이란?

① 치매는 다양한 원인에 의해 발생되며 조기에 발견하여 적절히 치료할 경우 완치 또는 중증 상태로의 진행을 억제시키거나 증상을 개선하는 것이 가능합니다.

② 치매를 적절히 치료관리하고 치매에 동반된 문제증상들을 개선시킬 경우 환자와 그 가족의 고통과 부담을 크게 경감시킬 뿐만 아니라 치매로 인한 사회적 비용도 절감할 수 있습니다.

③ 이에 따라 보건복지부장관은 종합계획에 따라 치매를 조기에 발견하는

검진사업(이하 "치매검진사업"이라 함)을 시행해야 합니다(「치매관리법」
제11조제1항).

1-6-2. 서비스 내용

① 검진은 치매 가능성이 높은 대상자를 가려내기 위한 선별검사와 치매진단
을 위한 정밀검사로 구분되어 실시됩니다(「치매관리법」 제11조제3항 및 「
치매관리법 시행규칙」 제3조제1항).

1단계	선별검사 (MMSE-DS)	보건소
2단계	진단검사 (신경인지검사, 전문의 진료 등)	치매안심센터/협약병원
3단계	감별검사 (혈액 검사, 뇌 영상 촬영 등)	협약병원

② 치매선별검사[1단계]
  1) 검진 신청자는 주민등록상 주소지 보건소나 보건소에서 지정한 자치구
     치매지원센터에서 약 15분 정도 소요되는 간이정신상태검사(MMSE-DS)
     를 통해 인지감퇴가 있는지를 평가받게 됩니다.
  2) 보건소 '찾아가는 치매검사' 실시 : 도서벽지 등 취약지역에 보건소 방
     문이 어려운 독거노인, 취약계층노인, 치매고 위험군노인 등을 대상으
     로 경로당, 노인복지관, 노인회관, 보건예방교육 등을 통한 찾아가는
     치매검사로 조기검진 확대실시
③ 치매진단검사[2단계]
   1단계 치매선별검사에서 이상소견이 발견된 검진 신청자는 치매가 있는
   지를 알기 위해 치매안심센터 또는 주민등록상 주소지 보건소에서 지정
   한 협약 병·의원에서 전문의의 진찰과 정밀한 신경인지검사를 통해 치매
   가 있는지를 평가받게 됩니다.
④ 치매감별검사[3단계]
   2단계 치매진단검사에서 치매로 진단되신 대상자는 주민등록상 주소지

보건소가 지정한 협약 병·의원에서 혈액검사와 소변검사 및 뇌영상검사 (CT)를 통해 치매의 원인질환이 무엇인지를 평가받게 됩니다.

1-6-3. 대상자

① 선별검사 대상자 : 만 60세 이상 모든 노인
② 진단검사 및 감별검사 대상자 : 기준 중위소득 120%이하인 만 60세 이상의 노인

1-6-4. 검진 장소

주민등록상 주소지 보건소 또는 치매안심센터에서 검사를 받을 수 있습니다.

1-6-5. 검진비용 지원

치매검진을 받는 사람 중 「의료급여법」에 따른 의료급여수급자 및 규제「국민건강보험법」 제5조에 따른 건강보험가입자 및 피부양자 중에서 소득과 재산 등을 기준으로 다음과 같이 치매검진 비용을 지원합니다(「치매관리법」 제11조제4항 및 「치매관리법 시행령」 제9조).

1) 치매선별검사 : 무료입니다.
2) 치매진단검사
 - 최대 8만원까지 지원
 - 8만원을 초과하는 검사비는 본인 부담
3) 치매감별검사
 - 의원·병원·종합병원급일 경우: 최대 8만원 지원
 - 협약병의원이 상급종합병원일 경우: 최대 11만원 지원

1-7. 국가건강검진 치매선별검사를 이용하세요.

① 국가건강검진 치매선별검사란?
 국민건강보험공단에서는 66세, 70세, 74세 노인에게 치매선별검사 및 인지기능장애검사를 제공하고, 지역사회 보건소와 연계한 상담서비스를 제공합니다.

② 서비스 내용

  1) 치매선별검사 : 1차 검진 시 치매선별검사를 실시합니다.

  2) 인지기능장애검사 : 1차 수검자 중 인지기능장애 고위험군 노인을 대상으로 인지기능장애 검사 및 상담 서비스를 제공합니다.

③ 대상자

  66세, 70세, 74세 노인이 이용 가능합니다. 66세 노인은 "생애전환기 건강진단"을 통해, 70세 및 74세 노인은 2년 주기의 "일반건강검진"을 통해 치매조기검진서비스를 제공합니다.

④ 검진 장소

  국민건강보험공단에서 지정한 건강검진기관에서 검진을 받을 수 있습니다.

▇ 혹시 치매가 아닌지 진단 받고 싶은데 도움을 받을 수 있는 것이 있나요?

Q 요즘 저희 어머니께서 최근 중요한 약속도 자꾸 잊어버리시고 조금 전에 했던 말을 반복하거나 질문을 되풀이 하십니다. 혹시 치매가 아닌지 진단 받고 싶은데 도움을 받을 수 있는 것이 있나요?

A 치매의 위험이 높은 60세 이상의 노인을 대상으로 치매를 조기에 발견하고 관리할 수 있도록 치매 조기검진 사업을 시행하고 있습니다. 의료급여 수급자나 건강보험가입자는 치매검진 비용을 지원받을 수 있습니다.

◇치매 조기검진 대상자
  치매검진 대상자는 ①국민건강보험가입자 및 피부양자, ②의료급여 수급권자로서, 만 60세 이상 모든 노인을 대상으로 하되 저소득층에 우선권을 부여하고 있습니다.

◇치매 조기검진 서비스 내용
  검진은 치매 가능성이 높은 대상자를 가려내기 위한 치매 선별검사와 치매진단을 위한 정밀검사(진단검사 및 감별검사)로 구분되어 실시됩니다.

◇치매 검진 비용 지원
①치매 선별 검사 비용은 무료입니다.
②치매 진단 검사 비용은 기준 중위 소득 120% 이하인 분들의 경우에는 거주지 보건소가 지정한 협약 병·의원에서 검사를 시행하실 경우 검사비 중 최대 8만원까지 지원받으실 수 있습니다. 8만원을 초과하는 검사비는 본인이 부담하셔야 합니다.
③치매 감별 검사 비용은 기준 중위소득 120% 이하인 분들의 경우

에는 거주지 보건소가 지정한 협약병원에서 검사를 시행하실 경우, 협약 병·의원의 등급에 따라 검사비를 지원받으실 수 있으며, 지원 범위를 초과하는 검사비는 본인이 부담하셔야 합니다.
1. 협약병의원이 의원·병원·종합병원급일 경우: 최대 8만원
2. 협약병의원이 상급종합병원일 경우: 최대 11만원

1-8. 치매, 등록하고 관리 받으세요.
1-8-1. 치매, 스마트하게 관리하세요.

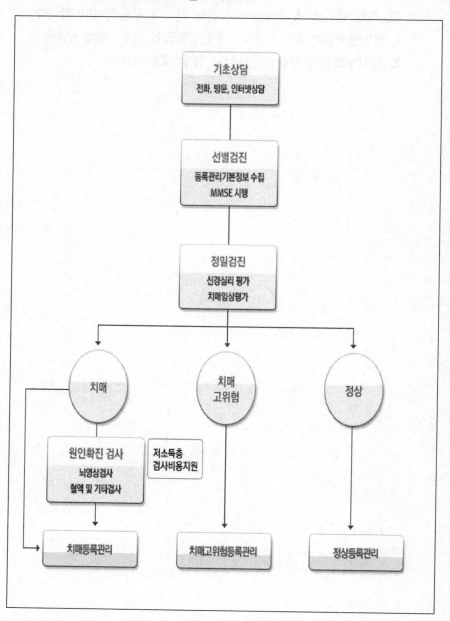

1-8-2. 치매 검진 결과에 따라 등록하고 관리 받으세요.

① 치매 조기검진을 통해 치매, 치매고위험군, 정상 중 한 가지로 판정을 받거나 전문의료기관에서 이미 치매로 진단을 받은 대상자는 보건소에 설치된 치매상담센터에 등록되어 각 구분에 따라 다음과 같이 관리를 받습니다.

정상 관리 서비스	·노인건강프로그램 ·정기선별검진 서비스 ·치매예방 정보제공 서비스 ·치매예방 관련 프로그램 연계 서비스 ·그 밖에 필요한 서비스
치매위험군 관리 서비스	·인지재활프로그램 ·정기 정밀검진 서비스 ·치매예방 정보제공 서비스 ·치매예방 관련 프로그램 연계 서비스 ·그 밖에 필요한 서비스 ※특히 치매고위험군은 고혈압, 당뇨병, 비만, 고지혈증, 우울증 등 치료관리프로그램, 운동프로그램 등에 참여할 수 있도록 적극적으로 지원
치매 관리 서비스	·치매치료관리비지원(저소득층) ·노인장기요양보험서비스 ·요양시설 입소 재가서비스(방문요양, 방문간호, 방문목욕, 주야간보호, 단기보호) 연계 ·노인돌봄서비스 ·방문간호서비스 ·인지재활프로그램 ·조호물품 제공 서비스 ·인식표 ·치매가족모임 ·그 밖에 필요한 서비스

② 치매안심센터란?

"치매안심센터"란 치매예방 및 치매환자 및 그 가족에 대한 종합적인 지원을 위해 시·군·구의 관할 보건소에 설치되어 다음과 같은 업무를 담당하고 있습니다(「치매관리법」 제17조제1항 및 제2항).

1) 치매관련 상담 및 조기검진

2) 치매환자의 등록·관리

3) 치매등록통계사업의 지원

4) 치매의 예방·교육 및 홍보

5) 치매환자를 위한 단기쉼터의 운영

6) 치매환자의 가족지원사업

7) 「노인장기요양보험법」 제22조제2항에 따른 장기요양인정신청 등의 대리

8) 그 밖에 시장·군수·구청장이 치매관리에 필요하다고 인정하는 업무

③ 치매상담전화센터란?

"치매상담전화센터"란 치매예방 및 치매환자 관리 등에 관한 전문적이고 체계적인 상담 서비스를 제공하기 위해 설치되어 다음과 같은 업무를 담당하고 있습니다.

1) 치매에 관한 정보제공

2) 치매환자의 치료·보호 및 관리에 관한 정보제공

3) 치매환자와 그 가족의 지원에 관한 정보제공

4) 치매환자의 가족에 대한 심리적 상담

5) 그 밖에 보건복지부장관이 필요하다고 인정하는 치매 관련 정보의 제공 및 상담

Q 치매에 대해 궁금한 점이 많습니다. 어디에 물어봐야 하나요?

A 치매안심센터(지역 보건소) 또는 치매상담전화센터(☎ 1899 - 9988)에 문의하세요. 치매안심센터 및 치매상담전화센터는 치매예방 및 치매환자 관리 등에 관한 전문적이고 체계적인 상담 서비스를 제공합니다.

◇치매안심센터(지역 보건소)

　치매안심센터는 다음과 같은 업무를 담당하고 있습니다.

· 치매관련 상담 및 조기검진
· 치매환자의 등록 · 관리
· 치매등록통계사업의 지원
· 치매의 예방 · 교육 및 홍보
· 치매환자를 위한 단기쉼터의 운영
· 치매환자의 가족지원사업
· 노인장기요양보험법」 제22조제2항에 따른 장기요양인정신청 등의 대리
· 그 밖에 시장 · 군수 · 구청장이 치매관리에 필요하다고 인정하는 업무

◇치매상담전화센터(☎ 1899 - 9988)

　치매상담전화센터는 다음과 같은 업무를 담당하고 있습니다.

· 치매에 관한 정보제공
· 치매환자의 치료 · 보호 및 관리에 관한 정보제공
· 치매환자와 그 가족의 지원에 관한 정보제공
· 치매환자의 가족에 대한 심리적 상담
· 그 밖에 보건복지부장관이 필요하다고 인정하는 치매 관련 정보의 제공 및 상담

2. 치매의 치료와 관리 지원

2-1. 치료비 지원

2-1-1. 의료비 지원

① 국가와 지방자치단체는 치매환자의 경제적 부담능력을 고려하여 치매 치료 및 진단에 드는 비용을 지원할 수 있습니다(「치매관리법」 제12조제1항).

② "치매환자"란 치매로 인한 임상적 특징이 나타나는 사람으로서 의사 또는 한의사로부터 치매로 진단받은 사람을 말합니다(「치매관리법」 제2조 제2호).

2-1-2. 지원 대상자

다음의 어느 하나에 해당하는 사람 중에서 소득과 재산 등이 기준 중위소득 120% 이하인 사람은 의료비를 지원받을 수 있습니다.

1) 건강보험가입자 및 피부양자 중 치매환자

2) 의료급여수급권자 중 치매환자

2-1-3. 지원 한도액

치매 치료를 위한 진료비와 진료 시 처방받은 약제비에 대한 보험급여분 중 본인부담금에 대해 월 3만원(연간 36만원) 한도 내에서 지원받습니다.

■ 3개월치 약을 한꺼번에 처방받아서 구입했어요. 얼마나 지원받을 수 있나요?

Q 치매에 걸리셔서 거동이 불편한 할머니를 대신해서 약을 사려고 병원을 방문했더니, 3개월치 약을 한꺼번에 처방해 줬어요. 약값이 총 8만원이 나왔는데, 매월 지원받을 수 있는 의료비 한도가 3만원이니까 이번에 산 약값 8만원 중에서 3만원만 지원받을 수 있는 것인가요?

A 치매치료비 지원 기준을 보면, 처방 개월 수에 따른 약제비와 진료비를 월 한도 내에서 실비로 일괄하여 지급하도록 하고 있습니다. 즉, 3개월 치 약을 8만원에 구입했다면, 3개월 동안 받을 수 있는 지원 상한액은 9만원(3개월 X 월 상한 3만원)으로 9만원의 한도 내에서 3개월치 약을 구입한 실비인 8만원 전부를 일괄하여 지원받을 수 있습니다.

2-2. 지원 신청 절차

2-2-1. 지원 신청

① 치매환자 의료비를 지원받으려는 사람은 관할 보건소장에게 다음의 서류를 제출하여 지원 신청을 해야 합니다[「치매관리법」 제12조제2항, 「치매관리법 시행령」 제10조제2항]

   1) 지원신청서

   2) 대상자 본인 명의 입금 통장 사본 1부

   3) 당해 연도에 발행된 치매치료제가 포함된 약처방전 또는 약품명이 기재된 약국 영수증

② 의료비 지원 신청을 받은 보건소장은 관계 기관에 의료비 지원 대상자의 소득·재산 등에 관한 자료제출을 요청할 수 있습니다.

2-2-2. 대상자 선정

신청자 중에서 대상자 선정기준에 적합한 사람이 지원대상자로 선정되면 신청일로부터 14일 이내에 그 결과를 통지받습니다.

2-2-3. 지원금 지급

지원금은 건강보험공단을 통해 해당 지원금액 한도 내에서 일괄하여 지급받습니다.

3. 치매 관련 시설에서 돌보는 경우 지원

3-1. 치매 관련 시설

① 주간보호시설

낮 동안 보살핌이 필요하며, 심신기능 유지 및 향상리 필요한 어르신에게 적합합니다.

② 단기보호시설

부득이한 사정에 의해 일시적으로 보호가 필요한 어르신에게 적합합니다.

③ 노인요양시설

안정적안 상태를 유지하고 있는 어르신에게 적합합니다.

④ 노인요양공동생활가정

심신장애가 발생하여 가정과 같은 주거 여건과 급식, 요양 및 일상생활에 편의를 필요로 하는 어르신에게 적합합니다.

⑤ 요양병원

지속적으로 의료적 처치와 관찰이 필요한 어르신에게 적합합니다.

⑥ 요양병원을 제외한 시설은 노인장기요양보험(시설급여 또는 재가급여) 지원을 받을 수 있습니다.

3-2. 어떤 시설을 선택해야 하나요?

3-2-1. 시설 선택 방법

① 치매 노인을 위한 여러 시설들은 이름도 다양하며 기능도 약간씩 차이가 있습니다. 시설이라고 모두가 치매 노인에게 적당한 것은 아니며, 병의 경과에 따라 적절한 시설이 달라질 수 있습니다.

② 치매 노인의 상태에 따라 거동이 가능한 경증 노인은 주야간 보호 등 재가서비스를 이용하고, 이보다 상태가 심각한 경우에는 요양원 입소를 고려할 수 있으며, 질환으로 인한 치료나 수술 후 재활 등이 필요한 경우에는 요양병원을 이용할 수 있습니다.

3-2-2. 입소 시기

① 치매 노인의 경우 신체 상태의 악화보다는 돌봄 요구도의 증가가 입소 결정을 내리는데 중요한 이유가 됩니다.

② 문제행동, 돌봄자의 건강 악화 및 부담 증가, 인지기능 감퇴 등의 문제들이 더해져서 환자를 요양시설로 입소시키는 결정이 내려지게 됩니다.

③ 다음의 시기에 해당하는 경우에는 치매 관련 시설에 입소를 고려할 수 있습니다.

1) 치매 노인의 생활 안정과 심신기능의 유지 및 향상이 필요할 때

2) 부득이한 사유로 가족의 보호를 받을 수 없어 일시적으로 보호가 필요할 때

3) 가족이 더 이상 환자의 일상생활을 도와 줄 수 없을 때

4) 치매 노인의 망상과 환각 등 심각한 정신행동 증상으로 타인과 공동 생활이 어려울 때

5) 치매에 병발된 신체 질환으로 인해 지속적 치료가 필요할 때

3-2-3. 시설 입소 시 고려 사항

시설에 입소하는 경우에는 다음의 사항을 고려하여 시설을 선택할 수 있습니다.

1) 시설 비용

2) 방문하기 편리한 위치

3) 치매 노인의 증상과 중증도 맞는 프로그램

4) 건강을 고려한 식단과 간식

5) 응급상황이나 치매 정신행동 증상에 대한 대처 방법

6) 안전대책

7) 시설 직원의 태도

8) 입원환자 개인의 권리

9) 정기적인 건강체크

10) 근무자와 환자의 비율

Q 치매 약을 먹으면 약값을 준다고 하던데 어디에 신청해야 하나요?

A 치매치료제를 복용 중이며 재산·소득이 일정 수준 이하인 60세 이상의 치매환자는 치매를 지속적으로 치료하고 관리할 수 있도록 치매치료관리비 보험급여분 중 본인부담금을 지원받을 수 있습니다. 치료관리비를 지원받으려는 사람은 관할 보건소장에게 지원 신청을 해야 합니다.

◇지원 대상자
①국민건강보험가입자 및 피부양자, ② 의료급여 수급권자로서, 소득과 재산 등이 전국가구 평균소득의 100% 이하인 사람은 치매 치료관리비를 지원받을 수 있습니다.

◇지원 한도액
치매 치료를 위한 진료비와 진료 시 처방받은 약제비에 대한 보험급여분 중 본인부담금에 대해 월 3만원(연간 36만원) 한도 내에서 지원받습니다.

◇지원 신청 방법
치매환자 치료관리비를 지원받으려는 사람은 관할 보건소장에게 다음의 서류를 제출하여 지원 신청을 해야 합니다
· 지원신청서
· 대상자 본인 명의 입금 통장 사본 1부
· 당해 연도에 발행된 치매치료제가 포함된 약처방전 또는 약품명이 기재된 약국 영수증

3-3. 시설 입소비용을 지원해드려요.

3-3-1. 입소 대상자

노인의료복지시설의 입소대상자는 다음과 같습니다.

1) 「노인장기요양보험법」 제15조에 따른 수급자 중 시설급여대상자
   - 장기요양 1 - 2등급
   - 장기요양 3 - 5등급자 중 불가피한 사유, 치매 등으로 등급판정위원회에서 시설급여 대상자로 판정 받은 사람
2) 「국민기초생활 보장법」 제7조제1항제1호에 따른 생계급여수급자 또는 「국민기초생활 보장법」 제7조제1항제3호에 따른 의료급여 수급자로서 65세 이상의 사람
3) 부양의무자로부터 적절한 부양을 받지 못하는 65세 이상의 사람
4) 입소자로부터 입소비용의 전부를 수납하여 운영하는 노인요양시설 또는 노인요양공동생활가정의 경우는 60세 이상의 사람

3-3-2. 입소절차

① 위 2. 또는 3.에 해당하는 사람이 노인의료복지시설에 들어가려는 경우에는 다음의 서류를 제출해야 합니다(「노인복지법 시행규칙」 제19조제2항).

1) 입소신청서
2) 건강진단서 1부
3) 입소신청사유서 및 관련 증빙자료 각 1부(「국민기초생활보장법」 제7조제1항제1호에 따른 생계급여 수급자 또는 「국민기초생활 보장법」 제7조제1항제3호에 따른 의료급여 수급자의 경우에는 제외)

② 위 1. 또는 4.에 해당하는 사람이 노인의료복지시설에 들어가려는 경우에는 당사자간의 계약(분양계약은 제외)에 따릅니다(「노인복지법 시행규칙」 제19조제5항).

3-3-3. 입소여부 결정

① 신청을 받은 특별자치시장·특별자치도지사·시장·군수·구청장은 신청일부터

10일 이내에 입소대상자의 건강상태와 부양의무자의 부양능력 등을 심사하여 입소여부와 입소시설을 결정한 후에 신청인에게 이를 통지합니다(「노인복지법 시행규칙」 제19조제3항).

② 노인의료복지시설에 들어가려는 사람은 국·공립병원, 보건소 또는 건강진단기관이 발행한 건강진단서를 해당 시설의 장에게 제출해야 합니다(「노인복지법 시행규칙」 제19조제8항).

3-4. 시설 입소비용을 지원해드려요.

3-4-1. 시설급여 지원

① 치매로 인해 요양을 필요로 하는 65세 이상의 노인은 노인의료복지시설에 입소하여 급식·요양 그 밖의 일상생활에 필요한 편의를 제공받을 수 있도록 시설급여를 제공합니다.

② "시설급여"란 장기요양기관에 장기간 입소한 수급자에게 신체활동 지원 및 심신기능의 유지·향상을 위한 교육·훈련 등을 제공하는 장기요양급여를 말합니다(「노인장기요양보험법」 제23조제1항제2호).

③ "장기요양급여"란 고령이나 노인성 질병 등의 사유로 6개월 이상 동안 혼자서 일상생활을 수행하기 어렵다고 인정되는 노인 등에게 신체활동·가사활동의 지원 또는 간병 등의 서비스나 이에 갈음하여 지급하는 현금 등을 말합니다(「노인장기요양보험법」 제2조제2호).

3-4-2. 시설급여를 제공할 수 있는 장기요양기관

시설급여를 제공할 수 있는 장기요양기관은 다음과 같습니다(「노인장기요양보험법」 제23조제2항 및 「노인장기요양보험법 시행령」 제10조제2호).

1) 노인요양시설로서 「노인장기요양보험법」 제31조에 따라 지정받은 장기요양기관

- "노인요양시설"이란 치매·중풍 등 노인성질환 등으로 심신에 상당한 장애가 발생하여 도움을 필요로 하는 노인을 입소시켜 급식·요양과 그 밖에 일상생활에 필요한 편의를 제공함을 목적으로 하는 시설을 말합

니다(「노인복지법」제34조제1항제1호).

2) 노인요양공동생활가정으로서 「노인장기요양보험법」제31조에 따라 지
정받은 장기요양기관
- "노인요양공동생활가정"이란 치매·중풍 등 노인성질환 등으로 심신에
상당한 장애가 발생하여 도움을 필요로 하는 노인에게 가정과 같은
주거여건과 급식·요양, 그 밖에 일상생활에 필요한 편의를 제공함을
목적으로 하는 시설을 말합니다(「노인복지법」제34조제1항제2호).

3-4-3. 시설 입소비용 지원

① 노인의료복지시설의 입소비용을 아래와 같이 지원합니다.
② 장기요양급여수급자의 입소비용은 다음과 같습니다.
③ 입소비용의 일부는 치매 노인 본인이 부담해야 합니다.
④ 시설급여 비용은 일반대상자의 경우 총 급여비용 중 20%를 수급자 본
인이 부담하고, 80%는 공단에서 장기요양기관에 지급합니다(「노인장기
요양보험법」제40조제1항 본문).
⑤ 다음의 어느 하나에 해당하는 사람에 대해서는 본인일부부담금의 60%
의 범위에서 보건복지부장관이 정하는 바에 따라 차등하여 감경할 수
있습니다(「노인장기요양보험법」제40조제3항).
1) 의료급여 수급권자(「의료급여법」제3조제1항제2호부터 제9호까지)
2) 「장기요양 본인부담금 감경에 관한 고시」에 해당하는 사람. 다만, 도
서·벽지·농어촌 등의 지역에 거주하는 자에 대하여 따로 금액을 정할
수 있습니다.
3) 천재지변 또는 재난에 준하는 사유에 해당되어 보건복지부장관이 정하여
고시하는 지역에 거주하고 피해정도가 일정기준에 이르는 생계곤란자
⑥ 비급여 대상(식사재료비, 이·미용비, 대상자의 요청에 의한 상급침실(1-2
인실) 이용에 따른 추가비용)은 시설급여 비용에서 제외되므로 전액 본
인이 추가로 부담해야 합니다.
⑦ 장기요양등급 4등급 및 5등급 수급자가 시설급여를 이용하는 경우 3등

급 급여비용이 산정됩니다.

⑧ 장기요양급여의 월 한도액을 초과하는 비용은 수급자 본인이 전부 부담해야 합니다.

⑨ 다음의 시설급여에 대한 비용은 수급자 본인이 전부 부담합니다.

   1) 「노인장기요양보험법」에 따른 급여의 범위 및 대상에 포함되지 않는 장기요양급여

   2) 수급자가 장기요양인정서에 기재된 장기요양급여의 종류 및 내용과 다르게 선택하여 장기요양급여를 받은 경우 그 차액

   3) 장기요양급여의 월 한도액을 초과하는 장기요양급여

⑩ 「국민기초생활 보장법」 제7조제1항제1호에 따른 생계급여 수급자 또는 「국민기초생활 보장법」 제7조제1항제3호에 따른 의료급여 수급자로서 65세 이상의 사람 및 부양의무자로부터 적절한 부양을 받지 못하는 65세 이상의 사람은 국가 및 지방자치단체가 전액 부담합니다.

⑪ 입소자로부터 입소비용의 전부를 수납하여 운영하는 노인요양시설 또는 노인요양공동생활가정 입소대상자는 입소자 본인이 전액 부담합니다.

3-5. 집에서 돌보는 경우 지원

3-5-1. 재가급여 지원

치매로 인해 독립적인 일상생활을 수행하기 곤란한 노인과 치매 노인 부양가정에 필요한 각종 서비스를 제공함으로써, 치매 노인이 가족 및 친지와 더불어 건강하고 안정된 노후 생활을 영위할 수 있도록 함과 동시에 치매 노인부양으로 인한 가족의 부담을 덜어주기 위해 재가급여를 제공합니다.

3-5-2. 재가급여를 제공할 수 있는 장기요양기관

① 재가급여를 제공할 수 있는 장기요양기관은 다음과 같습니다(「노인장기요양보험법」 제23조제2항 및 「노인장기요양보험법 시행령」 제10조제1호).

   1) 「노인복지법」 제38조에 따른 재가노인복지시설로서 「노인장기요양보험법」 제31조에 따라 지정받은 장기요양기관

2) 「노인장기요양보험법」 제32조에 따라 설치한 재가장기요양기관

② "장기요양기관"이란 「노인장기요양보험법」에 따라 지정을 받은 기관 또는 「노인장기요양보험법」에 따라 지정의제된 재가장기요양기관으로서 장기요양급여를 제공하는 기관을 말합니다(「노인장기요양보험법」 제2조제4호).

3-5-3. 방문요양 서비스

① 가정에서 일상생활을 영위하고 있는 노인으로서 치매로 인하여 신체적·정신적 장애로 어려움을 겪고 있는 노인에게 지역사회 안에서 건전하고 안정된 노후를 영위하도록 장기요양요원이 가정을 방문하여 신체활동 및 가사활동 등 필요한 각종 서비스를 제공합니다.

② "장기요양요원"이란 장기요양기관에 소속되어 노인 등의 신체활동 또는 가사활동 지원 등의 업무를 수행하는 사람을 말합니다(「노인장기요양보험법」 제2조제5호).

③ 이용 대상자

1) 장기요양급여수급자(1-5등급)

2) 심신이 허약하거나 장애가 있는 65세 이상(이용자로부터 이용비용의 전부를 수납 받아 운영하는 시설의 경우에는 60세 이상)의 사람으로서 가정에서의 보호가 필요한 사람

3) 노인돌봄서비스, 가사간병도우미, 독거노인생활지도사 등 다른 서비스를 제공받고 있는 사람은 대상에서 제외됩니다.

④ 서비스 내용

1) 신체활동 지원 서비스 : 세면도움, 구강관리, 몸 청결, 머리감기기, 몸단장, 옷 갈아입히기, 목욕도움, 배설도움, 식사도움, 체위변경, 이동도움, 신체기능의 유지 증진 등

2) 가사활동 지원 서비스 : 취사, 생활필수품 구매, 청소·세탁·주변정돈 등

3) 개인활동 지원 서비스 : 외출 시 동행·부축, 일상업무 대행 등

4) 정서 지원 서비스 : 말벗, 격려 및 위로, 생활상담, 의사소통도움 등

3-5-4. 주·야간보호 서비스

① 부득이한 사유로 가족의 보호를 받을 수 없는 심신이 허약한 노인과 장애노인을 주간 또는 야간 동안 보호시설에 입소시켜 필요한 각종 편의를 제공하여 이들의 생활안정과 심신기능의 유지 향상을 도모하고, 그 가족의 신체적·정신적 부담을 경감시켜 드립니다.

② 이용대상자

  1) 장기요양급여수급자(1-5등급 또는 인지지원등급)

  2) 심신이 허약하거나 장애가 있는 65세 이상(이용자로부터 이용비용의 전부를 수납 받아 운영하는 시설의 경우에는 60세 이상)의 사람으로서 주간 또는 야간 동안의 보호가 필요한 사람

③ 서비스 내용

  1) 생활지도 및 일상동작훈련 등 심신의 기능회복을 위한 서비스

  - 일상생활지원 : 취미 오락, 운동 등 여가생활 서비스

  - 일상동작훈련 : 이동, 체위변경, 기능훈련(물리치료적 훈련, 작업치료적 훈련, 언어 치료적 훈련) 등

  2) 급식 및 목욕서비스 등

  - 몸청결, 머리감기, 얼굴씻기, 손씻기, 구강관리, 몸단장, 옷 갈아입히기, 배설, 식사도움

  3) 이동서비스

  4) 노인 가족에 대한 교육 및 상담

3-5-5. 단기보호 서비스

① 부득이한 사유로 가족의 보호를 받을 수 없어 일시적으로 보호가 필요한 심신이 허약한 노인이나 장애노인을 보호시설에 단기간 입소시켜 보호함으로써 노인 및 노인가정의 복지증진을 도모하기 위한 서비스를 제공합니다.

② 이용 대상자

  1) 장기요양급여수급자(1-5등급)

2) 심신이 허약하거나 장애가 있는 65세 이상(이용자로부터 이용비용의 전부를 수납 받아 운영하는 시설의 경우에는 60세 이상)의 사람으로서 월 1일 이상 15일 이하 단기간의 보호가 필요한 사람
③ 서비스 내용
1) 신체활동지원, 기능 회복 훈련, 그 밖의 일상생활에 필요한 편의를 제공하는 서비스
2) 그 밖에 노인요양시설 또는 노인요양공동생활가정의 사업에 준하는 서비스

3-5-6. 방문 목욕 서비스

① 목욕장비를 갖추고 재가 치매 노인을 방문하여 목욕서비스를 제공합니다.
② 이용 대상자
1) 장기요양급여수급자(1-5등급)
2) 심신이 허약하거나 장애가 있는 65세 이상(이용자로부터 이용비용의 전부를 수납 받아 운영하는 시설의 경우에는 60세 이상)의 사람으로서 가정에서 목욕이 필요한 사람
③ 서비스 내용
목욕준비, 입욕 시 이동보조, 몸 씻기, 머리 말리기, 옷 갈아입히기 등이며, 목욕 후 주변 정리까지를 포함

3-5-7. 그 밖의 재가급여 서비스

① 몸이 불편한 치매 노인의 일상생활·신체활동 지원에 필요한 용구를 제공하거나 가정을 방문하여 재활에 관한 지원 등을 제공하는 장기요양급여로서 「복지용구 급여범위 및 급여기준 등에 관한 고시」에서 정하는 것을 제공하거나 대여해 주는 서비스입니다.
② 이용 대상자
1) 장기요양급여수급자
2) 심신이 허약하거나 장애가 있는 65세 이상(이용자로부터 이용비용의

전부를 수납 받아 운영하는 시설의 경우에는 60세 이상)의 사람

③ 서비스 내용

연간 160만원의 범위 안에서 복지용구를 직접 사거나 대여 받을 수 있습니다.

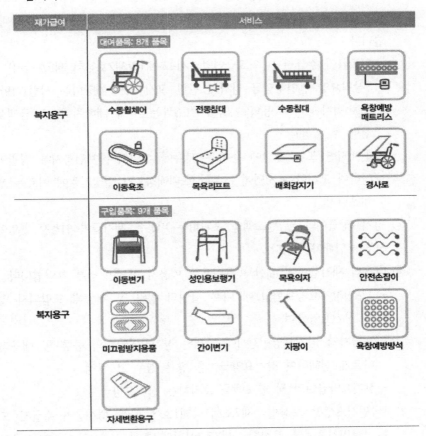

재가급여	서비스
복지용구	**대여품목: 8개 품목** 수동휠체어 / 전동침대 / 수동침대 / 욕창예방매트리스 이동욕조 / 목욕리프트 / 배회감지기 / 경사로
복지용구	**구입품목: 9개 품목** 이동변기 / 성인용보행기 / 목욕의자 / 안전손잡이 미끄럼방지용품 / 간이변기 / 지팡이 / 욕창예방방석 자세변환용구

3-5-8. 재가노인복지시설 이용비용 지원

① 재가노인복지시설의 이용비용은 다음과 같이 지원합니다.

  1) 장기요양급여수급자의 이용비용은 다음과 같습니다.

  ㉠ 이용비용의 일부는 재가급여 이용자가 부담해야 합니다.

   재가급여의 경우 장기요양급여비용 중 15%를 수급자 본인이 부담해

야 합니다(「노인장기요양보험법」제40조제1항 본문). 다만, 수급자 중 「의료급여법」제3조제1항제1호에 따른 수급자는 이용비용을 부담하지 않습니다(「노인장기요양보험법」제40조제1항 단서).

ⓒ 다음의 어느 하나에 해당하는 사람에 대해서는 본인일부 부담금의 60%의 범위에서 보건복지부장관이 정하는 바에 따라 차등하여 감경할 수 있습니다.

- 의료급여 수급권자(「의료급여법」제3조제1항제2호부터 제9호까지)
- 「장기요양 본인부담금 감경에 관한 고시」에서 해당하는 사람(다만, 도서·벽지·농어촌 등의 지역에 거주하는 자에 대하여 따로 금액을 정할 수 있음).
- 천재지변 또는 재난에 준하는 사유에 해당되어 보건복지부 장관이 정하여 고시하는 지역에 거주하고 피해정도가 일정기준에 이르는 생계곤란자

ⓒ 장기요양급여의 월 한도액을 초과하는 비용은 재가급여 이용자 본인이 전부 부담해야 합니다.

ⓐ 다음의 재가급여에 대한 이용비용은 이용자 본인이 전부 부담합니다.

- 「노인장기요양보험법」에 따른 급여의 범위 및 대상에 포함되지 않는 장기요양급여
- 수급자가 장기요양인정서에 기재된 장기요양급여의 종류 및 내용과 다르게 선택하여 장기요양급여를 받은 경우 그 차액
- 장기요양급여의 월 한도액을 초과하는 장기요양급여

2) 「국민기초생활 보장법」제7조제1항제1호에 따른 생계급여 수급자 또는 「국민기초생활 보장법」제7조제1항제3호에 따른 의료급여 수급자로서 65세 이상의 사람 및 부양의무자로부터 적절한 부양을 받지 못하는 65세 이상의 사람은 국가 및 지방자치단체가 비용을 전액 부담합니다.

3) 위 1.과 2.를 제외한 사람은 이용자 본인이 전액 부담합니다.

■ 장기요양급여를 현금으로 직접 받는 건가요?

Q 장기요양급여 수급자로 선정되면 장기요양급여를 현금으로 직접 받는 건가요?

A 장기요양급여 수급자는 재가 장기요양기관과 계약을 체결하고 장기요양급여를 이용할 수 있습니다. 이때, 장기요양급여는 수급자가 이용한 장기요양기관이 공단에 장기요양급여비용을 청구하면 이를 심사하여 장기요양에 사용된 비용 중 공단부담금(재가 급여비용 중 본인일부부담금을 공제한 금액을 말함)을 해당 장기요양기관으로 직접 지급하기 때문에 수급자가 장기요양급여를 직접 지급받은 경우는 가족요양비에 한합니다.

Q 치매로 거동이 힘드신 시어머니를 위해 방문 목욕 서비스를 이용하고 싶은데 지원받을 수 있는 방법이 있나요?

A 장기요양인정 신청을 하여 장기요양등급을 받은 후, 방문목욕 서비스를 받아보실 수 있습니다. 장기요양등급에 해당되지 않는 경우에도 자부담으로 방문 목욕 서비스를 이용할 수 있습니다.

◇ 장기요양급여란?
①고령이나 노인성 질병 등의 사유로 6개월 이상 동안 혼자서 일상생활을 수행하기 어렵다고 인정되는 노인 등에게 신체활동·가사활동의 지원 또는 간병 등의 서비스나 이에 갈음하여 지급하는 현금 등을 말합니다.
②장기요양급여를 받을 수 있는 사람은 65세 이상의 노인 또는 65세 미만의 사람으로서 치매·뇌혈관성질환 등 노인성 질병을 가진 사람을 말합니다.

◇장기요양급여의 종류
①장기요양급여에는 재가급여, 시설급여, 특별현금급여가 있습니다.
②특히, 재가급여의 종류는 방문요양, 방문목욕, 방문간호, 주·야간보호, 단기보호 등이 있습니다.

◇방문 목욕 서비스
①목욕장비를 갖추고 재가 치매 노인을 방문하여 목욕서비스를 제공합니다.
②이용 대상자
·장기요양급여수급자(1 ~ 5등급)
·심신이 허약하거나 장애가 있는 65세 이상(이용자로부터 이용비

용의 전부를 수납 받아 운영하는 시설의 경우에는 60세 이상)의
사람으로서 가정에서 목욕이 필요한 사람
③서비스 내용
· 목욕준비, 입욕 시 이동보조, 몸 씻기, 머리 말리기, 옷 갈아입히
  기 등이며, 목욕 후 주변 정리까지를 포함

3-6. 가족요양비를 지원해드려요.

3-6-1. 가족요양비 지원

① 국민건강보험공단(이하 '공단'이라 함)은 다음의 어느 하나에 해당하는 치매 노인의 가족 등으로부터 방문요양에 상당한 장기요양급여를 받은 경우 해당 수급자에게 가족요양비를 지급할 수 있습니다.

1) 섬·벽지 등 장기요양기관이 현저히 부족한 지역으로서 「가족요양비 지급 및 의사소견서 제출 제외대상 섬·벽지지역 고시」에 따른 지역에 거주하는 사람

2) 천재지변이나 그 밖에 이와 유사한 사유로 인하여 장기요양기관이 제공하는 장기요양급여를 이용하기가 어렵다고 보건복지부장관이 인정하는 사람

3) 신체·정신 또는 성격 등 다음의 어느 하나에 해당하는 사유로 인해 가족 등으로부터 장기요양을 받아야 하는 사람

 - 「감염병의 예방 및 관리에 관한 법률」에 따른 감염병환자로서 감염의 위험성이 있는 경우

 - 「장애인복지법」 제32조에 따라 등록한 장애인 중 「노인장기요양보험법 시행령」 별표 1에 따른 정신장애인인 경우

 - 신체적 변형 등의 사유로 대인과의 접촉을 기피하는 경우

② "장기요양급여"란 고령이나 노인성 질병 등의 사유로 6개월 이상 동안 혼자서 일상생활을 수행하기 어렵다고 인정되는 노인 등에게 신체활동·가사활동의 지원 또는 간병 등의 서비스나 이에 갈음하여 지급하는 현금 등을 말합니다(「노인장기요양보험법」 제2조제2호).

3-6-2. 가족요양비 지원 금액

가족요양비는 장기요양등급에 관계없이 월 150,000원을 지급합니다.

3-6-3. 가족요양비 신청 방법

① 가족요양비를 지급받으려는 사람은 가족요양비 지급신청서를 공단이 「

노인장기요양보험법」 제15조제1항에 따라 등급판정위원회에 자료를 제출하기 전까지 공단에 제출해야 합니다.

② 위의 경우 다음의 어느 하나에 해당하는 사람은 해당 증명서류를 첨부하여 제출해야 합니다.

　1) 「감염병의 예방 및 관리에 관한 법률」에 따른 감염병환자로서 감염의 위험성이 있는 사람 : 진단서 등 이를 증명할 수 있는 서류

　2) 「장애인복지법」 제32조에 따라 등록한 장애인 중 같은 법 시행령 별표 1에 따른 정신장애인 : 장애인등록증

　3) 신체적 변형 등의 사유로 대인과의 접촉을 기피하는 자: 진단서 등 이를 증명할 수 있는 서류

3-7. 노인돌봄종합서비스를 이용하세요.

3-7-1. 노인돌봄종합서비스란?

"노인돌봄종합서비스"란 혼자 힘으로 일상생활을 영위하기 어려운 노인에게 가사·활동지원 또는 주간보호서비스를 제공하여 안정된 노후생활 보장 및 가족의 사회·경제적 활동기반을 조성하기 위한 보건복지서비스를 말합니다.

■ 장기요양등급을 받지 못하면 어떻게 하나요?

Q 저희 아버지께서는 치매로 혼자 일상적인 생활을 할 수 없는 상태인데요. 장기요양인정을 신청했지만 등급판정을 받지 못했어요. 앞으로 아버지를 어떻게 모셔야 할지 막막해요.

A 장기요양수급자에 선정되지는 못했지만 일상적인 생활에 어려움이 있는 사람들이 많습니다. 그래서 정부에서는 장기요양등급 제외자 중 등급 외 A 또는 등급 외 B를 받은 사람들에게 장기요양급여를 대신하여 관련 서비스를 제공하는 "노인돌봄종합서비스"를 시행하고 있습니다. 장기요양등급을 받지 못했더라도 노인돌봄종합서비스를 신청하여 도움의 손길을 받아보세요.

3-7-2. 서비스 대상자

① 65세 이상으로 다음에 해당하는 노인은 노인돌봄종합서비스를 받을 수 있습니다.

 1) 노인장기요양등급 외 판정자

 - 노인장기요양 등급 외 A, B

 - 가구 소득이 기준 중위소득 160% 이하

 2) 시·군·구청장이 인정하는 사람

 - 장애 1 ~ 3등급 또는 중증질환자

 - 차상위계층 이하

② '차상위계층'이란 수급권자(「국민기초생활 보장법 」 제14조의2에 따라 수급권자로 보는 자를 제외)에 해당하지 않는 계층으로서 소득인정액이 기준 중위소득의 100분의 50 이하인 사람을 말합니다.

③ 다만, 다음의 어느 하나에 해당하는 사람은 노인돌봄종합서비스 대상자에서 제외됩니다.

 1) 연령, 소득기준, 건강상태(장기요양등급 외 A, B, 골절 및 중증질환 수술 등)기준에 적합하지 않은 사람

 2) 재가서비스사업의 대상이 아닌 사람

 - 의료기관에 입원 중인 노인

 - 「국민기초생활보장법」 제32조에 따른 보장시설 입소자

 3) 국고사업에 의해 동일한 또는 유사한 재가서비스를 받고 있는 사람

 - 자활근로에 의한 간병서비스

 - 노인돌봄기본서비스

 - 「노인복지법」에 따른 방문요양 서비스와 「노인복지법 시행규칙」에 따른 재가노인지원 서비스

 - 노인장기요양보험(저소득층본인일부부담금지원, 특별현금급여, 재가급여, 시설급여)

 - 장애인 활동지원 서비스(활동보조 서비스)

 - 국가보훈처 복지도우미

- 그 밖에 정부부처·지방자치단체에서 시행하는 사회서비스 일자리사업
  의 가사간병서비스 등 이에 준하는 재가서비스
4) 제공인력의 관계가 친인척인 사람(배우자, 직계 혈족 및 형제·자매, 직
  계 혈족의 배우자, 동거자)

3-7-3. 서비스 내용
① 노인돌봄종합서비스에서 제공하고 있는 서비스의 종류는 다음과 같습니다.
  1) 방문서비스(월 27시간 또는 월 36시간)
  - 신변·활동지원 :식사도움, 세면도움, 옷 갈아입히기, 구강관리, 신체기
    능의 유지, 화장실 이용 도움, 외출 동행, 목욕보조 등
  - 가사·일상생활지원 : 취사, 생활필수품 구매, 청소·세탁 등
  2) 주간보호서비스(월 9일 또는 월 12일)
  - 기능회복, 급식 및 목욕, 송영서비스

3-7-4. 바우처 지원액 사용
① 서비스 대상자는 방문·주간보호서비스의 경우는 27시간 또는 36시간에 해
  당되는 만큼의 바우처를 지원하고, 단기가사서비스의 경우에는 월 24시간
  또는 48시간에 해당되는 만큼의 바우처 지원액을 사용할 수 있습니다.
② 그리고 바우처 지원액을 사용하기 위해서는 매월 일정액의 본인부담금을
  납부해야 합니다.

3-8. 노인돌봄종합서비스를 신청하세요.
3-8-1. 신청자격
서비스를 필요로 하는 본인, 가족 또는 그 밖의 관계인이 신청하거나 사회
복지담당공무원이 직권으로 신청할 수 있습니다.

3-8-2. 제출서류

서비스를 신청하려는 사람은 다음의 서류를 서비스 대상자의 주민등록상 주
소지 읍·면·동 주민센터에 제출해야 합니다.

1) 사회보장급여(사회서비스 이용권) 신청(변경)서

2) 개인정보 수집·이용 및 제3자 제공 동의서

3) 서비스 대상자의 건강보험증 사본(해당자에 한함)

4) 가구원의 소득 증명자료(해당자에 한함) : 주민등록표 세대원의 소득
   증명자료

3-8-3. 대상자 선정 통지

신청인은 시·군·구 담당자가 신청일로부터 20일 이내에 서비스 대상자를 선
정하면 그 결과를 통지받고 서비스 이용방법을 안내받습니다.

3-9. 노인돌봄종합서비스 이용 방법

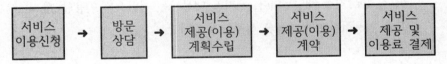

① 서비스 이용 신청

　서비스 대상자는 노인돌봄종합서비스이용 안내문 또는 <보건복지부, 사
회서비스 전자바우처 홈페이지 등을 참고하여 서비스 제공기관을 선택하
고, 해당기관에 유선 또는 방문하여 서비스 이용을 신청합니다.

② 방문 상담

　서비스 제공기관의 담당자가 서비스 제공 계획수립에 필요한 기본 사항
을 파악하기 위해 서비스 대상자의 가정을 방문하여 상담을 합니다.

③ 서비스 제공(이용)계획 수립

　서비스 제공기관의 담당자는 서비스 이용자 및 그 가족의 희망, 본인의
기능상태 및 생활상의 문제 등을 종합적으로 고려한 후 이용자에게 제
공할 적절한 서비스 내용, 횟수, 일정, 금액 등 구체적인 서비스 실시방

안을 포함한 서비스제공계획서를 작성합니다.

④ 서비스 제공(이용) 계약

서비스 이용자는 서비스를 이용하기 위해 서비스 제공기관과 서비스 제공내용, 계약기간, 서비스 비용 및 지급방법 등에 관한 내용을 정하여 계약을 체결합니다.

⑤ 서비스 제공 및 이용료 결제

서비스 제공기관은 서비스 제공계획에 따라 해당 일자에 서비스 대상자의 가정을 방문하여 서비스를 제공하고, 서비스 이용자는 서비스 개시와 종료시점에 휴대용 단말기를 통해 바우처 카드를 이용하여 서비스 이용료를 결제합니다.

⑥ "바우처"는 이용 가능한 서비스의 금액이나 수량이 기재된 이용권을 말하는데요. 정부가 지불을 보증하는 이용권으로서, 보건복지서비스를 구입할 수 있도록 제공된 소득지원의 한 형태입니다.

⑦ 서비스 대상자가 되면 대상자가 사용할 수 있는 바우처 카드가 제작되어 집으로 직접 배달됩니다. 서비스 대상자는 서비스를 이용할 때 이 카드를 이용하여 이용대금을 결제하면 됩니다.

Q 시설급여나 재가급여를 이용하지 못하는 치매 노인을 위
한 서비스는 없나요?

A 장기요양수급자에 선정되지 못해 시설급여나 재가급여를 지원 받지
못하는 분들을 대상으로 장기요양급여를 대신하여 관련 서비스를
제공하는 "노인돌봄종합서비스"를 시행하고 있습니다. 장기요양등
급을 받지 못했더라도 노인돌봄종합서비스를 신청하여 도움을 받
을 수 있습니다.

◇노인돌봄종합서비스란?
"노인돌봄종합서비스"란 혼자 힘으로 일상생활을 영위하기 어려
운 노인에게 가사·활동지원 또는 주간보호서비스를 제공하여
안정된 노후생활 보장 및 가족의 사회·경제적 활동기반을 조성
하기 위한 보건복지서비스를 말합니다.

◇서비스 대상자
65세 이상으로 다음에 해당하는 노인은 노인돌봄종합서비스를
받을 수 있습니다.
〈노인장기요양등급 외 판정자〉
- 노인장기요양 등급 외 A, B
- 가구 소득이 기준 중위소득의 160% 이하
〈시·군·구청장이 인정하는 사람〉
- 장애 1 ~ 3등급 또는 중증질환자
- 차상위계층 이하

◇서비스 이용
노인돌봄종합서비스 대상자는 방문서비스의 경우는 27시간 또는

36시간, 주간보호서비스의 경우는 9일 또는 12일에 해당되는 만큼의 바우처 지원액을 사용할 수 있고, 이를 사용하기 위해서는 매월 일정액의 본인부담금을 내야 합니다.

◇서비스 신청 방법
서비스를 신청하려는 사람은 다음의 서류를 서비스 대상자의 주민등록상 주소지 읍·면·동 주민센터에 제출해야 합니다.
· 사회보장급여(사회서비스 이용권) 신청(변경)서
· 개인정보 수집·이용 및 제3자 제공 동의서
· 서비스 대상자의 건강보험증 사본(해당자에 한함)
· 가구원의 소득 증명자료(해당자에 한함)
· 주민등록표 세대원의 소득증명자료

4. 치매노인의 보호

4-1. 치매 노인의 실종 시 신고의무

① 누구든지 정당한 사유 없이 사고 또는 치매 등의 사유로 인하여 보호자
로부터 이탈된 노인(이하 '실종노인'이라 함)을 경찰관서 또는 지방자치
단체의 장에게 신고하지 않고 보호해서는 안 됩니다(「노인복지법」 제39
조의10제1항).

② 이를 위반하여 정당한 사유 없이 신고하지 않고 실종노인을 보호한 사
람은 3년 이하의 징역 또는 3천만원 이하의 벌금에 처해집니다(「노인복
지법」 제55조의4제1의2호).

4-2. 신상카드의 제출

① 「노인복지법」 제31조에 따른 노인복지시설(「사회복지사업법」 제2조제3호
에 따른 사회복지시설 및 사회복지시설에 준하는 시설로서 인가·신고 등
을 하지 않고 노인을 보호하는 시설을 포함. 이하 '보호시설'이라 함)의
장 또는 그 종사자는 그 직무를 수행하면서 실종노인임을 알게 된 때에
는 지체 없이 신상카드를 작성하여 지방자치단체의 장과 실종노인의 데
이터베이스 구축·운영업무를 수행하는 기관의 장에게 제출해야 합니다.

② 노인복지시설의 장 또는 종사자가 직무를 수행하면서 실종노인임을 알고
신상카드를 제출하지 않은 경우에는 75만원 이하의 과태료가 부과됩니다.

③ 경찰청장은 실종노인의 조속한 발견과 복귀를 위해 다음의 사항을 시행
해야 합니다.

1) 실종노인에 대한 신고체계의 구축 및 운영

2) 그 밖에 실종노인의 발견과 복귀를 위해 필요한 사항

4-3. 실종 치매 노인을 찾기 위한 조사

① 경찰청장, 시·도지사 또는 시장·군수·구청장은 실종노인의 발견을 위해
필요한 때에는 보호시설의 장 또는 그 종사자에게 필요한 보고 또는 자
료제출을 명하거나 소속 공무원으로 하여금 보호시설에 출입하여 관계

인 또는 노인에 대하여 필요한 조사 또는 질문을 하게 할 수 있습니다
(「노인복지법」제39조의11제2항).
② 위계 또는 위력을 행사하여 관계 공무원의 출입 또는 조사를 거부하거
나 방해한 사람은 3년 이하의 징역 또는 3천만원 이하의 벌금에 처해집
니다(「노인복지법」제55조의4제2호).
③ 위에 따른 명령을 위반하여 보고 또는 자료제출을 하지 않거나 거짓으
로 보고하거나 거짓 자료를 제출한 경우에는 450만원 이하의 과태료가
부과됩니다.

4-4. 치매로 실종이 염려되는 노인은 인식표를 발급받으세요.

4-4-1. 인식표 배부 사업

① 치매 등으로 인해 실종이 염려되는 노인을 돌보는 가족 또는 본인은 '배
회가능 어르신 인식표'를 무료로 발급받을 수 있습니다.
② 인식표는 어떻게 생겼나요?

1) 인식표에는 어르신의 성명, 주소, 보호자 연락처 등을 코드화하여 고유
번호를 부여하고 실종노인상담지원센터(031-628-6733)에 정보를 보관
하게 됩니다.
2) 특수재질의 천에 일련번호와 실종노인 발견 시 신고를 위한 관련기관
전화번호(경찰청 실종아동찾기 센터 ☎182, 보건복지부 콜센터 ☎129)
를 인쇄하여 인식표를 제작하고, 배회가능 어르신의 의류에 가정용 다

리미를 사용하여 간편하게 부착할 수 있도록 제작되었습니다.

3) 계절별로 외투, 속옷 등에 부착할 수 있도록 1인당 24개 한 세트로
제작하여 배포합니다.

4-4-2. 인식표 발급 신청

① 인식표를 배부 받고자 하는 사람은 살고 있는 지역의 보건소나 치매지
원센터(서울의 경우에 한함)에 '배회가능 어르신 인식표 신청서'를 제출
하여 신청합니다.

② 신청을 받은 보건소·치매지원센터는 실종노인상담지원센터에 인식표 발급
을 의뢰하고, 제작이 완료된 인식표는 다시 보건소·치매지원센터로 발송
되어 신청인에게 배부됩니다.

4-5. 치매로 실종이 염려되는 노인을 위한 지문등사전등록제도

① 치매 노인 지문 등 사전등록제
지문 등 사전등록제는 치매 노인이 길을 잃었을 경우를 대비하여, 경찰
시스템에 지문, 얼굴, 사진, 보호자의 연락처 등 정보를 미리 등록해 놓
고, 실종시 등록된 자료를 활용하여 신속히 찾아주는 제도입니다.

② 사전 등록 방법
보호자가 인터넷(안전Dream, www.safe182.go.kr)에서 직접 등록하거
나, 관할 지역 경찰관서에 치매환자를 모시고 직접 방문해 언제든지 등
록할 수 있습니다.

■ 사전등록한 정보를 활용해 어떻게 치매환자를 찾나요?

Q 사전등록한 정보를 활용해 어떻게 치매환자를 찾나요?

A 길을 잃거나 보호자가 확인되지 않는 치매환자를 경찰에서 보호 시, 이전에는 보호자의 실종 신고가 있어야 신원을 확인할 수 있었지만, 지문 등 사전등록제도의 도입으로 실종 신고가 없더라도 사전등록된 정보와 지문 매칭, 사진(얼굴) 유사도 검색 등 첨단 기술을 활용해 신원확인을 할 수 있습니다.

4-6. 배회감지기(GPS)를 신청하세요

4-6-1. 배회감지기(GPS)란?

"배회감지기(GPS)"란 위치추적장치(GPS)가 탑재되어 있어 치매 노인이 보호자를 이탈한 경우 보호자가 5분 단위로 노인의 위치를 실시간 조회할 수 있고, 보호자가 설정해놓은 안심지역 3곳을 이탈할 경우 가족에게 알림 메시지를 전송하여 미연에 사고를 방지할 수 있는 장치를 말합니다.

4-6-2. 이용 대상자

① 노인장기요양서비스 재가급여 수급자로서, 치매증상이 있거나 배회 등 문제행동을 보이는 노인이 이용할 수 있습니다.

② 다음의 치매 노인은 배회감지기를 신청할 수 없습니다.

  1) 완전와상으로 스스로 전혀 움직이지 못하는 상태

  2) 길 잃기 등 문제 행동을 보이지 않는 상태

  3) 장기요양시설 입소 노인

4-6-3. 이용 방법

① 배회감지기는 수급자나 가족이 장기요양급여 인정서와 복지용구 급여확인서를 가지고 복지용구사업소에 방문하여 신청 가능합니다.

② 기기의 종류는 목에 걸고 다닐 수 있을 정도로 가볍고 작은 사이즈의 목걸이형과 침대 아래나 출입구에 설치해 밟고 지나가면 신호를 보내주는 매트형이 있습니다.

③ 일반대상자는 15%, 경감대상자는 7.5%의 본인부담금이 있고, 기초생활수급자는 본인부담금 없이 이용 가능합니다.

Q 아버지가 치매에 걸리셨는데 실종될까봐 걱정입니다. 실종을 예방할 수 있는 방법이나 실종된 노인을 찾기 위한 서비스가 있나요?

A 실종 치매 노인의 조속한 발견과 복귀를 위해 실종노인상담지원센터를 중심으로 협력체계를 구축하여 실종노인 발견을 위한 수색 및 수사, 인식표 배부, 사전지문등록제도 등의 서비스를 제공하고 있습니다.

◇인식표 발급
①치매 등으로 인해 실종이 염려되는 노인을 돌보는 가족 또는 본인은 '배회가능 어르신 인식표'를 무료로 발급받을 수 있습니다.
②인식표 발급 신청
- 인식표를 배부 받고자 하는 사람은 살고 있는 지역의 보건소나 치매지원센터(서울의 경우에 한함)에 '배회가능 어르신 인식표 신청서'를 제출하여 신청합니다.
- 신청을 받은 보건소·치매지원센터는 실종노인상담지원센터에 인식표 발급을 의뢰하고, 제작이 완료된 인식표는 다시 보건소·치매지원센터로 발송되어 신청인에게 배부됩니다.

◇치매 노인 지문 등 사전등록제
①지문 등 사전등록제는 치매 노인의 실종을 예방하고 실종 시 신속히 찾기 위해 경찰에 미리 치매환자의 지문, 사진, 이름, 연락처 등을 등록해 놓는 제도입니다.
②등록 방법
보호자가 인터넷(안전Dream, www.safe182.go.kr)에서 직접 등록하거나, 관할 지역 경찰관서에 치매환자를 모시고 직접 방문해 언제든지 등록할 수 있습니다.

◇배회감지기(GPS)

① "배회감지기(GPS)"란 위치추적장치(GPS)가 탑재되어 있어 치매 노인이 보호자를 이탈한 경우 보호자가 5분 단위로 노인의 위치를 실시간 조회할 수 있고, 보호자가 설정해놓은 안심지역 3곳을 이탈할 경우 가족에게 알림 메시지를 전송하여 미연에 사고를 방지할 수 있는 장치를 말합니다.

② 이용 대상자 및 신청 방법

- 노인장기요양서비스 재가급여 수급자로서, 치매증상이 있거나 배회 등 문제행동을 보이는 노인이 이용할 수 있습니다.
- 배회감지기는 수급자나 가족이 장기요양급여 인정서와 복지용구 급여확인서를 가지고 복지용구사업소에 방문하여 신청 가능합니다.

■ **지문등록을 하면 집을 나가거나 길을 잃어버릴 경우 찾기가 쉽다고 하는데 등록방법을 알고 싶습니다.**

Q 가족 중에 치매를 앓고 있으신 부모님이 계신데 경찰에서 지문등록을 하면 집을 나가거나 길을 잃어버릴 경우 찾기가 쉽다고 하는데 등록방법을 알고 싶습니다.

A 먼저 경찰에 대한 관심과 애정을 가지고 국민신문고를 방문해 주신 것에 대해 감사드리며 문의하신 내용에 대해 안내해 드리겠습니다.

①지문등록은 치매 어르신이나 아동(18세미만), 지적장애인 등이 사전 지문등록을 해 두시면 길을 잃거나 실종자를 발견했을 때 신속하게 가족을 찾을 수 있도록 2012년 7월부터 '사전지문등록제'를 시행하고 있습니다.

②지문등록 방법은 등록하시려는 어르신의 신분을 확인할 증명서류를 준비하시고, 대리인(가족)이 동행시에는 가족관계증명서, 대리인 및 신청대상자 신분증, 증명할수 있는 서류를 가지고 가까운 지구대(파출소)나 경찰서를 방문하시면 바로 지문등록이 가능합니다.

③또한 사전지문등록률을 보면 아동의 경우는 86%로 높은 반면 치매 어르신이나 지적장애인 등의 등록률은 13%로 아직도 상당히 낮은 편으로 경찰에서는 각종 홍보와 함께 마을 경로당 방문 등 많은 분들이 참여할 수 있도록 지문등록을 안내하고 있습니다. 또한 지난 해 부터는 사전등록서비스를 전국 256개 보건소 내 치매안심센터에서도 가능하도록 확대 되었습니다.

■ 치매 어르신을 위한 복지용구 품목은 어떤 것이 있나요?

Q 치매 어르신을 위한 복지용구 품목은 어떤 것이 있나요?

A ①외출 후 길을 잃는 어르신들을 위한 배회감지기가 있습니다. 배회감지기는 치매 증상이 있는 어르신의 위치를 GPS와 통신을 이용하여 가족이나 보호자에게 알려주는 서비스로 GPS형과 매트형이 있습니다.

②GPS형은 수급자의 위치를 보호자의 휴대폰으로 전송하여 어르신의 위치를 확인할 수 있습니다.

③매트형은 수급자가 거주하는 집안에 설치하여 수급자가 매트 위를 지나갈 때 수신기에서 소리가 나는 형태로 수급자가 집밖 혹은 방 밖으로 나가는 것을 보호자가 인지할 수 있도록 도와줍니다.

4-7. 성년후견제도를 아시나요?

4-7-1. 성년후견제도란?

"성년후견제도"란 치매 등으로 인해 사무처리 능력에 도움이 필요한 성인에게 가정법원의 결정 또는 후견계약으로 선임된 후견인이 재산관리 및 일상생활에 관한 폭넓은 보호와 지원을 제공하기 위한 제도입니다(「민법」 제9조 참조).

4-7-2. 성년후견의 종류

① 성년후견

"성년후견"은 치매 등의 사유로 인한 정신적 제약으로 사무를 처리할 능력이 지속적으로 결여된 성인이 가정법원의 후견개시심판으로 선임된 후견인의 지원을 통해 보호를 받는 제도입니다(「민법」 제9조 참조).

※ 어떤 사례에 성년후견제도가 적용될 수 있을까요?

"재산관리·요양원 입소가 필요한 치매 노인"

고령남씨(가명, 85세. 치매)는 몇 년 전 병원에서 치매 판정을 받았습니다. 그 동안은 큰아들이 보살펴 왔으나 병세가 심해져 이제는 전문요양원에서 돌봐야 할 상황이 되었습니다. 요양원 비용을 위해 고령남씨 명의로 된 부동산을 처분하는 등 그를 대신해 재산관리를 해줄 사람이 필요합니다.

② 한정후견

"한정후견"은 치매 등의 사유로 인한 정신적 제약으로 사무를 처리할 능력이 부족한 성인이 가정법원의 후견개시심판으로 선임된 후견인의 지원을 통해 보호를 받는 제도입니다(「민법」 제12조 참조).

※ 어떤 사례에 한정후견제도가 적용될 수 있을까요?

"어렵고 복잡한 일은 처리하기 어려운 초기 치매"

초기 치매인 나도움 씨는 자신의 신변처리나 식사, 외출 등 일상생활을 하는 데는 무리가 없지만, 은행 업무를 보거나 부동산계약 등 법률적인 문제를 처리하는 데는 어려움을 겪고 있습니다. 나 씨는 복잡

하고 어려운 일을 대신 처리해주거나 도와줄 사람이 필요합니다.

③ 특정후견

"특정후견"은 치매 등의 사유로 인한 정신적 제약으로 일시적 후원 또는 특정한 사무에 관한 후원이 필요한 성인이 가정법원의 후견개시심판으로 선임된 후견인의 지원을 통해 보호를 받는 제도입니다(「민법」 제14조의2 참조).

※ 어떤 사례에 특정후견제도가 적용될 수 있을까요?

"딸이 없는 한 달 동안만 도움을 받고 싶은 치매 노인"

외국인 회사에 다니는 외동딸과 살고 있는 필요녀씨(76세)는 치매로 인해 기억력과 판단력이 많이 떨어진 상태입니다. 최근 외동딸이 한 달 동안 외국 출장을 가게 되어 가사도우미를 고용했으나, 필요녀 씨를 도와 도우미 관리 등 일상 사무를 처리해줄 사람이 필요합니다.

④ 임의후견

"임의후견"은 치매 등의 사유로 인한 정신적 제약으로 사무를 처리할 능력이 부족한 상황에 있거나 부족하게 될 상황에 대비하여 스스로 후견계약을 체결하여 자신의 재산관리 및 신상보호에 관한 사무의 전부 또는 일부를 후견인에게 위탁하고 그 위탁사무에 관하여 대리권을 수여하는 것을 내용으로 하는 제도입니다(「민법」 제959조의14 참조).

※ 어떤 사례에 임의후견제도가 적용될 수 있을까요?

"미리 후견인을 지정해 두고 싶은 분"

최근 치매판정을 받은 형의 자녀들이 재산분쟁에만 골몰하는 것을 본 대비남씨(60세). 정신이 온전한 지금 미리 후견인을 지정해 두려고 합니다. 그러면 나중에 치매에 이르더라도 자신의 의사대로 재산관리를 할 수 있고, 자녀들의 분쟁도 막을 수 있을 것 같습니다.

4-7-3. 성년후견제도, 이렇게 이용하세요!

※ 성년후견 심판 청구 절차

성년후견 심판청구	청구권자	가정법원	후견인 선임	후견 사무
성년 후견	본인, 배우자, 4촌 이내의 친족, 후견인 등, 검사 또는 지방자치단체의 장	1. 후견개시심판 청구 등 검토 2. 관계인 진술 청취 및 사건 본인 심문(의사확인)	성년 후견인	성년후견인은 피성년후견인의 법률행위를 대리하고, 피성년후견인의 법률행위를 취소 ※ 일용품 구입 등 일상생활에 필요하고 대가가 과도하지 않은 법률행위는 취소 불가
한정 후견	본인, 배우자, 4촌 이내의 친족, 후견인 등, 검사 또는 지방자치단체의 장	3. 피후견인 정신감정(성년후견·한정후견은 정신감정 특정후견은 의견 청취)	한정 후견인	가정법원에서 정한 범위의 법률행위를 대리하거나, 가정법원이 정한 범위에서 후견인의 동의를 받지 않은 피후견인의 법률행위를 취소
특정 후견	본인, 배우자, 4촌 이내의 친족, 미성년후견인 등, 검사 또는 지방자치단체의 장	4. 심판결과를 청구인과 후견인에게 발송 5. 후견등기	특정 후견인	일정 기간 또는 특정한 사무를 후원 또는 대리
임의 후견	본인, 배우자, 4촌 이내의 친족, 임의후견인 , 검사 또는 지방자치단체의 장	가정법원	임의후견감독인 → 임의후견인 (후견계약을 통해 정해둔 후견인)	후견계약을 통해 미리 정해둔 재산관리 및 신상보호업무 등 법률행위를 대리

4-7-4. 누가 후견인이 될 수 있나요?

가족 친족, 친구, 이웃	+	전문가 법무사, 변호사, 세무사, 사회복지사	+	일반시민	+	법인

4-7-5. 후견인은 무슨 일을 하나요?

재산 관리	·부동산의 관리·보존·처분 ·예금 및 보험 등의 관리 ·정기적 수입 및 지출에 관한 관리 ·물품의 구입·판매, 서비스 이용계약 체결·변경 ·종료 ·유체동산, 증서 및 중요문서의 보관 및 관리 ·공법상의 행위 (세무신고 등) ·상속의 승인, 한정승인 또는 포기 및 상속재산의 분할에 관한 협의
신상 보호	·의료행위 : 치료, 입원, 수술 등 의료행위 ·주거관련 행위 : 주거 공간 마련·변경·처분, 시설입소·퇴소 등 ·사회복지 서비스 이용 : 복지급여 신청, 복지급여 수령 및 관리, 복지서비스 이용 등 ·사회적 관계 관리 : 교육, 재활, 취업 등 ·그 밖에 일상생활 지원

※다만, 후견의 종류와 후견인의 권한범위에 따라 위의 내용이 변경될 수 있습니다.

4-7-6. 어디로 문의하면 되나요?

① 신청기관

　1) 가정법원

　2) 가정법원이 설치되지 않은 지역은 각 지역 지방법원

② 문의전화

　1) 가정법원 및 지역 지방법원

　2) 치매상담콜센터 ☎ 1899 - 9988로 문의하세요.

Q 어머니께서 최근 치매증상을 보이시고 필요 없는 물건들을 사 모으십니다. 이러다 집까지 처분하실까 걱정되어 성년후견제도를 이용해보려는데 종류가 다양하더군요. 제 상황에 맞는 성년후견제도를 선택하려면 어떤 사항을 고려해야 할까요?

A ①성년후견제도는 후견인 선임방법과 후견인의 권한범위에 따라 성년후견, 한정후견, 특정후견 및 임의후견제도로 구분됩니다.

②성년후견제도를 이용하려는 사람이라면 피후견인의 법적 자격이나 행위능력 제한정도, 후견종료가 쉬운지 여부, 매번 후견개시절차를 밟을 것인지 여부, 후견계약의 경우 그 유효성에 대한 분쟁발생 가능성이 있다는 점 등 여러 사항을 고려하여 자신의 상황에 적합한 종류의 성년후견을 선택하는 것이 좋습니다.

◇성년후견 종류 선택 시 유의사항

①성년후견제도는 후견인 선임방법과 후견인의 권한범위에 따라 성년후견, 한정후견, 특정후견 및 임의후견제도로 구분됩니다.

②성년후견제도를 이용하려는 사람이라면 다음의 사항들을 고려하여 자신의 상황에 적합한 종류의 성년후견을 선택하는 것이 좋습니다.

- 피후견인의 법적 자격을 박탈하지 않거나 행위능력을 제한하지 않으면 본인이나 제3자에게 상당한 위험을 발생시킬 높은 가능성이 없는 한 피후견인의 법적 자격이나 행위능력을 제한하는 후견유형은 가능한 피해야 할 것입니다.

- 한정후견의 경우 정신적 장애로 인한 사무처리능력의 부족이라는 원인이 소멸하지 않으면 후견이 종료되지 않고 지속됩니다. 후견인이 사망하거나 사퇴하더라도 다른 후견인으로 대체될 뿐입니

다. 이처럼 한정후견은 후견종료가 쉽지 않으므로 한정후견을 선택하는 경우에는 신중을 기할 필요가 있습니다.

- 특정후견은 피후견인의 행위능력이나 법적 자격을 박탈하지 않습니다. 특정후견 처분으로 선임된 후견인은 일정기간만(가령 1년, 3년, 5년 등 피후견인의 필요성을 기준으로 함) 후견인으로 활동합니다. 따라서 그 기간이 만료되면 후견의 필요성이 존속하고 있거나 다른 후견의 필요성이 생기더라도 다시 후견개시 절차를 밟아야 합니다.
- 임의후견의 경우 임의후견계약 자체의 유효성 여부가 다투어질 위험이 있습니다.

5. 치매노인 학대신고

5-1. 노인학대란?

"노인학대"란 노인에 대하여 신체적·정신적·성적 폭력 및 경제적 착취 또는 가혹행위를 하거나 유기(遺棄) 또는 방임(放任)을 하는 것을 말합니다(「노인복지법」 제1조의2제4호).

5-2. 치매 노인 학대의 유형

다음의 어느 하나에 해당하는 행위는 치매 노인 학대에 해당합니다(「노인복지법」 제39조의9).

1) 노인의 신체에 폭행을 가하거나 상해를 입히는 행위
2) 노인에게 성적 수치심을 주는 성폭행·성희롱 등의 행위
3) 자신의 보호·감독을 받는 치매 노인을 유기하거나 의식주를 포함한 기본적 보호 및 치료를 소홀히 하는 방임행위
4) 노인에게 구걸을 하게 하거나 노인을 이용하여 구걸하는 행위
5) 노인을 위해 증여 또는 급여된 금품을 그 목적 외의 용도에 사용하는 행위
6) 폭언, 협박, 위협 등으로 노인의 정신건강에 해를 끼치는 정서적 학대 행위

5-3. 치매 노인 학대에 대한 처벌

① 치매 노인에게 학대 행위를 한 사람은 다음과 같은 처벌을 받습니다(「노인복지법」 제55조의2, 제55조의3제1항제2호 및 제55조의4제1호).
② 노인의 신체에 상해를 입히는 행위를 한 사람은 7년 이하의 징역 또는 7천만원 이하의 벌금에 처해집니다.
③ 위 1.(폭행에 한함)부터 4.까지에 해당하는 노인학대 행위를 한 사람은 5년 이하의 징역 또는 5천만원 이하의 벌금에 처해집니다.
④ 위 5.에 해당하는 노인학대 행위를 한 사람은 3년 이하의 징역 또는 3천만원 이하의 벌금에 처해집니다.

5-4. 노인학대 신고의무

① 누구든지 노인학대를 알게 된 때에는 노인보호전문기관(☎1577-1389) 또는 수사기관(☎112)에 신고할 수 있습니다(「노인복지법」 제39조의6제1항).

② 다음의 어느 하나에 해당하는 사람은 그 직무상 65세 이상의 사람에 대한 노인학대를 알게 된 때에는 즉시 노인보호전문기관 또는 수사기관에 신고해야 합니다(「노인복지법」 제39조의6제2항).

1) 의료기관에서 의료업을 행하는 의료인 및 의료기관의 장

2) 방문요양서비스나 안전확인 등의 서비스 종사자, 노인복지시설의 장과 그 종사자 및 노인복지상담원

3) 장애인복지시설에서 장애노인에 대한 상담·치료·훈련 또는 요양업무를 수행하는 사람

4) 가정폭력 관련 상담소의 상담원 및 가정폭력피해자 보호시설의 장과 그 종사자

5) 사회복지 전담 공무원 및 사회복지관, 부랑인 및 노숙인보호를 위한 시설의 장과 그 종사자

6) 장기요양기관 및 재가장기요양기관의 장과 그 종사자

7) 119구급대의 구급대원

8) 건강가정지원센터의 장과 그 종사자

9) 다문화가족지원센터의 장과 그 종사자

10) 성폭력피해상담소 및 성폭력피해자보호시설의 장과 그 종사자

11) 응급구조사

12) 의료기사

13) 국민건강보험공단 소속 요양직 직원

14) 지역보건의료기관의 장과 종사자

15) 노인복지시설 설치 및 관리 업무 담당 공무원

■ 치매 노인 학대를 발견하고도 신고하지 않으면 처벌을 받나요?

Q 저는 의사인데요. 치매로 진단을 받은 할머니의 몸 여기저기 멍과 상처가 가득하더라고요. 할머니께서는 치매로 인해 의사능력이 불완전해 정확한 이유를 알 수는 없지만, 아무리 봐도 누구한테 맞아서 생긴 상처로 보였어요. 이런 경우 노인학대로 신고를 해야 하나요?

A ①의사, 사회복지공무원, 복지시설 직원 등과 같이 직무를 수행하는 과정에서 노인학대를 발견하기가 용이한 사람들은 65세 이상의 사람에 대한 노인학대 사실을 알게 된 때에는 즉시 신고를 해야 하는 신고의무자로 정하고 있습니다.

②이 신고의무자는 노인학대를 발견하면 반드시 신고를 해야 하고, 만약 노인학대를 알고도 신고하지 않으면 500만원 이하의 과태료가 부과됩니다.

◇치매 노인 학대 신고

다음의 어느 하나에 해당하는 사람은 그 직무상 65세 이상의 사람에 대한 노인학대를 알게 된 때에는 즉시 노인보호전문기관 또는 수사기관에 신고해야 합니다.
- 의료기관에서 의료업을 행하는 의료인
- 노인복지시설의 장과 그 종사자 및 노인복지상담원
- 장애인복지시설에서 장애노인에 대한 상담·치료·훈련 또는 요양을 행하는 사람
- 가정폭력 관련 상담소의 상담원 및 가정폭력피해자 보호시설의 장과 그 종사자
- 사회복지 전담 공무원 및 사회복지관, 부랑인 및 노숙인보호를 위한 시설의 장과 그 종사자
- 장기요양기관 및 재가장기요양기관의 장과 그 종사자

- 119구급대의 구급대원
- 건강가정지원센터의 장과 그 종사자
- 국민건강보험공단 소속 요양직 직원
- 지역보건의료기관의 장과 종사자
- 노인복지시설 설치 및 관리 업무 담당 공무원

◇미신고에 대한 처벌

위에 해당하는 사람이 노인학대를 알고도 신고하지 않은 경우에
는 500만원 이하의 과태료가 부과됩니다.

■ 노인학대를 신고하고 싶어도 신분이 노출될까봐 무서워서 못하겠어요

Q 노인학대를 신고하고 싶은데, 괜히 신고했다가 그 가족들
이 저를 알게 되면 어떻게 하죠? 불이익을 받을까 무서워
서 신고하기가 두려워요.

A 노인학대를 신고한 신고인의 신분은 보장되어야 하며 그 의사에
반하여 신분이 노출되지 않도록 보호하고 있습니다(「노인복지법」
제39조의6제3항). 신고인의 신분을 보호하지 못해 신원을 노출한
사람은 1년 이하의 징역 또는 1천만원 이하의 벌금에 처해집니다.(「
노인복지법」 제57조제4호). 노인학대 신고는 전국 노인보호전문기
관(☎1577-1389)이나 보건복지콜센터(☎129)로 하면 됩니다.

5-5. 노인보호전문기관에 도움을 요청하세요.

① 노인보호전문기관이란?

"노인보호전문기관"이란 노인학대를 예방하고 학대받는 노인의 발견·보호·치료 등을 신속히 처리하기 위한 업무를 담당하는 시설을 말하며, 중앙노인보호전문기관과 지역노인보호전문기관이 설치·운영되고 있습니다(「노인복지법」 제39조의5).

② 전국노인보호전문기관 현황(2019.7. 기준)

구 분	홈페이지 주소	전화번호
중앙	www.noinboho.org	02)3667-1389
서울남부	www.seoul1389.or.kr	02)3472-1389
서울북부	www.sn1389.or.kr	02)921-1389
부산동부	www.bs1389.or.kr	051)468-8850
부산서부	1389.bulgukto.or.kr	051)867-9119
대구남부	www.dg1389.or.kr	053)472-1389
대구북부	www.dgn1389.or.kr	053)357-1389
인천	www.ic1389.or.kr	032)426-8792~4
광주	www.gjw.or.kr/kj1389	062)655-4155~7
대전	www.dj1389.or.kr	042)472-1389
울산	www.us1389.or.kr	052)265-1389
경기남부	www.kg1389.or.kr	031)736-1389
경기북부	www.gnnoin.kr	031)821-1461
경기서부	www.ggw1389.or.kr	032)683-1389
강원도	www.1389.or.kr	033)253-1389
강원동부	www.gd1389.or.kr	033)655-1389
강원남부	www.gwn1389.or.kr	033)744-1389
충북	www.cb1389.or.kr	043)259-8120~2
충북북부	www.cbb1389.or.kr	043)846-1380~2
충남	www.cn1389.or.kr	041)534-1389
충남남부	www.cnn1389.or.kr	041)734-1398, 1389
전북	www.jb1389.or.kr	063)273-1389
전북서부	www.jbw1389.or.kr	063)443-1389
전남동부	www.jn1389.or.kr	061)753-1389
전남서부	www.j1389.or.kr	061)281-2391
경북	www.noin1389.or.kr	054)248-1389
경북서북부	www.gbnw1389.or.kr	054)655-1389 /054)436-1390
경북서남부	www.gbwn1389.or.kr	054-436-1390
경남	www.gn1389.or.kr	055)222-1389
경남서부	www.gnw1389.co.kr	055)754-1389
제주	www.jejunoin.org	064)757-3400
제주서귀포시	www.sgpnoin.org	064-763-1999

장기요양보험 용어사전

색인

(ㅇ)

⟨장기요양보험 용어사전⟩

[ㄱ]

가산

더하여 셈함. 보탬가산금사업장의 사용자가 직장가입자가 될 수 없는 자를 거짓으로 직장가입자로 신고한 경우 사용자에게 부과하여 징수하는 금액

가산율

세금이나 공공요금 따위를 납부 기한까지 내지 않은 경우, 원래 금액에 일정하게 덧붙여 매기는 금액의 비율

가상계좌

보험료를 납부할 수 있는 계좌

가압류

[사전적 의미] 민사 소송법에서, 법원이 채권자를 위하여 나중에 강제 집행을 할 목적으로 채무자의 재산을 임시로 확보하는 일. 채무자가 강제 집행을 하기 전에 재산을 숨기거나 팔아 버릴 우려가 있을 경우에 실시함.
[국민건강보험공단 정의] 손해배상채권 등의 금전 또는 금전으로 환산할 수 있는 채권의 집행을 보전하기 위하여 집행의 대상이 되는 채무자의 재산 등을 현상 그대로 유지하여 두는 것을 목적으로 하는 보전처분.

가입자

단체나 조직 따위에 들어가거나 참가한 사람. [법률정의] (전자서명법) 공인인증기관으로부터 전자서명생성정보를 인증받은 자. (근로자

퇴직급여 보장법) 퇴직연금에 가입하거나 개인퇴직계좌를 설정한 근로자.

가해자

다른 사람의 생명이나 신체, 재산, 명예 따위에 해를 끼친 사람.

가족요양보호사

수급자와 가족관계이면서 가족인 수급자에게 장기요양급여를 제공하는 요양보호사

가족요양비

수급자가 도서.벽지에 거주하거나 천재지변, 신체.정신 또는 성격 등의 사유로 장기요양급여를 지정된 시설에서 받지 못하고 그 가족 등으로부터 방문요양에 상당하는 장기요양 급여를 받을 때 지급하는 현금급여

각하

[명사] 1 행정법에서, 국가 기관에 대한 행정상 신청을 배척하는 처분. '물리침'으로 순화. 2 민사 소송법에서, 소(訴)나 상소가 형식적인 요건을 갖추지 못한 경우, 부적법한 것으로 하여 내용에 대한 판단 없이 소송을 종료하는 일.

각하결정

이의신청의 제기요건을 충족하지 않는 부적합한 이의신청에 대하여 본안에 대한 심리를 거절하는 내용의 결정

간기능

탄수화물, 아미노산 및 단백질, 지방, 비타민 및 무기질, 호르몬 대사 작용, 해독 작용 및 살균 작용 등

간염검사

간에 생기는 염증 발생 여부를 알아보는 검사

감면

형벌이나 조세 따위를 감해 주거나 면제함. [법률정의] (농어촌특별세법) 조세특례제한법, 관세법 또는 지방세법에 의하여 소득세 법인세 관세 취득세 또는 등록세가 부과되지 아니하거나 경감되는 경우로서 다음 각호의 1에 해당하는 것. 1. 비과세 세액면제 세액감면 세액공제 또는 소득공제 2. 조세특례제한법 제72조제1항의 규정에 의한 조합법인등에 대한 법인세 특례세율의 적용 또는 동법 제89조제1항, 제89조의2, 제89조의3 및 제91조의 규정에 의한 이자·배당소득에 대한 소득세 특례세율의 적용

강제집행

①민사상의 확정 판결, 그밖의 집행권원에 의해 확정된 사권(私權)의 실행을 확보하기 위하여, 국가가 의무자를 강제하고 그 재산에 있어서 일정한 의무를 집행시키는 절차. ②행정법상 의무의 불이행에 대하여 국가가 실력으로써 그 의무를 이행시키는 일.

개인정보

[개인정보보호법 정의]살아 있는 개인에 관한 정보로서 성명, 주민등록번호 및 영상 등을 통하여 개인을 알아볼 수 있는 정보(해당 정보만으로는 특정 개인을 알아볼 수 없더라도 다른 정보와 쉽게 결합하여 알아볼 수 있는 것을 포함한다)

갱신

다시 새로워짐, 또는 다시 새롭게 함.건강健康 정신적으로나 육체적, 사회적으로 아무 탈이 없고 튼튼함. 또는 그런 상태.

건강검진

몸의 건강 상태를 검사하는 의학적 진찰. [국민건강보험공단 정의]
현재의 생활습관 및 건강상태 확인을 통하여 질병의 예방 및 조기발
견 후 예상되는 위험질환을 파악하고 올바르게 대처하기 위한 목적
으로 검진기본법 제14조에 따른 검진기관을 통하여 진찰 및 상담,
이학적 검사, 진단검사, 병리검사, 영상의학 검사 등 의학적, 정기적
검진을 시행하는 것을 말한다.

건강교실

건강 관리를 위한 학습 활동이 이루어지는 장소 또는 모임

건강나눔

健康과 관련된 일을 모두에게 공정하게 나누거나 함께하는 일

건강나눔기금매칭

건강나눔기금MATCHING 건강나눔기금을 위한 기부행위를 할 때 기
관 및 단체도 일정률(매칭비율)에 해당하는 기부금 을 덧붙여 상대에
게 기부하는 기법

건강보험

질병, 상해, 사망, 해산 따위의 경우에 의료를 위하여 든 비용이나
그로 인한 수입 감소를 보상하는 보험들을 통틀어 이르는 말.

건강보험제도

질병, 상해, 사망, 해산 따위의 경우에 의료를 위하여 든 비용이나
그로 인한 수입 감소를 보상하는 보험 제도

건강보험증

건강보험 수급절차 이용시 요양기관에 제출하는 건강보험 가입내역 증명서

건강부스

특정한 장소(체육·문화 행사 등)에서 건강체험,측정,상담 등건강정보를 제공하는 공간.

건강비디오

건강에 도움이 되는 정보를 가지고 있는 비디오 매체

건강상담

건강에 대한 문제를 해결하거나 궁금증을 풀기 위하여 의논함. [국민건강보험공단 정의] . 단순한 정보의 제공에 그치지 않고 가입자에게 적극적인 건강상담을 실시함으로써 가입자의 욕구에 부응할 뿐만 아니라, 올바른 건강생활 유도 및 자가 건강관리 능력을 향상시키는데 있음.

건강생활유지비

1종 의료급여수급권자에게 별도의 가상계좌로 매월 입금되는 금액

건강주의

건강에 주의를 기울여야 함

건강증진

개인의 건강을 증진시킴 [국민건강보험공단 정의] 국민보건 향상 및 건강증진을 목적으로 가입자 및 피부양자를 대상으로 보건교육, 생활체육지원, 건강검진 사후관리 등의 업무.

건강증진사업

국민 건강을 증진시킴을 목적으로 추진하는 사업

검진

건강 상태와 질병의 유무를 알아보기 위하여 증상이나 상태를 살피는 일.

검진기관

국가건강검진을 실시하기 위하여 건강검진기본법에 따라 지정받은 의료기관 및 보건소(보건의료원 포함)

검진비

[명사] 건강 상태와 질병의 유무를 알아보기 위하여 증상이나 상태를 살피는 일을 위해 사용된 비용. '진찰'로 순화.

검진비청구

건강 상태와 질병의 유무를 알아보기 위하여 증상이나 상태를 살피는 일을 위해 사용된 비용을 달라고 요구함

검진결과 사후관리 사업

검진결과 질환전단계에 있거나 , 영유아 검진결과 심화평가 권고 대상자에 대하여 건강정보제공 및 상담을 통해 질환예방은 물론 악화방지를 위한 공단의 건강관리사업

검체

시험, 검사, 분석 따위에 쓰는 물질이나 생물. ≒시험감

검체검사

환자에게서 피 또는 침 등을 채취하여 채취된 검체를 가지고 하는 검사

결손처분

체납자의 무자력 등 일정한 요건·사실에 해당되는 장기불납채권의 징수절차를 종결시키는 행위

경감

부담이나 고통 따위를 덜어서 가볍게 함.

경매

물건값을 제시하여 사도록 하는 것. [법률정의] (가등기담보등에관한 법률) 강제경매와 담보권의 실행 등을 위한 경매.

경정소득

경정(更正) 잘못된 점이나 미비한 점을 바르게 고침, 경정소득(更正所得) 소득세 납세 의무자의 신고가 없거나 신고액이 너무 적을 때, 정부가 과세 표준과 과세액 등을 변경하기 위하여 결정한 소득

고령화

고령자의 수가 증가하여 전체 인구에서 차지하는 고령자 비율이 높아지는 것

고용보험

근로자가 실직할 경우 실업급여를 지급하여 실직자의 생계를 보호해 줄 뿐만 아니라 다양한 고용안정사업과 직업능력개발사업을 행하는 사회보장제도.

고용산재보험료징수법

「고용보험 및 산업재해보상보험의 보험료징수 등에 관한 법률」의 약칭. 고용보험과 산재보험의 보험관계의 성립·소멸, 보험료의 납부·징수 등에 필요한 사항을 규정하기 위하여 제정되어 2005.1.1.에 시행된 법률

고지

[사전적 정의] 어떤 사실을 관계자에게 알림
[국민건강보험공단 정의] 결정된 보험료 등을 납부의무자에게 통지하여 이행을 청구하는 것으로서 납부의무자에게 부담을 지우는 행정처분

고지서

[사전적 정의]관공서에서 일정한 일을 민간에게 알리는 서장
[국민건강보험공단 정의] 결정된 보험료 등을 납부의무자에게 통지하기 위하여 사용하는 서류. 징수하려는 보험료 등의 종류, 납부금액, 납부기한 및 장소 등을 표기함.

고지서 발생구분

1 정기, 2 자동이체, 3 무고지, 4 카드수납, 5 모바일고지, 6 수시, 7 이메일 고지

고지서 보험구분

0 합산, 1 건강보험, 2 국민연금, 3 고용보험, 4 산재보험

고지서유형

11 정기고지, 12 비정기고지, 13 분기납고지, 14 정부부담보험료, 15 정기고지(기관) 16 분할고지, 17 일부수납고지, 18 공무상요양급

여비, 19 정기고지(임의계속) 20 선납고지, 21 독촉고지(정기), 22 독촉고지(비정기) 23 독촉고지(보험료+체납처분비), 24 독촉고지(정부부담보험료), 25 독촉고지(기관) 26 독촉고지(임의계속), 27 독촉고지(합산), 28 독촉고지(소득월액), 30 체납처분비 31 최초고지(제2차 납부의무자), 32 독촉고지(제2차 납부의무자), 33 변동고지(제2차 납부의무자) 40 납기전고지, 41 반납금, 42 추납, 43 체납사실통지, 44 개별납부(기여금) 45 개별납부(보험료), 46 부당이득, 47 구상금 50 점자고지 71 법정납기내최초납부서, 72 미납사업장용납부서, 73 고용·산재 분할납부서 74 고용·산재 납입고지서, 75 고용·산재 독촉장, 76 고용기타잡수익, 77 임채변제금 78 산재 기타잡수익

고지서 종류

징수위탁 사회보험의 가입보험수와 고지형태(당월고지, 독촉고지, 자동이체,합산고지)가 조합되는 경우 수를 말함(직장-42종, 지역-12종, 소득월액-4종)

고지서 종별

01 합산고지 11 건강 지역보험료, 12 건강 직장보험료, 13 건강 공교보험료, 14 건강 지역기타징수금, 15 건강 직장기타징수금, 16 건강 공교기타징수금 17 건강 임의계속, 18 건강 노인장기요양기타징수금, 19 소득월액 보험료 20 건강 제2차 납부의무자 41 연금 사업장, 42 연금 농어민(시군), 43 연금 군지역자영자, 44 연금도시지역자영자, 45 연금 임의가입자, 46 연금 사업장임의계속, 47 연금지역임의계속, 48 연금외국인가입자, 49 연금 제2차 납부의무자 71 근복산재, 72 근복 임채, 73 근복 고용, 74 근복 석면피해구제분담금, 75 근복 구상, 76 근복 산재부당이득, 77 근복 산재기타잡수익, 78 근복 고용기타잡수익 79 근복 임채변제금, 80 근복 보험급여징수금 81 근복 고용 제2차 납부의무자, 82 근복 산재 제2차 납부의무자

고지서 합봉(지역) 기준

세대주인 건강보험 지역가입자(비가입세대주, 급여정지자 제외)와 국

민연금 지역가입자의 주민등록번호와 송달지 주소가 동일 또는 건강보험 비가입세대주 또는 급여정지자의 경우 변경된 고지서상의 건강보험 납부의무자와 국민연금가입자의 주민등록번호와 송달지 주소가 동일

고지서 합봉(직장) 기준

사업장관리번호와 사업장 대표자가 동일하고, 사업장관리번호와 대표자가 같은 사업장에 적용되는 보험이 2개 이상이면 합봉 단, 사업자등록번호상의 개인·법인 구분코드가 '81', '83' ~ '87' 인 법인사업장의 경우 사업장관리번호가 동일하면 합봉

고지제도

공단이 처분을 할 때에는 처분의 상대방에게 이의신청을 청구할 수 있는 지 여부, 이의신청의 절차와 방법, 이의신청 제기 기간 등 이의신청 제기에 필요한 사항을 미리 알려주도록 공단에 고지의무를 부과하는 제도를 말함

공교

약식명칭 으로 사용됨 공교[公敎] 공무원 및 사립학교 교직원의 약칭

공매

체납된 조세?공과금을 징수할 목적으로 국세징수법에 따라 체납자의 소유재산을 국가의 강제력에 의하여 매각한 후 그 대금을 채권자 및 그 밖의 배당 받을 자의 채권을 만족시키는 절차.

공무상요양비

공무상요양급여 비용 전체를 말하며, 공무상진료비와 공무상인정비, 공무상특수요양비를 합한 것. (공무상인정비와 공무상특수요양비 업무는 각 연금기관에서 수행함)

공증인

당사자나 관계자의 부탁을 받아 민사에 관한 공정 증서를 작성하며, 사서 증서에 인증(認證)을 주는 권한을 가진 사람

공탁

법령의 규정에 따라 금전이나 유가 증권 따위를 공탁소에 맡겨 두는 일.

공탁자

법령의 규정에 따라 금전이나 유가 증권 따위를 공탁소에 맡겨 둔 사람

과세

세금을 매김. 세금을 정하여 그것을 내도록 의무를 지움.

과세소득

특정회계연도의 과세대상이 되는 이익금에서 세법상의 손금으로 인정되 는 항목을 차감한 이익. 과세권자가 조세를 부과할 수 있는 소득. 개인 의 경우 거주자일 때 과세소득은 종합과세대상인 이자·배당·부동산· 사업·근로소득·기타소득과 분리과세대상인 이자·배당·기타소득 등이 있고 이외에도 퇴직·양도·산림소득이 있다. 비거주자일 때는 국내원천 소득에 대해서만 과세한다. 법인의 경우 영리법인일 때는 법인세법상 열 거한 소득만을 과세소득으로 하고 있다. 외국법인의 경우는 국내원천소득으로 열거된 것에 국한

과세표준액

지방세를 부과하는 기준이 되는 토지 및 건물의 가격

과오납환급금

1)가입자가 납부한 보험료 등이 이중납부 또는 착오납부되어 발생한 금액이거나, 2)정상적으로 부과·고지되었음에도 자격의 소급 상실 및 부과자료의 소급 감액조정으로 인하여 발생된 금액

과점주주

법인 전체의 50%를 초과하는 주식 및 출자지분에 관한 권리를 실질적으로 행사하는 자, 또는 법인의 경영을 사실상 지배하는 자와 그 배우자(사실상 혼인관계에 있는자 포함) 및 그와 생계를 같이하는 직계존비속. 부족액에 대해 출자비율에 따라 제2차 납부의무를 부담함.

과태료

공법에서 의무 이행을 태만히 한 사람에게 벌로 물게 하는 돈. 벌금과 달리 형벌의 성질을 가지지 않음.

과표

과세표준의 약어

교부

내어 줌. 물건을 인도함.

교부금

내어 주는 돈.

교부청구

체납자의 재산에 대하여 다른 기관이 공·사채권(公·社債權)의 강제환가절차가 개시된 경우에 동일재산에 대한 환가대금 중에서 우리공단

의 체납보험료등의 징수 목적을 달성하기 위하여 관계집행기관으로 배당을 요구하는 강제징수절차.

구강검사

치아우식증(충치)을 검사하는 치아검사, 치주질환(잇몸병)을 검사하는 치주조직검사, 치면세균막검사 등으로 구성된 검사

구강검진

치과병력 및 구강건강인식도, 구강건강습관을 문진표를 통해 평가하고, 구강검사 결과를 토대로 종합판정 및 조치사항을 알려주는 검진

구분고지

4대 사회보험 고지서를 합산하지 않고 보험 별로 각각 고지함

구분산정

일정한 기준에 따라 따로 따로 셈하여 정함구상求償 배상 또는 상환을 요구함

구상금

내가 타인을 대신해서 일정금액을 제 3자에게 변제했을때 그 금액을 타인에게 청구할 수 있는 권리를 구상권 라고 하며 그 금액을 구상금이라 함.

구술심리

이의신청은 일반적으로 서면심리 위주로 진행되나, 신청인이 출석하여 진술하기를 원하는 경우 이의신청위원회에 구술심리를 신청할 수 있고, 동 위원회로부터 구술심리 승인을 받으면 직접 이의신청위원회의 회의에 참석하여 진술하는 심리방식

국가배상금

국가에서 배상하기 위하여 지불하는 돈.

국가유공자

나라를 위하여 공헌하거나 희생한 사람. 순국선열, 애국지사, 전몰군
경, 상이군인, 국가 사회 발전을 위한 특별 공로 순직자 등이 해당한
다. [국민건강보험공단 정의] . 국가유공자(독립유공자)와 그 가족 및
중요무형문화재와 그 가족, 북한이탈주민과 그 가족, 광주민주화운동
관련자 - 국가보훈처장, 문화재청장, 통일부장관, 행정자치부장관으
로부터 대상자명단을 통보 받아 보건복지부장관이 시달한 선정기준
및 시·도별로 배정인원의 범위 안에서 시장·군수·구청장이 세대별로
선정

국고

국가의 재정적 활동에 따른 현금의 수입과 지출을 담당하기 위하여
한국은행에 설치한 예금 계정. 또는 그 예금.

국민건강보험공단

국민의 질병·부상에 대한 예방·진단·치료·재활·출산·사망 및 건강 증
진에 대하여 보험 서비스를 제공함으로써 사회보장을 증진시키기 위
해 설립된 특수 공법인.

국민연금

노령·장애·사망 등으로 인하여 소득획득 능력이 없는 당사자 및 유족
의 생활보장을 위하여 매년 정기적으로 지급되는 일정액의 금전 또
는 그러한 제도

국적

한나라의 구성원이 되는 자격

군입대자

군대에 들어가 군인이 되는 사람. ≒입영자01(入營).

권고

어떤 일을 하도록 권함

귀국자

외국에 나가 있던 사람이 자기 나라로 돌아오거나 돌아 감.

귀책

형법상 넓은 의미로 결과를 원인에 결부시키는 판단을 이르는 말.

근로복지공단

근로자의 복지증진을 위해 설립된 공단(公團). 산업재해보상보험법에 의거, 근로자의 업무상 재해를 신속 공정하게 보상하고 이에 필요한 보험시설을 설치·운영하며, 재해근로자의 복지후생 사업, 중소기업근로자 복지진흥법에 의한 복지사업을 행함으로써 근로자의 복지증진에 이바지할 목적으로 1995년 5월 설립됨.

근로소득

근로소득은 고용계약 또는 이와 유사한 계약에 의하여 비독립적으로 근로용역을 제공하고 받는 급여 기타 이와 유사한 성질의 금품을 총칭한다. 현행 소득세법은 근로소득을 종합소득에 합산하여 과세한다. 그러나 일용근로자의 급여는 예외적으로 분리과세되며, 근로소득에 대하여 원천징수의무가 부여되고 있으며, 매년 연말정산을 하도록 강제하고 있다. 또한 근로소득은 징세편의상 갑종근로소득(국내에서 지급받는 근로소득)과 을종근로소득(외국기관 또는 우리나라에 주둔하는 국제연합군과 국외에 있는 외국인 또는 외국법인으로부터 받는 근로소득)으로 구분한다.

근로자

근로에 의한 소득으로 생활하는 사람 [국민건강보험 정의] 직업의 종별에 불구하고 근로의 대가로서 보수를 받아 생활하는 자(법인의 이사 기타 임원을 포함한다)로서 제4호 및 제5호의 규정에 의한 공무원과 교직원을 제외한 자.

근무처

근무하는 일정한 기관이나 부서.

급여계약

수급자와 장기요양기관이 장기요양급여 이용 개시 전에 문서(계약당사자, 계약기간, 장기요양급여 종류, 내용, 비용, 비급여대상 등)를 체결하고 급여를 이용하는 과정

급여비용

요양급여비용과 의료급여비용을 총칭하여 일컫는 말

급여사후

지급된 급여비에 대한 적정성 관리

급여정지

국민건강보험법 제54조의 규정에 따라 국외출국, 군복무, 재소기간 중 건강보험 급여가 중단

급여정지자

국민건강보험법 제54조의 규정에 따라 국외출국, 군복무, 재소기간 중 건강보험 급여가 중단되는 자

급여제한

보험사고에 대하여 급여를 하지 않거나, 기 지급된 보험급여비용을 환수하는 것

기각결정

이의신청이 이유 없다고 인정하여 신청을 배척하고 원처분을 지지하는 결정

기산

계산을 시작하는 기준이 되는 시점.

기속력

피신청인인 공단(지사 등)이 이의신청위원회 결정의 취지에 따르도록 구속하는 효력

기초생활

기본적인 삶을 유지하기 위한 최소한의 생활 기준

기타징수금

보험급여 사후관리 과정에서, 부당하게 지급된 것으로 확인된 요양급여비용 등을 가입자 및 요양기관, 제3자 등으로 부터 환수하는 금액과 업무위탁에 따른 수수료, 보험자간 정산에 따른 정산고지금액 등 법령에 의하여 부과고지하는 금원

기피신청

당사자가 특정 위원에게 심리·의결의 공정을 기대하기 어려운 사정이 있는 경우에 해당 위원을 심리·의결에서 배제해주도록 하는 신청

[ㄴ]

납기

보험료의 납부기한을 말함

납부확인서

월별, 연도별 보험료 납부금액을 확인할 수 있는 증명서

낮병동

[국민건강보험공단 정의] 입원치료와 외래치료의 중간 형태를 취하는 치료시설 중 낮시간에 입원하는 병동

내원일당

[국민건강보험공단 정의] 내원일수를 1일로 환산하여 진료비, 급여비 등을 계산할 때 내원일당 진료비, 내원일당 급여비라고 말함.

내원일수

건강보험 환자가 실제로 요양기관에 방문한 일수.

노인성질환예방

사람이 나이가 듦에 따라 일반적으로 나타나는 질환들을 미리 예방하고 막는 일.

노인요양시설

수급자를 기관 내에서 보호하면서 신체활동을 지원하고, 심신기능을 유지하기 위한 교육·훈련 등의 서비스를 제공하는 시설

농어업

땅을 이용하여 인간 생활에 필요한 식물을 가꾸거나, 유용한 동물을 기르거나 하는 산업. 또는 그런 직업과 영리를 목적으로 물고기, 조개, 김, 미역 따위를 잡거나 기르는 산업. 또는 그런 직업을 합친 말.

농어업인

땅을 이용하여 인간 생활에 필요한 식물을 가꾸거나, 유용한 동물을 기르거나 하는 산업. 또는 그런 직업과 영리를 목적으로 물고기, 조개, 김, 미역 따위를 잡거나 기르는 산업. 또는 그런 직업을 가진 사람.

농어촌

농촌과 어촌 [법률정의] (농어촌정비법) 군의 지역과 시의 지역중 대통령령이 정하는 지역. (농어촌주민의보건복지증진을위한특별법) 지방자치법 제2조제1항제2호의 규정에 의한 시와 군의 지역중 다음 각 목의 1에 해당하는 지역. 가. 읍·면의 전지역 나. 동(동)의 지역중 국토의계획및이용에관한법률 제36조제1항제1호의 규정에 따라 지정된 주거지역·상업지역 및 공업지역을 제외한 지역

농업

땅을 이용하여 인간 생활에 필요한 식물을 가꾸거나, 유용한 동물을 기르거나 하는 산업. 또는 그런 직업.

농업소득

농업을 영위하여 획득한 소득

[ㄷ]

단기보호기관

수급자를 일정 기간 동안 장기요양기관에 보호하면서 신체활동 지원 및 심신기능의 유지·향상을 위한 교육·훈련 등을 제공하는 장기요양기관독려감독하며 격려함.

독촉

[사전적 의미]일이나 행동을 빨리 하도록 재촉함.납세자가 세금을 납부 기한까지 내지 아니할 경우에 독촉장으로 납부하도록 통지하는 일. [국민건강보험공단 정의] . 납부의무자의 권리를 보호하고 납부의무자의 자발적 납부에 의하여 징수의 효과를 높이려는 취지에서 보험료 등의 이행지체가 있더라도 바로 체납처분을 개시하지 아니하고, 한 번 더 납부의무자에게 기한의 이익을 주기 위하여 체납된 보험료의 임의납부를 촉구하는 '최고'의 성격의 청구행위.

독촉장

어떤 약속이나 의무를 빨리 이행하도록 재촉하는 문서

대장내시경

대장내시경을 항문을 통하여 삽입하여 항문, 직장, S상 결장의 병변을 진단하고 필요시 생검표본을 채취하는 검사방법

단수

『수』'끝수'의 구용어. 우수리.

단수금액

단수금액 정의함

단수발생

일정단위 이하의 수가 발생함

단위사업장

보험료나 건강보험 업무를 구분 관리하기 위하여 본사 밑에 지사나 대리점 또는 공사현장 등을 단위사업장으로 구분해 놓은 것.

대사증후군

복부비만, 높은 혈압, 높은 혈당, 높은 중성지방혈증, 낮은 HDL 콜레스테롤혈증 중 한사람이 세 가지 이상 가지고 있는 상태.

대손

a bad[an irrecoverable] debt 외상 매출금, 대출금 따위를 돌려받지 못하여 손해를 보는 일.

대위

[국민건강보험공단 정의] 제삼자가 타인의 법률상의 지위를 대신하여 그가 가진 권리를 얻거나 행사하는 일

도서벽지

섬·벽지(僻地) 크고 작은 온갖 섬이나 외따로 뚝 떨어져 있는 궁벽한 땅. 도시에서 멀리 떨어져 있어 교통이 불편하고 문화의 혜택이 적은 곳을 이른다.

독거노인

가족 없이 혼자 살아가는 노인

동산

모양이나 성질을 변하지 않게 하여 옮길 수 있는 재물, 곧 토지와 정착물 이외의 모든 유체물 [법률정의] (전통사찰보존법) 사찰내에 있는 불상·화상·석물·고문서·고서화·종류·경전 기타 사찰에 속하는 재산으로서 유서가 있거나 학예, 기예 또는 고고의 자료로 인정되는 것.

등급외자

장기요양 등급판정에서 등급외로 판정받은 사람

등급판정

장기요양인정을 신청한 자의 심신상태와 이용하고자 하는 서비스의 종류 및 내용 등을 바탕으로 수급여부(등급)를 판정하는 행위

등급판정위원

신청자의 수급여부(등급)를 결정하는 등급판정위원회의 구성원

등기

민법상의 권리 또는 사실을 널리 밝히기 위하여 관련되는 일정 사항을 등기부에 적는 일, 또는 적어 놓은 그 기록

등기부등본

부동산에 관한 권리관계를 적어 두는 공적 장부(公的帳簿)의 등본(謄本). 토지 등기부 등본와 건물 등기부 등본의 두 가지가 있다.

[ㅁ]

만성질환 건강지원서비스

건강보험가입자들 중에 고혈압·당뇨병 환자를 대상으로 자가관리 능력 및 건강수준을 향상하기 위하여 맞춤형 건강정보 제공, 개별 건강상담 서비스, 교육서비스, 알림서비스 등 지원적 서비스를 제공하는 것

면제

책임이나 의무를 지우지 아니함

모사업장

어떤 사업의 활동을 이루기 위해 법인대표자가 있는 주된 사업장.

무한책임사원

회사 채무에 대하여 직접·무제한·연대책임을 지고 있는 사원으로, 합명회사는 전원이 무한책임사원으로 구성되어 있으며, 합자회사는 무한책임사원과 유한책임사원으로 구성되어 있음. 부족액 전액에 대하여 제2차 납부의무를 부담함.

문진표

건강검진 수검자 자신과 가족의 병력 및 발병 시기, 경과 따위의 설문에 답할 수 있도록 설문항목을 작성한 표

민원

주민이 행정 기관에 대하여 어떤 행정 처리를 요구하는 일

[ㅂ]

반송고지서

반송된 (보험료) 고지서 : 한 단어처럼 사용되는 경우가 있음

방문간호

장기요양요원인 간호사 등이 의사, 한의사, 또는 치과의사의 방문간호지시서에 따라 수급자의 가정 등을 방문하여 간호, 진료의 보조, 요양에 관한 상담 또는 구강위생 등을 제공하는 장기요양급여

방문목욕

2명의 요양보호사가 목욕설비를 갖춘 장비를 이용하여 수급자의 가정 등을 방문하여 목욕을 제공하는 장기요양급여

방문요양

요양보호사가 수급자의 가정 등을 방문하여 신체활동 및 가사활동 등을 지원하는 장기요양급여

방문확인

해당 현장을 직접 방문하여 틀림없이 그러한가를 알아보거나 인정함

배당

일정한 기준에 따라 나누어 줌. 주식회사가 이익금의 일부를 현금이나 주식으로 할당하여 자금을 낸 사람이나 주주에게 나누어 주는 일.

배당금

일정한 기준에 따라 나누어 주는 금액

법인

자연인이 아니고 법률상으로 인격이 주어진 권리 의무의 주체

보수

고맙게 해 준 데 대하여 보답을 함. 또는 그 보답. 일한 대가로 주는 돈이나 물품. [국민건강보험공단 정의] . 근로의 제공으로 인하여 받은 봉급·급료·보수·세비·임금·상여·수당과 이와 유사한 성질의 금품중 퇴직금, 현상금·번역료 및 원고료, 소득세법의 규정에 의한 비과세 근로소득을 제외한 금액

보수월액

한달간 일한 대가로 주는 돈. [국민건강보험공단 정의] . 국민건강보험법상 일반적으로 "보수월액"이라 함은 동일사업장에서 당해연도에 종사한 기간중 지급받은 보수총액을 그 해당기간의 월수로 나눈 금액인 "월평균 보수월액"을 의미함

보장구

장애인들의 활동을 도와주는 기구.

보장기관

수급권자의 거주지를 관할하는 시·도 및 시·군·구청(자치구의 구청을 말함)

보험급여

질병과 부상에 대한 예방·진단·치료와 재활, 출산, 사망 및 건강증진에 대해 현물 또는 현금으로 급여를 제공하는 것. 현물급여는 요양급여, 건강검진이 있고, 현금급여는 요양비, 장애인보장구, 부가급여가 있다.

보험료

보험에 가입한 사람이 보험자에게 내는 일정한 돈

보험료고지

표준OCR고지서 또는 전자고지 형태로 납부의무자에게 보험료를 고지함을 뜻하며, 한 단어처럼 사용함

보험료연체금

보험료에 부과되는 연체금

보험자

보험계약의 당사자로서 보험사고가 발생하였을 경우, 손해의 전보(손해보험일 경우) 또는 특정액의 지급(생명보험일 경우)을 할 것을 인수하는 자. [국민건강보험공단 정의] 국민건강보험법 상 보험자는 국민건강보험공단이다.

보험자부담금

보험계약의 당사자로서 보험사고가 발생하였을 경우 필요한 경비의 전부나 일부를 특별한 이해관계를 가진 사람에게 부담하게 하기 위하여 매기는 공법상의 금전 급부. [국민건강보험공단 정의] 요양급여비용 총액에서 보험자인 공단이 부담한 금액

보훈

공훈에 보답함. 보훈제도-국가유공자의 생활이 보장되도록 실질적인 보상을 행함으로써 생활안정과 복지향상을 도모하고, 그들이 국민으로부터 예우를 받을 수 있도록 하는 제도.

복지용구

수급자의 일상생활·신체활동 지원 및 인지기능의 유지·향상에 필요한 용구

복직

한때 그 직(職)을 그만두었던 사람이 다시 본디의 자리로 돌아옴 [법률정의] (공무원임용령) 휴직·직위해제 및 정직 중에 있는 공무원을 직위에 복귀시키는 것 (국가정보원직원법) 휴직·정직 중에 있는 직원을 직위에 복귀시키는 것. (경찰공무원임용령) 휴직·직위해제 또는 정직 중에 있는 경찰공무원을 직위에 복귀시키는 것. (교육공무원법) 휴직·직위해제 또는 정직중에 있는 교육공무원을 직위에 복귀시키는 것. (소방공무원임용령) 휴직·직위해제 또는 정직 중에 있는 소방공무원을 직위에 복귀시키는 것. (헌법재판소공무원규칙) 휴직·직위해제 및 정직 중에 있는 공무원을 직위에 복귀시키는 것.

본인과다부담

어떤 일에 직접 관계가 있거나 해당되는 사람이 지나치게 많은 일이나 의무, 책임 따위를 떠맡음. [국민건강보험공단 정의] 환자가 부담한 금액 중 과다하게 부담한 금액

본인부담금

가입자 등이 요양기관에서 요양급여를 받고 그 대가인 요양급여비용 중 본인이 부담하는 금액

본인부담금환급금

[국민건강보험공단 정의] 요양급여비용 총액에서 환자가 부담한 금액 중 건강보험심사평가원의 심사결과에 따라 환자에게 다시 돌려주는 금액

본인부담률
요양급여비용 총액에서 환자가 부담한 금액의 비율

본인부담액
보상금과다한 의료비로 인한 가계의 부담을 덜어주기 위해 법에서 정한 기간 중 본인부담금이 상한금액을 초과하는 경우 초과금액의 일부를 공단이 부담하는 제도

본인부담상한액
수진자 본인이 부담해야하는 본인일부부담금 총액의 상한금액

본인부담액상한제
과다한 의료비로 인한 가계의 부담을 덜어주기 위해 1년 간 본인부담금이 개인별 상한금액을 초과하는 경우 그 초과금액을 공단이 부담하는 제도

본인일부부담금
장기요양 급여비용 중 수급자가 직접 부담하는 비용

본인일부부담금감경
차상위 본인부담경감대상자(희귀난치성질환자, 만성질환자), 저소득 계층 등 경제적 약자에게 본인일부부담금의 60%이내에서 감면해 주는 제도

본인추가부담
어떤 일에 직접 관계가 있거나 해당되는 사람이 일이나 의무·책임 따위를 처음에 정했던 것보다 나중에 더 보태 떠맡음. [국민건강보험

공단 정의] 요양급여비용 총액에서 환자가 부담한 금액 중 환자가 추가로 부담하는 금액

부과

세금이나 부담금 따위를 매기어 부담하게 함. [국민건강보험공단 정의] . 세부처리요령에서의 '부과'란 매수등록 또는 직권부과 등의 사유로 보험료가 증가 되는 경우를 의미함.

부과보험료

[합성어] 부과 + 보험료 賦課 (Levy) 세금이나 부담금 따위를 매기어 부담하게 함. 保險料 (Contribution) 보험에 가입한 사람이 보험자에게 내는 일정한 돈

부과자료

지역보험료에 산정하는데 사용하는 자료 : 종합소득금액, 재산(주택·건물·토지·선박·항공기)과세표준액, 자동차세, 전월세보증금

부과점수

세금이나 부담금 따위를 매기어 부담하게 한 정량

부당

도리에 벗어나서 정당하지 않음. 사리에 맞지 아니함 [국민건강보험공단 정의] 허위, 기타 부당한 방법으로 법을 위반함

부당수급

도리에 벗어나서 정당하지 않게 급여, 연금, 배급 따위를 받음. [국민건강보험공단 정의] . 속임수나 그 밖의 부당한 방법으로 보험급여를 받은 자 또는 보험급여 비용을 받은 요양기관에 대하여 그 급여

또는 급여비용에 상당하는 금액의 전부 또는 일부를 징수한다.(법 제
57조제1항)

부당이득

법률상 원인없이 타인의 재산 또는 노무로 인하여 이익을 얻고 이로
인하여 타인에게 손해를 가하는 것, 건강보험에서는 급여제한사유에
해당하는 사유로 보험급여를 받는 것과 민사상 부당이득이 이에 해
당함

부당청구

부당한 급여비 청구

부동산

토지와 그것에 정착된 건물이나 수목 등의 재산 [법률정의] (전통사찰보
존법) 사찰에 속하는 대지·전답·임야 및 건조물. (부동산소유권 이전등기
등에 관한 특별조치법) 이 법 시행일 현재 토지대장 또는 임야대장에 등
록되어 있는 토지 및 건축물대장에 기재되어 있는 건물.

부상병

부차적인 상처를 입거나 앓는 일. [국민건강보험공단 정의] 명세서에
서 주상병 다음에 두 번째로 나오는 상병

부작위

공단이 당사자의 신청에 대하여 상당한 기간 내에 일정한 처분을 하여
야 할 법률상 의무가 있음에도 불구하고 이를 하지 아니하는 것

분할

둘 또는 그 이상으로 나눔.

분할고지
보험료를 분할하여 고지함

분할납부
분할하여 보험료를 납부한다. "분납"으로 축약해서 자주 사용한다.

비급여
업무나 일상행활에 지장이 없는 질환에 대한 치료 등에 해당되어 요
양급여대상에서 제외되는 사항

비사무직
사무직(일반 사무를 맡아보는 직원)이 아닌 직원

[ㅅ]

4대보험
국민연금, 건강보험, 고용보험, 산재보험 네가지 사회공익보험

4대분류
건강보험심사평가원에서 요양급여비용 통계산출 시 사용하는 분류로
기본진료료, 진료행위료, 재료대, 약품비의 4가지로 구성됨

사업자등록번호
사업체를 표시하거나 상거래시 사용되는 사업체 고유번호. [국민건강
보험공단 정의] 세무서에서 사업체에게 부여하는 고유번호

사업장

사업을 영위하기 위하여 필요한 인적·물적 설비를 갖추고 계속하여 사업을 영위하는 장소. [국민건강보험공단 정의] . 직장가입자의 적용대상이 되는 근로자가 사업주에게 고용되어 근로를 제공하는 장소적 개념으로서 「유기적인 조직하에 일정한 관계를 가지고 실체상 '업'을 계속적으로 행하는 '사업소 또는 사무소'」를 말하며 사업의 성격은 「영리·비영리, 과세·면세, 개인·법인」여부를 구별하지 아니함.

사업장부담

어떤 일이나 의무·책임 따위를 떠맡음,또는 떠맡게 된 일이나 의무에 대한 사업장의 책임

사용자

노동을 제공하는 사람에게 그에 대한 보수를 지급하는 사람. [국민건강보험공단 정의] . 당해 근로자가 소속되어 있는 사업장의 사업주 . 당해 공무원이 소속되어 있는 기관의 장으로 대통령령이 정하는 자 . 당해 교직원이 소속되어 있는 사립학교(사립학교교직원연금법 제3조에 규정된 사립학교를 말함. 이하 같음)를 설립·운영하는 자

사회보험

[법률정의] (사회보장기본법) 국민에게 발생하는 사회적 위험을 보험 방식에 의하여 대처함으로써 국민건강과 소득을 보장하는 제도.

사회복무요원

1995년 방위병 제도가 폐지되면서 생긴 대한민국의 대체복무제도. 원래는 공익근무요원으로 불리다가 2013년 병역법 개정으로 사회복무무요원으로 명칭이 변경되었음. 2019년 현재의 근무기간은 24개월 (2년)이고 각 지방자치단체, 국가기관, 사회봉사시설에서 병역의 의무를 마치게 된다. 신분은 민간인이지만 근무중에는 공무수행의 자격이 주어짐

삭감

깎아서 줄임

산재보험

근로자의 작업 혹은 업무와 관련되어 발생한 질병·부상·사망 따위의 재해를 보상하기 위한 보험 제도.

산재보험료

고용산재보험료징수법에 따른 산재보험료를 말하나, 특별히 구별하지 않으면 그와 함께 통합하여 징수 또는 납부하여야 하는 임금채권부담금 및 석면피해구제분담금을 포함하는 것으로 봄

산정

셈하여 정함

산정보험료

직장 산정보험료는 당해 가입자의 보수월액에 보험료율을 곱하여 얻은 금액이며, 지역 산정보험료는 세대원 전체가 보유한 부과자료에 의거 국민건강보험법령에 따른 부과요소별 해당등급의 보험료로 정기고지 시점에 산정된 보험료

상계충당

과오납 환급금을 체납보험료에 납부처리 하는 것

상실

어떤 것이 아주 없어지거나 사라짐.

상해

남의 몸에 상처를 내어 해를 입힘 [국민건강보험공단 정의] 외부적 요인에 의해 몸에 상처를 내어 해를 입힘

상해요인

남의 몸에 상처를 내어 해를 입게된 까닭. 또는 조건이 되는 요소. '원인'. [국민건강보험공단 정의] . 보험급여제한 또는 구상권의 원인이 되는 보험사고를 발생하게 한 행위를 말한다.

생활수준등

생활-수준 (生活水準) 등 "< 생활수준 및 경제활동참가율>의 약자 지역보험료 산정시 지역가입자의 성·연령·재산 및 장애정도 등을 참작하여 부과하는 점수

생활수준등구간별점수

지역보험료 산정시 지역가입자의 성·연령·재산 및 장애정도 등을 참작하여 부과하는 구간별점수 (생활수준등 : "생활수준 및 경제활동참가율"의 약자)

생활수준등등급별점수

생활-수준 (生活水準) 등 "< 생활수준 및 경제활동참가율>의 약자 지역보험료 산정시 지역가입자의 성·연령·재산 및 장애정도 등을 참작하여 부과하는 점수

생활습관

사람이나 동물이 일정한 환경에서 활동하며 살아가면서 어떤 행위를 오랫동안 되풀이하는 과정에서 저절로 익혀진 행동 방식.

생활습관병
잘못된 생활습관으로 인해서 생기는 병

생활습관평가
일반건강검진시 생활습관개선 권고항목(흡연, 음주, 운동, 영양, 비만)을 확인한 후 해당 생활습관 검사항목을 평가하고 처방을 실시하는 것

생활체육
[법률정의] (국민체육진흥법) 건강 및 체력증진을 위하여 행하는 자발적이고 일상적인 체육활동.

생활체조
일상 생활 속에서 신체 각 부분의 고른 발육과 건강의 증진을 위하여 일정한 형식으로 몸을 움직임

생활체조교실
생활에서 흔히 접할 수 있는 체조 등을 교육하여 건강을 유지할 수 있게 도와주는 시설이나 교육기관

서비스 연계상담
지자체 담당자 또는 유관 기관(장기요양기관, 노인복지관 등)과 협의하여 수급자(보호자)의 욕구와 문제 상황을 공유하고 기능 상태와 욕구에 부합하는 급여가 제공될 수 있도록 지역사회자원을 안내 및 연계하는 상담

석면피해구제분담금
「석면피해구제법」에 따른 위탁에 따라 공단이 징수하는 분담금을 말함

선납납부(연금)

지역가입자, 임의가입자 및 임의계속가입자로서 보험료를 납부기한일
로부터 1개월 이전에 납부(최대 12개월까지. 단, 50세 이상자는 60
개월까지 신청가능)

선납대체

과오납 환급금을 당월보험료 또는 향후 납부하여야 할 보험료에 대
체하여 차감하는 것

선택의료급여

병용금기 및 중복투약으로 위해 발생 가능성이 높은 자를 대상으로
본인이 선택한 1~2개의 의료급여기관을 이용하는 조건으로 상한일수
를 초과하여 의료급여를 받고자 하는 자에 적용

성연령구간별점수

지역가입자 보험료 산정시 생활수준 및 경제활동 참가율에 부과하는
점수중 성연령에 따른 점수

세대당

현실적으로 주거 및 생계를 같이하는 사람의 집단을 각각 호칭할 때

세대원

세대주의 주민등록표상에 등재된 구성원. 배우자·직계존속·직계비속
과 "배우자의 직계존속"

세대주

한 가구를 이끄는 주가 되는 사람. [법률정의] (주택공급에관한규칙)

세대별 주민등록표상에 배우자 또는 직계존·비속으로 이루어진 세대의 세대주. 다만, 60세이상인 직계존속 또는 장애인복지법 제2조의 규정에 의한 장애인(이하 "장애인"이라 한다)인 직계존속을 부양하고 있는 호주승계예정자와 세대별 주민등록표상에 배우자 및 직계존·비속인 세대원이 없는 세대주(이하 "단독세대주"라 한다)로서 20세이상인 자는 각각 이를 세대주로 본다. [국민건강보험공단 정의] 세대별 주민등록표상에 배우자 또는 직계존·비속으로 이루어진 세대의 세대주.

소득

일정기간내에 기업이 제품을 생산하거나 판매한 결과로서 또는 주된 영업 활동을 구성하는 또 다른 이익창출활동의 결과로서 발생하는 자산의 유입액 또는 부채의 감소액.

소득등급별점수

지역가입자 보험료 산정시 연간소득 500만원초과 세대에 부과하는 점수

송달지주소

납부의무자의 사정으로 주민등록주소지 이외의 주소로 고지서 수령을 원하는 경우의 주소를 말함

수가

의료서비스의 보수로 주는 대가, 다시 말해 의사 등이 의료서비스를 제공하고 환자와 건강보험공단으로부터 받는 돈을 말함

수검자

검사나 검진, 검열 따위를 받는 사람. 건강검진 수검자

수급권

받을 수 있는 권리 [국민건강보험공단 정의] 건강보험 또는 의료급여
를 받을 수 있는 권리

수급권자

급여, 연금 등을 받을 권리가 있는 사람 [국민건강보험공단 정의] .
의료급여법 제3조의 규정에 의하여 의료급여를 받는 자

수급자

장기요양 인정신청을 하여 등급판정위원회에서 장기요양급여를 받을
자로 판정한 자

수납확인서

보험료 수납사실을 확인하는 확인서

수발

신변 가까이에서 가사활동, 신체활동 지원 등 일상생활에 필요한 시
중을 드는 것

수시정산

일정하게 정하여 놓은 때 없이 그때그때 상황에 맞게 자세하게 계산
함, 또는 그 계산

수진자당

진찰을 받은 사람마다 따로따로.

수진자통계
건강보험연보통계에서 수진자의 통계정보

시설급여
노인요양시설(노인전문병원 제외)에 장기간 입소하여 신체활동 지원 및 심신기능의 유지·양상을 위한 교육·훈련 등을 제공하는 장기요양급여

시설수용자
사회생활의 영역에서 일정한 역할과 목적으로 시설된 곳에 수용되어 있는 사람. [국민건강보험공단 정의] 교도소 등 일정한 역할과 목적으로 시설된 곳에 격리 수용되어 있는 사람.

시효
일정한 사실상태가 법률이 정한 기간 동안 계속된 경우, 그 사실상의 상태가 진실된 법률관계와 일치하는지에 관계없이 그대로 존중하고 그에 적합한 법률효과를 발생시키는 제도이다.

실사
실제건물 사실을 조사함 [국민건강보험공단 정의] 요양기관이 행한 세부 진료내역을 근거로 심사 청구하여 지급받은 요양급여(의료급여) 비용 및 본인부담금에 대해 사실관계 및 적법여부를 현지출장하여 확인, 조사 = 현지조사

심리
이의신청위원회가 이의신청 사건의 사실관계 및 법률관계를 명백히 하기 위하여 당사자 및 관계인의 주장과 반박을 듣고, 그를 뒷받침하는 증거 기타의 자료 등을 수집·조사하는 것

심사

장기요양기관이 제출한 청구서에 대하여 급여비용 청구 관련규정 및 심사기준에 의거, 일반사항과 기준사항을 대조·확인함

심사분류

자세하게 조사하여 등급이나 당락 따위를 결정하여 종류에 따라서 가름. [국민건강보험공단 정의] 건강보험심사평가원에서 요양급여(의료급여)비용에 대해 심사한 결과를 분류.

심사불능

장기요양기관의 청구오류로 장기요양급여비용의 심사가 곤란한 경우 해당심사결정 금액을 '0'원으로 하여 심사불능함

심사조정

자세하게 조사하여 등급이나 당락 따위를 결정하고 기준이나 실정에 따라 조화롭게 맞춤. [국민건강보험공단 정의] 건강보험심사평가원에서 요양급여(의료급여)비용에 대해 심사기준에 따라 조정한 것.

심사중

자세하게 조사하여 등급이나 당락 따위를 결정하는 과정. [국민건강보험공단 정의] 건강보험심사평가원에서 요양급여(의료급여)비용에 대해 심사가 진행중인 상태.

심사지원

일정한 지역에 따로 떨어져 심사대상을 자세하게 조사하여 등급이나 당락 따위를 결정하며 .새로운 의료기술 등에 대한 건강보험의 적용여부, 보험약가 등의 고시를 위한 업무를 지원하고 처리하는 하부기관. [국민건강보험공단 정의] 요양급여(의료급여) 비용의 심사를 담당한 건강보험심사평가원의 지원

심사차수

자세하게 조사하여 등급이나 당락 따위를 결정하며 차가 생긴 수.
[국민건강보험공단 정의] 요양급여(의료급여) 비용을 심사한 결과를
관리하기 위하여 건강보험심사평가원에서 부여하는 번호

심사평가원

[국민건강보험공단 정의] 요양급여의 심사와 요양급여의 적정성 평가
업무를 수행하기 위하여 국민건강보험법에 의하여 정부의 기능을 직
접 위탁받아 수행하는 법정 공법인. 건강보험심사평가원의 준말

심판청구

이의신청위원회(공단 및 심사평가원에 설치되어 있음)의 이의신청 결
정에 불복이 있는 자가 분쟁조정위원회(보건복지가족부에 설치되어
있음)에 재심을 요구하는 행위.

[ㅇ]

압류

[사전적 의미] 집행 기관에 의하여 채무자의 특정 재산에 대한 처분
이 제한되는 강제 집행. [국민건강보험공단 정의] 보험료 등 채권의
강제징수를 위하여 체납자의 특정 재산의 법상 또는 사실상의 처분
을 금하여 그 재산을 확보, 환가 할 수 있는 상태에 두는 처분.

알츠하이머

원인을 알 수 없는 뚜렷한 뇌 위축으로 기억력과 지남력이 감퇴하는
병

약가

건강보험 적용 약품의 가격, 요양급여 또는 의료급여에 적용되는 약품의 가격

양수인

사업장의 사업에 관한 권리와 의무를 계약에 의하여 승계한 자를 말함. 부족액에 대하여 양수한 재산의 가액을 한도로 제2차 납부의무를 부담함.

연금소득

연금으로 획득한 소득 (참고)'종합소득' 이 등재되어 있음

연말정산

『법』 급여 소득에서 원천 과세한 일 년 동안의 소득세에 대하여, 연말에 넘거나 모자라는 액수를 정산하는 일.

연체금

보험료 납부의무자가 납기 내에 의무를 이행하지 않았을 경우 부과되는 금전적 부담. 금전지급이행에 대한 간접강제로서의 성격을 가지는 행정상의 제재이다.

연체금 일할계산

보험료를 납기내에 납부하지 않았을 경우 부과되는 연체금을 납부기한 후 매 1일이 지날 때마다 가산하는 방식으로서, 납부지연 일수만큼 연체금을 고지함

영유아

영아(젖먹이)와 유아(생후 1년부터 만 6세까지의 어린이) 를 합쳐서 부르는 말

영유아검진

생후 4개월부터 71개월에 이르기까지 7차에 걸쳐 정상적인 성장과 발달사항을 점검하고 보호자를 대상으로 건강교육을 실시하는 검진

영유아 검진결과사후관리 상담

영유아 건강검진 발달선별검사결과 심화평가 권고로 판정받은 대상자의 발달장애 조기발견을 통해 발달장애와 후유증을 최소화하기 위한 상담 및 지역사회서비스 연계하는 사업

예방사업

질병 등을 예방하는 일

오벽지

해안이나 도시에서 멀리 떨어진 대륙 내부의 땅이나 외따로 뚝 떨어져 있는 궁벽한 땅. 교통이 불편하고 문화의 혜택이 적은 곳을 이른다.

완납증명서

보험료에 대한 완납여부를 확인하는 증명서

외국인

다른 나라의 사람 [법률정의] (외국인토지법) 다음 각호의 1에 해당하는 개인?법인 또는 단체. 1. 대한민국의 국적을 보유하고 있지 아니한 개인 2. 다음 각목의 1에 해당하는 법인 또는 단체{가. 외국의 법령에 의하여 설립된 법인 또는 단체 나. 사원 또는 구성원의 반수 이상이 제1호에 해당하는 자인 법인 또는 단체 다. 업무를 집행하는 사원이나 이사 등 임원의 반수 이상이 제1호에 해당하는 자인 법인 또는 단체 라. 제1호에 해당하는 자나 가목에 해당하는 법인 또는

단체가 자본금의 반액 이상이나 의결권의 반수 이상을 가지고 있는 법인 또는 단체. 이 경우 자본금액 또는 의결권수를 산정함에 있어서 주식회사의 무기명주식은 이를 제1호에 해당하는 자나 가목에 해당하는 법인 또는 단체가 가지고 있는 것으로 본다.} (배타적경제수역에서의외국인어업등에대한주권적권리의행사에관한법률) 다음 각목의 1에 해당하는 자. 가. 대한민국의 국적을 가지지 아니한 자 나. 외국의 법률에 의하여 설립된 법인(대한민국의 법률에 의하여 설립된 법인으로서 외국에 본점 또는 주된 사무소를 가진 법인이나 그 주식 또는 지분의 2분의 1이상을 외국인이 소유하고 있는 법인을 포함한다) (국제수형자이송법) 대한민국과 국제수형자이송에 관한 조약?협정 등(이하 "조약"이라 한다)을 체결한 외국의 국민 및 조약에 의하여 그 외국의 국민으로 간주되는 자. (선물거래법) 대한민국의 국적을 가지지 아니한 개인 및 외국법인. (출입국관리법;선박및해상구조물에대한위해행위의처벌등에관한법률) 대한민국의 국적을 가지지 아니한 자. (특정물품등의조달에관한국가를당사자로하는계약에관한법률시행령특례규정) 대한민국의 국적을 가지지 아니한 자와 대한민국의 국적과 대한민국외의 국적을 이중으로 가진 자 및 외국법인(외국의 법령에 의하여 설립된 법인). (해양과학조사법) 외국의 국적을 가진 사람, 외국의 법률에 의하여 설립된 법인 및 외국정부. (해외자원개발사업법) 외국의 국적을 가진 사람과 외국의 법률에 의하여 설립된 법인 및 외국정부. (외국인투자촉진법) 외국의 국적을 보유하고 있는 개인, 외국의 법률에 의하여 설립된 법인(이하 "외국법인"이라 한다) 및 대통령령이 정하는 국제경제협력기구. (대덕연구개발특구등의육성에관한법률)

외래명세서

요양기관이 요양급여(의료급여)비용의 청구를 할 때에 건강보험심사평가원에 작성하여 제출하는 요양급여(의료급여)비용명세서 중 외래환자의 명세서

요양급여

가입자 및 피부양자의 질병·부상·출산 등에 대하여 요양기관으로부터 진찰·검사, 약제·치료재료의 지급, 처치·수술 기타의 치료, 예방·재활, 입원, 간호, 이송 등에 대하여 직접 의료서비스를 제공받는 것

요양급여비용

가입자 및 피부양자의 질병·부상·출산 등에 대하여 요양기관으로부터 진찰·검사, 약제?치료재료의 지급, 처치·수술 기타의 치료, 예방·재활, 입원, 간호, 이송 등 의료서비스를 제공받는데 소용되는 금액

요양보호사

노인 등의 신체활동 또는 가사활동 지원 등의 업무를 전문적으로 수행하는 장기요양요원

요양일수

휴양하면서 조리하여 병을 치료한 날짜 수. [국민건강보험공단 정의] 내원일수에 원내 투약일수를 포함한 일수. 단, 내원과 투약이 중복된 날은 1일로 산정

욕구사정

수급자의 욕구를 정확히 파악하는 업무. 우리 업무체계에서는 인정조사 단계에서 욕구조사를 함께 시행하도록 하고 있으므로 장기요양인정조사가 곧 욕구조사라고 할 수 있음 '장기요양인정조사표'의 12개영역 – 일반사항, 신체기능 영역(기본적 일상생활기능영역, 사회생활기능 영역(수단적 일상생활기능 영역), 인지기능 영역, 행동변화영역, 간호처치 영역, 재활 영역, 복지용구, 지원형태, 환경평가, 시·청력상태, 질병 및 증상으로 구성

원거리교통비

섬·벽지 등 교통 불편지역에 거주하여 장기요양급여를 이용하기 어려운 수급자에게 방문요양(24시간 방문요양 포함), 방문간호를 제공하는 기관에 지급하는 교통비

원외

고아원, 병원, 연구원 따위의 '원(院)' 자가 붙은 기관이나 국회의 외부. [국민건강보험공단 정의] 병원 또는 의원의 외부

원외처방

의료기관에서 진료받은 외래환자에게 병원 밖에 있는 약국에서 조제·투약을 받을 수 받을수 있도록 증상에 따라 약을 짓는 방법을 기술하는 것.

원외처방전

의료기관에서 진료받은 외래환자에게 병원 밖에 있는 약국에서 조제·투약을 받을 수 받을수 있도록 증상에 따라 약을 짓는 방법을 기술한 종이.

위장조영촬영

X선 투과가 잘 안 되는 바륨현탁액 등을 이용하여 위장 부위를 채우거나 코팅하여 위장과 십이지장의 이상 유무를 검사하기 위해 촬영하는 검사방법

유방단순촬영

좌우 각 2회씩 표준촬영법으로 내외사위, 상하위 촬영하는 검사방법

유학생

외국에 머물면서 공부하는 학생.

의료급여

의료급여법에 따라 생활이 어려운 자에게 실시하는 것. 수급권자의 질병·부상·출산 등에 대한 진찰·검사, 약제·치료재료의 지급, 처치·수술과 그 밖의 치료, 예방·재활, 입원, 간호, 이송과 그 밖의 의료목적의 달성을 위한 조치.의료보험과 의료급여가 동일시되거나 혼동되는 경우가 많은데, 의료보험은 의료급여를 위한 한 수단이 될 뿐이다. 우리나라의 경우 의료급여는 국민기초생활보장법 제7조에서 정하고 있는 생계급여, 주거급여, 의료급여, 교육급여, 해산급여, 장제급여, 자활급여 중의 하나이다. [국민건강보험공단 정의] 의료급여법에 따라 생활이 어려운 자에게 실시하는 급여

의료급여기관

수급권자에 대한 진료·조제 또는 투약 등을 담당하는 의료기관 및 약국 등을 말한다

의료급여비

의료급여법에 따라 생활이 어려운 자에게 실시하는 급여 비용

의료급여증

의료급여법에 따라 생활이 어려운 자에게 실시하는 의료급여의 수급 대상자에게 제공하는 증명서

의료보호

생활 보호 대상자에 대하여 의료를 보장하는 제도. 의료 보호 기금에서 의료비의 일부 또는 전부를 부담한다. [국민건강보험공단 정의] 의료급여의 옛말

의료인

보건복지부장관의 면허를 받은 의사,치과의사,한의사,조산사 및 간호사를 말한다,

의원급 만성질환관리제

의원을 이용하는 고혈압, 당뇨병 환자의 건강을 증진시키고, 의료기관 기능 재정립 차원에서 일차의료를 활성화하기 위하여 의사로부터 자격부여를 받은 만성질환자에게 진찰료 본인부담 경감과 건강지원 서비스를 제공하는 제도

이민출국자

자기 나라를 떠나 다른 나라로 이주하고자 나라의 국경 밖으로 나가는 사람. [국민건강보험공단 정의] 국내에서 국외이주신고후 출국하는 자

이용계획

장기요양 서비스를 이용하기 위한 급여종류, 횟수 등에 대해 미리 헤아려 작성하는 것

이용지원

장기요양 서비스를 사용하는것에 대해 도움을 주는 것

이의신청

국민건강보험공단이나 건강보험심사평가원으로부터 위법·부당한 처분을 받은 국민(가입자 등)이 권리 내지 이익의 침해를 구제받고자 법령에서 인정한 절차에 따라 권리구제를 요구하는 행위.

이중수검자

건강검진 횟수를 초과하여 검진을 받은 수검자

2차건강검진

1차건강검진 결과 질환의심자로 판정된 수검자에 대하여 상담, 보건 교육, 건강위험평가 등을 시행하는 검진

인가

제삼자의 법률 행위를 보충하여 그 효력을 완성하는 일. 법인 설립의 인가, 사업 양도의 인가 따위이다.

인용결정

본안심리의 결과 이의신청이 이유 있고 원래의 처분 또는 부작위가 위법 또는 부당하다고 인정하여 신청의 취지를 받아 들이는 결정

인정신청

65세 이상 노인 또는 65세 미만의 노인성 질환을 가진자가 장기요양 보험 인정을 받기 위해 하는 신청

인정조사

인정신청이 접수된 어르신의 심신상태 및 욕구를 파악하기 위해 공단직원이 직접 방문하여 실시하는 조사

인지기능

자극을 받아들이고, 저장하고, 인출하는 일련의 정신 과정. 지각, 기억, 상상, 개념, 판단, 추리를 포함하여 무엇을 안다고 인식하는 기능

인지기능장애

자극을 받아들이고, 저장하고, 인출하는 일련의 정신 과정. 지각, 기억, 상상, 개념, 판단, 추리를 포함하여 무엇을 안다고 인식하는 기능에 이상이 있음

일반건강검진

진찰 및 상담, 성·연령별검사(대상시기별 이상지질혈증 등 8개항목), 흉부방사선 촬영, 요검사, 혈액검사 등을 통해 심뇌혈관 질환의심자를 조기에 발견하기 위해 시행하는 검진

1차진료

진료가 필요하거나 필요하다고 생각하는 사람이 맨 처음 진료인력과 접촉할 때 제공되는 기본적·일반적인 진료를 말한다.

임금채권부담금

「임금채권보장법」에 따른 위탁에 따라 공단이 징수하는 부담금을 말함

임대소득

부동산 또는 부동산상의 권리, 공장재단 또는 광업재단, 광업권자·조광권자 또는 덕대가 채굴에 관한 권리를 대여함으로 인하여 발생하는 소득을 가리킨다. 대여라 함은 전세권 기타 권리를 설정하고 그 대가를 받는 것과 임대차계약 기타 방법에 의하여 물건 또는 권리를 사용 또는 수익하게 하고 그 대가를 받는 것을 말한다. 즉 대여란 전세권과 같은 용익물권의 설정에 의하거나 임대차와 같은 채권계약에 의하는 것을 불문하는 것이다.

임의가입자(연금)

국내에 거주하는 18세이상 60세미만 국민으로서 국민연금 사업장가

입자나 지역가입자가 될 수 없는 사람이 본인의 선택에 따라 가입을 신청한 자

임의계속
일정한 기준이나 원칙 없이 소속하여 매임.

임의계속가입자(연금)
국민연금 가입자 또는 가입자였던 자가 60세 이후에도 신청에 의하여 국민연금 자격을 유지하는 자

입양아동
입양에 의한 자녀 [법률정의] (입양촉진 및 절차에 관한 특례법) 이 법에 의하여 입양된 아동.

입원명세서
요양기관이 요양급여(의료급여)비용의 청구를 할 때에 건강보험심사평가원에 작성하여 제출하는 요양급여(의료급여)비용명세서 중 입원 환자의 명세서

입원진료비
입원 환자에게 실시한 요양급여 또는 의료급여에 소요되는 총 비용

[ㅈ]

자동이체
공공요금·급여·연금 따위의 지급을 위탁받은 은행, 우체국 등이 소정일에 지급인 계좌에서 예금을 자동적으로 출금하여 수취인 계좌에 대체하는 제도.

자동차등급별점수

지역가입자 보험료 산정시 자동차세액에 사용연수에 따른 감액률을 반영하여 차종별 배기량 또는 적재량에 따라 부과하는 점수

자동차세구간별점수

지역가입자 보험료 산정시 생활수준 및 경제활동 참가율에 부과하는 점수중 자동차세액 구간에 따른 점수

장기요양

고령 등으로 거동이 불편한 사람이나 다친 사람을 장기간에 걸쳐 수발을 드는 일

장기요양급여

고령 등으로 혼자서 일상생활을 수행하기 어렵다고 인정된 자를 대상으로 행하는 공적인 서비스

장기요양급여 계약통보서

급여계약을 체결하거나 계약서의 내용을 변경하는 경우 장기요양기관이 지체 없이 공단에 통보하여야 하는 서식(노인장기요양보호법 시행규칙 제 11호의 서식 및 변지 제 11호의2서식)

장기요양기관

장기요양급여 제공에 적합한 시설 및 인력을 갖추고 장기요양급여를 제공하는 기관

장기요양보험료

고령이나 노인성 질병(치매, 중풍 등) 등으로 일상생활을 혼자서 수

행하기 어려운 노인 등에게 신체활동 또는 가사활동 지원 등의 장기
요양급여를 제공하기 위한 노인장기요양보험제도에 따라 징수하는
보험료

장기요양 수가

장기요양급여비용을 일컫는 말. 장기요양급여에 대한 대가(보상)

장기요양인정 갱신신청

장기요양인정을 받은 자가 장기요양급여를 계속하여 받고자 하는 경
우 유효기간이 만료되기 90일 전부터 30일전까지 갱신하기 위해 하
는 신청

장애인

신체의 일부에 장애가 있거나 정신적으로 결함이 있어서 일상생활이
나 사회생활을 하는 데 상당 한 제약을 받는 사람 [법률정의] (장애
인기업활동 촉진법) 다음 각 목의 어느 하나에 해당하는 사람. 가.
장애인복지법 제29조의 규정에 의한 장애인등록증을 교부받은 사람
나. 국가유공자 등 예우 및 지원에 관한 법률 제6조의4의 규정에 의
한 상이등급 1급 내지 7급의 판정을 받은 사람 (장애인고용촉진 및
직업재활법) 신체 또는 정신상의 장애로 인하여 장기간에 걸쳐 직업
생활에 상당한 제약을 받는 자로서 대통령령이 정하는 기준에 해당
하는 자.

장제비

장례와 제사를 치르는 일을 위해 사용된 비용.

재가

수급자가 주로 생활하는 가정 등 사적인 공간

재가급여

장기요양요원이 수급자의 가정 등을 방문하여 신체활동, 가사활동, 목욕, 간호 등을 도와주고 신체·인지상태에 필요한 복지용구 등을 지원하는 급여

재가급여전자관리시스템

RFID 기술을 기반으로 모바일(휴대폰)기기를 이용하여 방문3종(방문요양,방문목욕,방문간호) 서비스 제공내역(서비스 시작·종료)을 실시간으로 전송하고 전송된 자료를 청구와 연계하여 심사·지급하는 시스템 ※ RFID(Radio Frequency Identification) : 무선주파수를 이용하여 전자태그(IC칩)에 내장된 정보를 비접촉으로 읽어내는 정보인식 기술

재개업

영업을 다시 시작함.

재검진

건강검진을 받은 대상자의 건강문제를 보호하기 위해서 검진기관 현지확인 등으로 '검진비용이 환수된 일부 검진항목'에 한해 대상자가 검진을 희망하는 경우에 재검사를 받을 수 있는 검진

재산

개인이나 단체가 소유한 유형·무형의 경제적 가치가 있는 것의 총체

재산구간별점수

지역가입자 보험료 산정시 생활수준 및 경제활동 참가율에 부과하는 점수중 재산금액 구간에 따른 점수

재산등급별점수

지역가입자 보험료 산정시 재산금액에 부과하는 점수

재산세

지방세의 하나. 일정한 재산에 대하여 부가하며 상속세, 재평가세 따위가 있다

재산정

다시 셈하여 정함.

재외국민

재외국민등록법에 정한 재외국민이란 외국에서 일정한 장소에 주소 또는 거소를 정한 자와 외국에서 일정한 장소에 20일 이상 체류하는 자를 말한다. [국민건강보험공단 정의] . 재외동포의출입국과법적지위에관한법률 제2조제1호의 규정에 의한 자 중 국내에 거주하는 자로서 동법 제6조의 규정에 의하여 국내거소신고를 한 자

저소득취약계층

낮은 소득과 낮은 소비 수준을 특징으로 하는 취약한 계층

적용인구

[합성어] 건강보험 적용인구를 나타냄(가입자 + 피부양자)

전산점검심사

장기요양급여비용 청구서에 대하여 수급자 자격 등 일반사항과 청구 내용을 비교적 단순화하거나 정형화된 전산프로그램으로 심사 점검함

전월세

부동산의 소유자에게 일정한 금액을 맡기고 그 부동산을 일정 기간 동안 빌려 쓰거나 집이나 방을 빌려 쓰고 다달이 내는 돈. 그 부동산을 돌려줄 때는 맡긴 돈의 전액을 되돌려 받는다.

전자납부번호

보험료를 납부할 때 기준이 되는 고유번호 ※ 지역 건강: 건강보험증번호(11자리)+고지서 종별(2자리) 지역 연금: 연금보험 NPS번호(11자리)+고지서 종별(2자리) 직장 보험료: "57"로 시작하는 납부자 번호(11자리)+고지서 종별(2자리)

정밀심사

정밀심사 대상 건으로 분류 · 분배된 청구서에 대하여 심사자가 명세서 건별로 장기요양급여의 제공기준, 재가 및 시설급여 등 비용의 산정기준에 따라 적합하게 청구되었는지의 여부를 심사함

정보공개

기업이 소비자의 건강과 안전을 위하여 자사 상품의 결함 따위를 알리는 일

정보열람

개인정보, 건강보험정보 등 여러 정보들이 담겨있는 서적이나 문서 따위를 훑어보거나 조사하면서 봄

정산

자세하게 계산함, 또는 그 계산. [법률정의] (수출용원재료에대한관세등환급에관한특례법) 제5조제2항의 규정에 의하여 수출용원재료에 대하여 일정기간별로 일괄납부할 관세등과 제16조제3항의 규정에 의하여 지급이 보류된 환급금을 상계하는 것.

정산반영보험료
정산하여 반영된 보험료

정산보험료
자세하게 계산한 보험료.

정신건강평가
생애전환기검진시 정신건강(우울증)을 평가함

제2차 납부의무
주된 납부의무자의 재산으로 납부할 보험료 등을 충당하기에 부족한 경우 주된 납부의무자와 일정한 관계에 있는 자가 부족액에 대해 보충적으로 부담하는 납부의무. ① 법인의 재산으로 그 법인이 납부해야 하는 보험료와 그에 따른 연체금 및 체납처분비를 충당해도 부족한 경우 그 부족액에 대해 과점주주 또는 무한책임사원에게 2차 납부의무를 부과함. ② 사업이 양도·양수된 경우 양도일 이전에 양도인에게 납부의무가 부과된 보험료와 그에 따른 연체금 및 체납처분비를 양도인의 재산으로 충당해도 부족한 경우 그 부족액에 대해 양수인에게 2차 납부의무를 부과함.

조정
분쟁을 중간에서 화해하게 하거나 서로 타협점을 찾아 합의하도록 함. [국민건강보험공단 정의] . 세부처리요령에서의 '조정'이란 소유권 소멸, 변동 등의 사유로 보험료가 감소되는 경우를 의미함.

조정전
[국민건강보험공단 정의] 어떤 기준이나 실정에 맞게 정돈하기 전

조정특례

분쟁을 중간에서 화해하게 하거나 서로 타협점을 찾아 합의하도록 특수하고 예외적인 경우를 규정하는 규정. 또는 그 법령.

종합소득

[국민건강보험공단 정의] . 당해연도에 발생하는 이자소득, 배당소득, 부동산임대소득, 사업소득, 근로소득, 일시재산소득, 연금소득과 기타소득을 합산한 것.

종합토지세

개인의 과다한 토지보유를 억제하여 지가(地價)안정과 토지소유의 저변을 확대하기 위하여, 전국에 있는 모든 토지를 소유자별로 합산한 후 누진세율을 적용한 토지분 재산세를 말한다.

주상병

치료나 검사에 대한 환자의 요구가 가장 컸던 상병, 주된 상병

주·야간보호

수급자를 하루 중 일정한 시간 동안 장기요양기관에 보호하여 신체활동 지원 및 심신기능의 유지향상을 위한 교육·훈련 등을 제공하는 장기요양급여

주택

사람이 들어 살 수 있게 지은 집. [법률정의] (부동산가격공시및감정평가에관한법률) 주택법 제2조제1호의 규정에 의한 주택. (종합부동산세법) 지방세법 제180조제3호의 규정에 의한 주택. 다만, 동법 제112조제2항제1호의 규정에 의한 별장은 제외한다. (인구주택총조사규칙) 하나 이상의 가구가 독립하여 살 수 있도록 구획되어 있는 건축물.

준비금

물적회사에 있어서 순재산액이 자본액을 초과하고 있는 경우 이것을 주주에게 배당하지 않고 회사자본의 증가나 기타 일정한 목적(장래 영업의 부진, 불시의 재난, 사업의 장기계획에 대한 대비)을 위하여 회사에 유보하는 재산적 수액.

중복청구

중복으로 청구함

지급월

돈이나 물품 따위를 정하여진 몫만큼 내주는 달. [국민건강보험공단 정의] 요양급여(의료급여)비용을 지급한 달

지급차수

심평원에서 심사결정된 명세서분에 대해 공단에서 급여비를 지급할 때 부여하는 번호

지도점검

지도(指導)와 점검(點檢)의 합성어 [국민건강보험공단 정의] 신고사항에 대한 정기적 업무안내로 사업장의 원활한 업무처리를 도모하고 착오,누락,부당신고로 인하여 발생된 각종 건강보험 관련 업무를 확인하여 재발 사례를 방지하고자 출장방문 및 서류에 의해 확인하는 것을 말한다.

지번

토지를 조각조각 나누어서 매겨 놓은 땅의 번호

지역보험료

[국민건강보험공단 정의] 지역가입자가 납부하는 건강보험료

지역사회자원연계

등급외판정자(A형, B형, C형)를 대상으로 희망서비스를 파악하여 대상자에게 적합한 시·군·구의 지역사회보건복지서비스 및 공단의 건강증진서비스, 민간서비스 등을 연계하는 사업

지역협의회

지역사회의 공식·비공식 자원을 효율적으로 연계·지원하고, 자원간의 정보와 의견을 공유하기 위하여 공단(운영센터)에서 구성·운영하고 있는 협의체로서 공단 지사장 포함하여 6인이상 25인 이하 외부위원으로 구성됨

직권

그 직무를 수행(遂行)하기 위하여 가지고 있는 힘

직권상실자

직무상의 권한으로 어떤 것이 아주 없어지거나 사라진 사람.

직권처리

그 직무를 수행(遂行)하기 위하여 가지고 있는 힘에 대한 처리

직권합산 고지(직장) 기준

사업장관리번호와 대표자가 같은 사업장에 적용되는 4대 사회보험이 2개 이상이고, 고지대상 보험의 고지형태가 모두 표준OCR 고지대상 사업장의 보험료를 합산함

직역

직장과 지역의 줄임말.

직장가입자

[국민건강보험공단 정의] . 사업장의 근로자, 사용자, 공무원, 교직원, 임의계속가입자(2007.7.1.부터 적용), 건설일용직에 해당하는 사람. (국민건강보험법 제3조, 제5조, 제6조) . 직장가입자에서 제외되는 자 (학원강사, 대학시간강사, 기간제교사, 보험설계사, 프로선수, 유공자등의료보호대상자) 가) 1월 미만의 기간동안 고용되는 일용근로자 나) 선거에 의하여 취임하는 공무원으로서 매월 보수 또는 이에 준하는 급료를 받지 아니하는 자 다) 소재지가 일정하지 아니한 사업장의 근로자 및 사용자 라) 비상근 근로자 또는 1월간의 소정 근로시간이 60시간 미만인 시간제 근로자 마) 비상근 교직원 또는 1월간의 소정 근로시간이 60시간 미만인 공무원 및 교직원 바) 의료급여법에 의하여 의료급여를 받는 자 사) 「독립유공자예우에 관한 법률」및 「국가유공자 등 예우 및 지원에 관한 법률」에 의하여 의료보호를 받는 자(유공자등의료보호대상자)로서 건강보험의 적용배제신청을 한 자

직장가입자 및 피부양자

직장가입자(사업장의 근로자, 사용자, 공무원, 교직원, 임의계속가입자(2007.7.1.부터 적용), 건설일용직에 해당하는 사람) 및 피부양자(직장가입자에 의하여 주로 생계를 유지하는 자로 보수 또는 소득이 없는 자)

직장보험료

[국민건강보험공단 정의] 직장가입자가 납부하는 건강보험료

진료내역

진찰하고 치료한 내역

진료일당

[국민건강보험공단 정의] 진료일수를 1일로 환산하여 진료비, 급여비 등을 계산할 때 진료일당 진료비, 진료일당 급여비라고 말함.

질환군

유사한 질환의 집합

징수

[사전적 의미] 행정 기관이 법에 따라서 조세, 수수료, 벌금 따위를 국민에게서 거두어들이는 일. [국민건강보험공단 정의] 건강보험사업에 소요되는 비용을 충당하기 위하여 필요한 재원을 보험자인 공단이 납부의무자로부터 보험료를 받는 것

징수결의

나라, 공공 단체, 지주 등이 돈, 곡식, 물품 따위를 거두어 들고자 뜻을 정하여 굳게 마음을 먹음. 또는 그런 마음.

징수독려

행정 기관이 법에 따라서 조세, 수수료, 벌금 따위를 국민에게서 거두어들이는 일을 감독하며 격려함.

징수위탁근거법

「국민연금법」, 「고용보험 및 산업재해보상보험의 보험료징수 등에 관한 법률」, 「임금채권보장법」 및 「석면피해구제법」을 의미함.

징수포털고지

전자고지의 한 종류로서 사회보험통합징수포털(si4n.nhis.or.kr)에서 회원가입 후 신청할 수 있으며 해당 사이트에서 고지서를 열람할 수

있도록 서비스가 제공되며, 사업장의 경우 신청 시 우편고지서는 발송되지 않음

[ㅊ]

채권

채권자가 채무자에게 일정한 급부를 청구할 수 있는 권리. 국세징수법에서는 금전 또는 매각할 수 있는 재산의 급부를 목적으로 하는 채권을 의미함.

채권압류

채권자의 신청에 따라 채무자나 제삼자가 가진 채권에 대하여 법원 또는 집달관이 강제 집행을 하는 일. 압류된 채권은 추심 명령, 전부 명령과 같은 환가 명령에 따라 환가되어 채권자에게 지급된다.

채권자

채권을 보유한 자, 즉 다른 사람에게 일정한 급부를 청구할 수 있는 자를 의미함.

처분

행정 주체가 구체적 사실에 관한 법 집행으로서 행하는 공법 행위 가운데 권력적 단독 행위. [법률정의] (행정심판법) 행정청이 행하는 구체적 사실에 관한 법집행으로서의 공권력의 행사 또는 그 거부와 그 밖에 이에 준하는 행정작용. (행정절차법) 행정청이 행하는 구체적 사실에 관한 법집행으로서의 공권력의 행사 또는 그 거부와 기타 이에 준하는 행정작용.

체납

세금 따위를 기한까지 내지 못하여 밀림.체납보험료체납된 보험료를 의미한다. 하나의 단어처럼 자주 사용된다.

체납보험료

체납된 보험료. 하나의 단어처럼 자주 사용됨.

체납처분

[사전적 의미] 국민이 국가 또는 지방자치단체에 대하여 부담하고 있는 공법상의 금전급부의무를 이행하지 않을 경우에 행정청이 강제적으로 의무가 이행된 것과 같은 상태를 실현하는 처분 및 그 집행. [국민건강보험공단 정의] 고지된 보험료 등이 미납되어 법 제81조제1항에 따라 독촉을 하고 독촉기한까지 납부하지 않을 경우 법 제81조제3항에 의거 보건복지부장관의 승인을 얻어 체납자의 재산을 압류, 환가, 청산하여 보험료 등의 채권에 충당하는 일련의 강제징수 절차.

체납처분비

[법률정의] (국세기본법) 국세징수법중 체납처분에 관한 규정에 의한 재산의 압류·보관·운반과 매각에 소요된 비용(매각을 대행시키는 경우 그 수수료를 포함함).

추심

은행이 소지인의 의뢰를 받아 수표나 어음을 지급인에게 제시하여 지급하게 하는 일. 채권의 추심으로 사용하는 경우에는 채무자에 대한 소재파악 및 재산조사, 채권에 대한 변제 요구, 재무자로부터 변제 수령 등 채권의 만족을 얻기 위한 일체의 행위를 말함 채권자채권을 보유한 자, 즉 다른 사람에게 일정한 급부를 청구할 수 있는 자.

체성분

몸을 이루고 있는 성분

체질량지수

일반적으로 비만 판정을 위해 주로 이용하는 방법으로 키와 몸무게를 이용해 지방의 양을 추정하는 비만측정법으로 자신의 몸무게(kg)를 키(㎡)의 제곱으로 나눈 값

초심환수

초심환수(初審+還收)
애벌로 심의함. 또는 그런 심의. 『법』=제일심. 법률상 도로 거두어들임

총의료급여비

의료급여법에 따라 생활이 어려운 자에게 실시하는 급여 비용 전체

추가보험료

(연말정산시 등의 업무에서) 추가된 보험료

추심

은행이 소지인의 의뢰를 받아 수표나 어음을 지급인에게 제시하여 지급하게 하는 일. 채권의 추심으로 사용하는 경우에는 채무자에 대한 소재파악 및 재산조사, 채권에 대한 변제 요구, 재무자로부터 변제 수령 등 채권의 만족을 얻기 위한 일체의 행위를 말함 채권자채권을 보유한 자, 즉 다른 사람에게 일정한 급부를 청구할 수 있는 자.

추징

형법상 몰수하여야 할 물건을 몰수할 수 없을 때에 몰수할 수 없는 부분에 해당하는 값의 금전을 징수하는 일.

출연금

징수업무 위탁에 따른 비용지원 근거에 의거 국민연금·고용·산재 각 기금에서 보험료 징수에 소요되는 비용을 금전적으로 출연하는 행위

취득

자기의 것으로 함. 손안에 넣어 가짐

취득신고

[합성어] 취득 + 신고 취득 取得 Acquisition 자기의 것으로 함. 손안에 넣어 가짐 + 신고 申告 Declaration 국민이 법령의 규정에 따라 행정 관청에 일정한 사실을 진술/보고함.

취하

신청하였던 일이나 서류 따위를 취소함.

치료재료

건강보험 적용대상자의 진료에 사용되는 소모성 재료로서, 관련규정과 절차에 따라 보건복지부 장관이 인정 및 고시한 품목

치매

정상적인 정신 능력을 잃어버린 상태. 대뇌 신경 세포의 손상 따위로 말미암아 지능, 의지, 기억 따위가 지속적·본질적으로 상실된 경우이다.

[ㅌ]

탈퇴
관계하고 있던 조직이나 단체 따위에서 관계를 끊고 물러남.

퇴직
회사를 그만두고 물러남 [법률정의] (사립학교교직원 연금법) 면직,
사직 기타 사망외의 모든 해직의 경우. 다만, 교직원의 신분이 소멸
된 날 또는 그 다음날에 다시 교직원으로 임명되고 이 법에 의한 퇴
직급여 및 퇴직수당을 수령하지 아니한 경우에는 예외로 한다. (별정
우체국법) 면직·사직 기타 사망외의 모든 해직의 경우. 다만, 직원신
분이 소멸된 날 또는 그 다음 날에 다시 직원으로 임명되고, 이 법
에 의한 퇴직급여 및 퇴직수당을 수령하지 아니한 경우에는 그러하
지 아니하다. (공무원연금법) 면직·사직 기타 사망외의 사유로 인한
모든 해직. 다만, 공무원의 자격이 소멸된 날 또는 그 다음 날에 다
시 자격을 취득하고 이 법에 의한 퇴직급여 및 퇴직수당을 수령하지
아니한 경우에는 예외로 한다. (1959년 12월 31일 이전에 퇴직한 군
인의 퇴직급여금지급에 관한 특별법) 전역·퇴역·제적의 경우.

퇴직정산
퇴직 시 항목별 지급/공제 처리를 계산함

퇴직중간정산
퇴직 시 중간정산에 대한 코드

특례
일반적 규율인 법령 또는 규정에 대하여 특수하고 예외적인 경우를
규정하는 규정. 또는 그 법령

특수사업장

특수 사업을 영위하기 위하여 필요한 인적?물적 설비를 갖추고 계속하여 사업을 영위하는 장소.

[ㅍ]

표준 OCROCR

표준으로 정한 OCR.폐쇄閉鎖 기관이나 시설을 없애거나 기능을 정지함.

폐업

직업이나 영업을 그만둠

표준 OCR

표준으로 정한 OCR.

표준급여계획

표준급여모형에 의해 도출된 급여계획(급여종류와 양)

표준급여모형

장기요양인정조사 결과(수급자의 심신기능상태)에 따라 수급자의 기능상태만을 일차적으로 고려하여 심신기능을 유지, 향상시킬 수 있는 객관적 급여계획을 도출하는 알고리즘

표준장기요양이용계획서

수급자가 장기요양서비스를 적절하게 이용할 수 있도록 수급자의 심신상태, 생활환경, 그리고 수급자 및 그 가족의 욕구와 희망을 종합

적으로 고려해서 수급자에 적합한 서비스의 종류와 내용 등을 적은 계획서

피부양자

생활 능력이 없어 돌봄 받는 사람. [국민건강보험공단 정의] . 보건복지부고시 제2005-99호 피부양자 인정기준 참고. 직장가입자에 의하여 주로 생계를 유지하는 자로 보수 또는 소득이 없는 자. 직장가입자의 배우자, 직계존속(배우자의 직계존속을 포함), 직계비속(배우자의 직계비속을 포함) 및 그 배우자, 형제·자매 중 부양요건에 충족하는 자로 보수 또는 소득이 없는 자. 사업자등록이 되어 있지 않은 자로서 소득세법 제4조 제1항 제1호의 규정에 의한 종합소득 중 사업소득과 임대소득의 년간 합계액이 500만원 이하인 자. 사업자등록이 되어 있더라도 소유가옥 재건축에 따른 사업자등록증 등 관계자료에 의하여 소득이 발생되지 않는 자임을 국민건강보험공단(이하 "공단"이라 한다)이 인정한 자. 장애인복지법에 의하여 등록된 장애인, 국가유공자등예우및지원에관한법률 제4조제1항제4호·제6호·제10호·제12호·제14호에 규정된 국가유공자 또는 동법 제73조에 규정된 반공귀순상이자로서 소득세법 제4조 제1항 제1호의 규정에 의한 종합소득 중 사업소득과 임대소득의 년간 합계액이 500만원 이하인 자. 소유하고 있는 토지, 건축물, 주택, 선박 및 항공기의 「지방세법」 제110조에 따른 재산세 과세표준의 합이 9억원(형제·자매의 경우는 3억원)을 초과하지 않는 자

피부양자연계

[합성어] 피부양자 + 연계 피부양자 被扶養者 *생활 능력이 없어 돌봄 받는 사람. [국민건강보험공단 정의] 보건복지부고시 제2005-99호 피부양자 인정기준 참고. 직장가입자에 의하여 주로 생계를 유지하는 자로 보수 또는 소득이 없는 자. 직장가입자의 배우자, 직계존속(배우자의 직계존속을 포함), 직계비속(배우자의 직계비속을 포함) 및 그 배우자, 형제·자매 중 부양요건에 충족하는 자로 보수 또는 소득이 없는 자. 사업자등록이 되어 있지 않은 자로서 소득세법 제4조

제1항 제1호의 규정에 의한 종합소득 중 사업소득과 임대소득의 년간 합계액이 500만원 이하인 자. 사업자등록이 되어 있더라도 소유 가옥 재건축에 따른 사업자등록증 등 관계 자료에 의하여 소득이 발생되지 않는 자임을 국민건강보험공단(이하 "공단"이라 한다)이 인정한 자. 장애인복지법에 의하여 등록된 장애인, 국가유공자등예우및지원에관한법률 제4조제1항제4호·제6호·제10호·제12호·제14호에 규정된 국가유공자 또는 동법 제73조에 규정된 반공귀순상이자로서 소득세법 제4조 제1항 제1호의 규정에 의한 종합소득 중 사업소득과 임대소득의 년간 합계액이 500만원 이하인 자

피소

소송 제기를 당하는 일.

[ㅎ]

학교밖청소년

입학 후 3개월 이상 결석하거나 취학의무를 유예한 청소년, 제적·퇴학처분을 받거나 자퇴한 청소년, 상급학교에 진학하지 아니한 청소년

학교밖청소년건강진단

9세 이상 24세 이하 학교 밖 청소년에게 진찰 및 상담, 흉부방사선 촬영, 요검사, 혈액검사, 구강검사 등을 시행하는 검진. 19세 이상 24세 이하 학교 밖 청소년은 국가건강검진과 중복되지 않은 자에 한함

합봉고지

2개 보험 이상의 고지서를 1장의 봉투에 동봉하여 고지

합산고지

4대보험별 구분고지서가 아니라 보험료를 합산하여 1장의 고지서로 발송

해촉

위촉했던 직책이나 자리에서 물러나게 함. discharge

행려

나그네가 되어 돌아다님. 또는 그런 사람. [국민건강보험공단 정의]
일정한 거소가 없는 자

행망

행정전산망을 줄여 부르는 말

행복e음

사회복지 급여 및 서비스 지원대상자의 자격 및 이력 등에 관한 정
보를 통합적으로 관리하는 사회보장정보원이 운영하는 지자체 정보
시스템

현금급여

현금급여의 종류로는 요양비(산소치료, 자가도뇨 소모성재료구입비,
만성신부전증환자의 치료재료, 당뇨병환자 소모성재료구입비, 인공호
흡기 대여료 및 소모품 구입비, 기침 유발기 대여료), 본인부담액보
상금, 장애인보장구급여비가 있다.

현물급여

가입자 및 피부양자의 질병·부상에 대한 예방·진단·치료·재활과 출산·
사망 및 건강증진에 대하여 법령이 정하는 바에 의하여 공단이 현물
로 제공하는 급여

현지조사

현지에서 가서 조사함

현지조치

제기된 문제나 일을 현지(현장)에서 잘 정돈하여 처치함

환산지수

상대가치점수를 화폐단위(원)로 변환하여 주는 역할을 하는 점수당 단가(원/점) 즉, 급여비용명세서에서 진료상세내역에 대한 단위 가격을 말함. 진료비(요양급여비용)는 상대가치점수에 해당 연도의 점수당 단가(환산지수)를 곱하여 산정(행위 중 종별가산 적용 대상은 진료비 총액에 별도 가산됨)

환수

잘못 지급된 금원, 정당한 범위를 벗어난 이익 등을 권원을 가진자가 다시 거두어들이는 일. [국민건강보험공단 정의] 잘못 지급된 비용을 거두어 들임

환입

임금이 내렸던 교지를 다시 거두어들이던 일. [국민건강보험공단 정의] 착오 지급된 비용을 거두어 들임

휴복직

일정한 기간 동안 직무를 쉬거나 물러났던 관직이나 직업에 다시 종사함.

휴업

사업이나 영업, 작업 따위를 일시적으로 중단하고 하루 또는 한동안 쉼.

공무원이나 일반 회사원이 그 신분을 유지하면서 일정 한 기간 직무를 쉬는 일.

휴폐업
사업이나 영업 등을 일시적으로 중단하거나 끝냄.

[A~Z]

ALT
주로 간세포 안에 존재하는 효소로, 간세포가 손상을 받는 경우 혈액 속 농도가 증가한다. 정상 수치 범위는 0~40 IU/L. SGPT

AST
간세포, 심장, 신장, 뇌, 근육 등에 존재하는 효소로, 이러한 세포들이 손상을 받는 경우 혈액 속 농도가 증가한다. 정상 수치 범위(참고치)는 0~40 IU/L, SGOT

B형간염
B형 간염 바이러스(hepatitis B virus, HBV)에 감염되었을 때 우리 몸의 면역반응으로 인해 간에 염증이 생기는 질환

B형항체
B형 간염 바이러스(hepatitis B virus, HBV)를 막아낼 수 있는 표면 항체(HBV surface antibody, HBsAb)

CDATM
금융기관에 설치된 CD/ATM기를 이용하여 납부자가 전자납부번호로 고지내역을 조회해 납부하는 방법

C형간염

C형 간염 바이러스(hepatitis C virus, HCV)에 감염되었을 때 우리 몸의 면역반응으로 인해 간에 염증이 생기는 질환

DRG

진단명기준 환자군이라 번역되는 DRG(Diagnosis Related Group)는 모든 입원환자들을 환자특성 및 진료특성에 의해 임상적인 진료내용과 자원의 소모량이 유사하도록 분류한 질병군으로서 간편하고 가장 널리 사용되는 입원환자의 질병분류체계이다. DRG 지불제도란 한 환자가 병원에 입원해 있는 동안 제공된 의료서비스들을 하나 하나 사용량과 가격에 의해 진료비를 계산하여 지급하는 행위별수가제에 반해 환자가 어떤 질병의 진료를 위해 입원했었는가에 따라 'DRG'라는 질병군(또는 환자군)별로 미리 책정된 일정액의 진료비를 지급하는 포괄수가제이다.

DW

DW(데이터웨어하우스): 각 업무별로 산재되어 있는 정보(데이터)를 주제별(자격, 보험료, 급여사후, 건강검진, 장기요양 등)로 통합·축적하여 사용자가 즉시 다양한 분석을 할 수 있는 통합 데이터관리 시스템

EDI

전자 자료 교환 electronic data interchange, EDI, 電子資料交換 기업 간 수주, 발주, 수송, 결제 등 상업 거래를 위한 자료를 데이터 통신 회선을 통해 표준화된 포맷(format)과 규약에 따라 컴퓨터 간에 온라인으로 전달하는 것. 1986년에 국제 연합 유럽 경제 위원회(UN/ECE)의 주관으로 EDI 프로토콜의 표준화가 합의되어 1988년 4월 프로토콜의 명칭을 EDIFACT(EDI for administration, commerce and transport)로 하고, 동년 7월에 EDI 정보 표현 규약(비즈니스 프로토콜)의 핵심인 구문 규칙(syntax rule)을 국제 표준(ISO 9735)으로 채택하였다.

EDI고지

전자고지의 한 종류로서 건강보험EDI서비스(edi.nhis.or.kr)에서 회원 가입 후 신청할 수 있으며 해당 사이트에서 고지서를 열람할 수 있도록 서비스가 제공되며, 신청 시 우편고지서는 발송되지 않음

HDL콜레스테롤

고밀도지단백 콜레스테롤. 혈관에 콜레스테롤이 쌓이는 것을 막아주고, 쌓인 콜레스테롤을 제거해주는 착한 콜레스테롤

HRA

심뇌혈관질환 위험도 예측 모형, 현재의 건강위험요인으로 각 개인의 미래 사망위험도를 예측 또는 평가하는 방법 또는 프로그램

KASQ

한국 영유아 발달선별검사 도구 K-DST(Korean Developmental Screening Test for Infants & Children)는 질병관리본부가 관련학회 및 기관 협조로 2010부터 2013년까지 약 3년에 걸쳐 개발하였으며, 대근육 운동, 소근육 운동, 인지, 언어, 사회성, 자조 등 6개 영역에서 아이의 발달정도를 확인하는 도구

LDL콜레스테롤

저밀도지단백 콜레스테롤. 혈관에 쌓여 혈관을 상하게 하는 나쁜 콜레스테롤

OCR

"광학식문자판독기 [Optical Character Reader] 문서에 새겨진 문자를 빛을 이용하여 판독하는 장치를 말함 손글씨로 쓴 것을 판독하는 장치는 드물고, 주로 특정 형태의 타이핑된 문자를 판독하는 것이 많음"

Urine Test Strip

소변 검사를 하기 위한 화학적 검사지, 소변검사지

WBS

WBS(Work Breakdown Structure) 예산을 집행하는 단위

노인장기요양보험법

노인장기요양보험법

[시행 2019.10.24]
[법률 제16369호, 2019.4.23, 일부개정]

제1장 총칙

제1조(목적) 이 법은 고령이나 노인성 질병 등의 사유로 일상생활을 혼자서 수행하기 어려운 노인등에게 제공하는 신체활동 또는 가사활동 지원 등의 장기요양급여에 관한 사항을 규정하여 노후의 건강증진 및 생활안정을 도모하고 그 가족의 부담을 덜어줌으로써 국민의 삶의 질을 향상하도록 함을 목적으로 한다.

제2조(정의) 이 법에서 사용하는 용어의 정의는 다음과 같다. <개정 2018.12.11.>
1. "노인등"이란 65세 이상의 노인 또는 65세 미만의 자로서 치매·뇌혈관성 질환 등 대통령령으로 정하는 노인성 질병을 가진 자를 말한다.
2. "장기요양급여"란 제15조제2항에 따라 6개월 이상 동안 혼자서 일상생활을 수행하기 어렵다고 인정되는 자에게 신체활동·가사활동의 지원 또는 간병 등의 서비스나 이에 갈음하여 지급하는 현금 등을 말한다.
3. "장기요양사업"이란 장기요양보험료, 국가 및 지방자치단체의 부담금 등을 재원으로 하여 노인등에게 장기요양급여를 제공하는 사업을 말한다.
4. "장기요양기관"이란 제31조에 따른 지정을 받은 기관으로서 장기요양급여를 제공하는 기관을 말한다.
5. "장기요양요원"이란 장기요양기관에 소속되어 노인등의 신체활동 또는 가사활동 지원 등의 업무를 수행하는 자를 말한다.
[시행일 : 2019.12.12.]

제3조(장기요양급여 제공의 기본원칙) ① 장기요양급여는 노인등이 자신의 의사와 능력에 따라 최대한 자립적으로 일상생활을 수행할 수 있도록 제공하여야 한다. <신설 2018.12.11.>
② 장기요양급여는 노인등의 심신상태·생활환경과 노인등 및 그 가족의 욕구·선택을 종합적으로 고려하여 필요한 범위 안에서 이를 적정하게 제공하여야 한다. <개정 2018.12.11.>

③장기요양급여는 노인등이 가족과 함께 생활하면서 가정에서 장기요양을 받는 재가급여를 우선적으로 제공하여야 한다. <개정 2018.12.11.>
④장기요양급여는 노인등의 심신상태나 건강 등이 악화되지 아니하도록 의료서비스와 연계하여 이를 제공하여야 한다. <개정 2018.12.11.>

제4조(국가 및 지방자치단체의 책무 등) ① 국가 및 지방자치단체는 노인이 일상생활을 혼자서 수행할 수 있는 온전한 심신상태를 유지하는데 필요한 사업(이하 "노인성질환예방사업"이라 한다)을 실시하여야 한다.
② 국가는 노인성질환예방사업을 수행하는 지방자치단체 또는 「국민건강보험법」에 따른 국민건강보험공단(이하 "공단"이라 한다)에 대하여 이에 소요되는 비용을 지원할 수 있다.
③ 국가 및 지방자치단체는 노인인구 및 지역특성 등을 고려하여 장기요양급여가 원활하게 제공될 수 있도록 적정한 수의 장기요양기관을 확충하고 장기요양기관의 설립을 지원하여야 한다. <개정 2018.12.11.>
④ 국가 및 지방자치단체는 장기요양급여가 원활히 제공될 수 있도록 공단에 필요한 행정적 또는 재정적 지원을 할 수 있다.
⑤ 국가 및 지방자치단체는 장기요양요원의 처우를 개선하고 복지를 증진하며 지위를 향상시키기 위하여 적극적으로 노력하여야 한다. <신설 2016. 5. 29.>
⑥ 국가 및 지방자치단체는 지역의 특성에 맞는 장기요양사업의 표준을 개발·보급할 수 있다. <신설 2018.12.11.>

제5조(장기요양급여에 관한 국가정책방향) 국가는 제6조의 장기요양기본계획을 수립·시행함에 있어서 노인뿐만 아니라 장애인 등 일상생활을 혼자서 수행하기 어려운 모든 국민이 장기요양급여, 신체활동지원서비스 등을 제공받을 수 있도록 노력하고 나아가 이들의 생활안정과 자립을 지원할 수 있는 시책을 강구하여야 한다.

제6조(장기요양기본계획) ① 보건복지부장관은 노인등에 대한 장기요양급여를 원활하게 제공하기 위하여 5년 단위로 다음 각 호의 사항이 포함된 장기요양기본계획을 수립·시행하여야 한다. <개정 2016.5.29.>
 1. 연도별 장기요양급여 대상인원 및 재원조달 계획
 2. 연도별 장기요양기관 및 장기요양전문인력 관리 방안
 3. 장기요양요원의 처우에 관한 사항
 4. 그 밖에 노인등의 장기요양에 관한 사항으로서 대통령령으로 정하는 사항
② 지방자치단체의 장은 제1항에 따른 장기요양기본계획에 따라 세부시행계획을 수립·시행하여야 한다.

제6조의2(실태조사) ① 보건복지부장관은 장기요양사업의 실태를 파악하기 위하여 3년마다 다음 각 호의 사항에 관한 조사를 정기적으로 실시하고 그 결과를 공표하여야 한다.

1. 장기요양인정에 관한 사항
2. 제52조에 따른 장기요양등급판정위원회(이하 "등급판정위원회"라 한다)의 판정에 따라 장기요양급여를 받을 사람(이하 "수급자"라 한다)의 규모, 그 급여의 수준 및 만족도에 관한 사항
3. 장기요양기관에 관한 사항
4. 장기요양요원의 근로조건, 처우 및 규모에 관한 사항
5. 그 밖에 장기요양사업에 관한 사항으로서 보건복지부령으로 정하는 사항

② 제1항에 따른 실태조사의 방법과 내용 등에 필요한 사항은 보건복지부령으로 정한다.
[본조신설 2016.5.29.]

제2장 장기요양보험

제7조(장기요양보험) ① 장기요양보험사업은 보건복지부장관이 관장한다.

② 장기요양보험사업의 보험자는 공단으로 한다.

③ 장기요양보험의 가입자(이하 "장기요양보험가입자"라 한다)는 「국민건강보험법」 제5조 및 제109조에 따른 가입자로 한다. <개정 2011.12.31.>

④ 공단은 제3항에도 불구하고 「외국인근로자의 고용 등에 관한 법률」에 따른 외국인근로자 등 대통령령으로 정하는 외국인이 신청하는 경우 보건복지부령으로 정하는 바에 따라 장기요양보험가입자에서 제외할 수 있다. <신설 2009.3.18., 2010.1.18.>

제8조(장기요양보험료의 징수) ① 공단은 장기요양사업에 사용되는 비용에 충당하기 위하여 장기요양보험료를 징수한다.

② 제1항에 따른 장기요양보험료는 「국민건강보험법」 제69조에 따른 보험료(이하 이 조에서 "건강보험료"라 한다)와 통합하여 징수한다. 이 경우 공단은 장기요양보험료와 건강보험료를 구분하여 고지하여야 한다. <개정 2011. 12. 31.>

③ 공단은 제2항에 따라 통합 징수한 장기요양보험료와 건강보험료를 각각의 독립회계로 관리하여야 한다.

제9조(장기요양보험료의 산정) ① 장기요양보험료는 「국민건강보험법」 제69조제4항 및 제5항에 따라 산정한 보험료액에서 같은 법 제74조 또는 제75조에 따라 경감 또는 면제되는 비용을 공제한 금액에 장기요양보험료율을 곱하여 산정한

금액으로 한다. <개정 2011.12.31.>

② 제1항에 따른 장기요양보험료율은 제45조에 따른 장기요양위원회의 심의를 거쳐 대통령령으로 정한다.

제10조(장애인 등에 대한 장기요양보험료의 감면) 공단은 「장애인복지법」에 따른 장애인 또는 이와 유사한 자로서 대통령령으로 정하는 자가 장기요양보험가입자 또는 그 피부양자인 경우 제15조제2항에 따른 수급자로 결정되지 못한 때 대통령령으로 정하는 바에 따라 장기요양보험료의 전부 또는 일부를 감면할 수 있다.

제11조(장기요양보험가입 자격 등에 관한 준용) 「국민건강보험법」 제5조, 제6조, 제8조부터 제11조까지, 제69조제1항부터 제3항까지, 제76조부터 제86조까지 및 제110조는 장기요양보험가입자·피부양자의 자격취득·상실, 장기요양보험료 등의 납부·징수 및 결손처분 등에 관하여 이를 준용한다. 이 경우 "보험료"는 "장기요양보험료"로, "건강보험"은 "장기요양보험"으로, "가입자"는 "장기요양보험가입자"로 본다. <개정 2011.12.31.>

제3장 장기요양인정

제12조(장기요양인정의 신청자격) 장기요양인정을 신청할 수 있는 자는 노인등으로서 다음 각 호의 어느 하나에 해당하는 자격을 갖추어야 한다.

1. 장기요양보험가입자 또는 그 피부양자
2. 「의료급여법」 제3조제1항에 따른 수급권자(이하 "의료급여수급권자"라 한다)

제13조(장기요양인정의 신청) ① 장기요양인정을 신청하는 자(이하 "신청인"이라 한다)는 공단에 보건복지부령으로 정하는 바에 따라 장기요양인정신청서(이하 "신청서"라 한다)에 의사 또는 한의사가 발급하는 소견서(이하 "의사소견서"라 한다)를 첨부하여 제출하여야 한다. 다만, 의사소견서는 공단이 제15조제1항에 따라 등급판정위원회에 자료를 제출하기 전까지 제출할 수 있다.

② 제1항에도 불구하고 거동이 현저하게 불편하거나 도서·벽지 지역에 거주하여 의료기관을 방문하기 어려운 자 등 대통령령으로 정하는 자는 의사소견서를 제출하지 아니할 수 있다.

③ 의사소견서의 발급비용·비용부담방법·발급자의 범위, 그 밖에 필요한 사항은 보건복지부령으로 정한다.

제14조(장기요양인정 신청의 조사) ① 공단은 제13조제1항에 따라 신청서를 접수한 때 보건복지부령으로 정하는 바에 따라 소속 직원으로 하여금 다음 각 호의

사항을 조사하게 하여야 한다. 다만, 지리적 사정 등으로 직접 조사하기 어려운 경우 또는 조사에 필요하다고 인정하는 경우 특별자치시·특별자치도·시·군·구(자치구를 말한다. 이하 같다)에 대하여 조사를 의뢰하거나 공동으로 조사할 것을 요청할 수 있다. <개정 2013.8.13.>

1. 신청인의 심신상태
2. 신청인에게 필요한 장기요양급여의 종류 및 내용
3. 그 밖에 장기요양에 관하여 필요한 사항으로서 보건복지부령으로 정하는 사항

② 공단은 제1항 각 호의 사항을 조사하는 경우 2명 이상의 소속 직원이 조사할 수 있도록 노력하여야 한다. <신설 2018.12.11.>

③ 제1항에 따라 조사를 하는 자는 조사일시, 장소 및 조사를 담당하는 자의 인적사항 등을 미리 신청인에게 통보하여야 한다. <개정 2018.12.11.>

④ 공단 또는 제1항 단서에 따른 조사를 의뢰받은 특별자치시·특별자치도·시·군·구는 조사를 완료한 때 조사결과서를 작성하여야 한다. 조사를 의뢰받은 특별자치시·특별자치도·시·군·구는 지체 없이 공단에 조사결과서를 송부하여야 한다. <개정 2013.8.13., 2018.12.11.>

제15조(등급판정 등) ① 공단은 제14조에 따른 조사가 완료된 때 조사결과서, 신청서, 의사소견서, 그 밖에 심의에 필요한 자료를 등급판정위원회에 제출하여야 한다. <개정 2016.5.29.>

② 등급판정위원회는 신청인이 제12조의 신청자격요건을 충족하고 6개월 이상 동안 혼자서 일상생활을 수행하기 어렵다고 인정하는 경우 심신상태 및 장기요양이 필요한 정도 등 대통령령으로 정하는 등급판정기준에 따라 수급자로 판정한다. <개정 2016.5.29.>

③ 등급판정위원회는 제2항에 따라 심의·판정을 하는 때 신청인과 그 가족, 의사소견서를 발급한 의사 등 관계인의 의견을 들을 수 있다.

④ 공단은 장기요양급여를 받고 있거나 받을 수 있는 자가 다음 각 호의 어느 하나에 해당하는 것으로 의심되는 경우에는 제14조제1항 각 호의 사항을 조사하여 그 결과를 등급판정위원회에 제출하여야 한다. <신설 2018.12.11.>

1. 거짓이나 그 밖의 부정한 방법으로 장기요양인정을 받은 경우
2. 고의로 사고를 발생하도록 하거나 본인의 위법행위에 기인하여 장기요양인정을 받은 경우

⑤ 등급판정위원회는 제4항에 따라 제출된 조사 결과를 토대로 제2항에 따라 다시 등급판정을 할 수 있다. <신설 2018.12.11.>

[시행일 : 2019.12.12.] 제15조

제16조(장기요양등급판정기간) ① 등급판정위원회는 신청인이 신청서를 제출한 날부터 30일 이내에 제15조에 따른 장기요양등급판정을 완료하여야 한다. 다만, 신청인에 대한 정밀조사가 필요한 경우 등 기간 이내에 등급판정을 완료할 수 없는 부득이한 사유가 있는 경우 30일 이내의 범위에서 이를 연장할 수 있다.
② 공단은 등급판정위원회가 제1항 단서에 따라 장기요양인정심의 및 등급판정 기간을 연장하고자 하는 경우 신청인 및 대리인에게 그 내용·사유 및 기간을 통보하여야 한다.

제17조(장기요양인정서) ① 공단은 등급판정위원회가 장기요양인정 및 등급판정의 심의를 완료한 경우 지체 없이 다음 각 호의 사항이 포함된 장기요양인정서를 작성하여 수급자에게 송부하여야 한다.
 1. 장기요양등급
 2. 장기요양급여의 종류 및 내용
 3. 그 밖에 장기요양급여에 관한 사항으로서 보건복지부령으로 정하는 사항
② 공단은 등급판정위원회가 장기요양인정 및 등급판정의 심의를 완료한 경우 수급자로 판정받지 못한 신청인에게 그 내용 및 사유를 통보하여야 한다. 이 경우 특별자치시장·특별자치도지사·시장·군수·구청장(자치구의 구청장을 말한다. 이하 같다)은 공단에 대하여 이를 통보하도록 요청할 수 있고, 요청을 받은 공단은 이에 응하여야 한다. <개정 2013.8.13.>
③ 공단은 제1항에 따라 장기요양인정서를 송부하는 때 장기요양급여를 원활히 이용할 수 있도록 제28조에 따른 월 한도액 범위 안에서 표준장기요양이용계획서를 작성하여 이를 함께 송부하여야 한다.
④ 제1항 및 제3항에 따른 장기요양인정서 및 표준장기요양이용계획서의 작성방법에 관하여 필요한 사항은 보건복지부령으로 정한다.

제18조(장기요양인정서를 작성할 경우 고려사항) 공단은 장기요양인정서를 작성할 경우 제17조제1항제2호에 따른 장기요양급여의 종류 및 내용을 정하는 때 다음 각 호의 사항을 고려하여 정하여야 한다.
 1. 수급자의 장기요양등급 및 생활환경
 2. 수급자와 그 가족의 욕구 및 선택
 3. 시설급여를 제공하는 경우 장기요양기관이 운영하는 시설 현황

제19조(장기요양인정의 유효기간) ① 제15조에 따른 장기요양인정의 유효기간은 최소 1년이상으로서 대통령령으로 정한다.
② 제1항의 유효기간의 산정방법과 그 밖에 필요한 사항은 보건복지부령으로 정한다.

제20조(장기요양인정의 갱신) ①수급자는 제19조에 따른 장기요양인정의 유효기간이 만료된 후 장기요양급여를 계속하여 받고자 하는 경우 공단에 장기요양인정의 갱신을 신청하여야 한다.

② 제1항에 따른 장기요양인정의 갱신 신청은 유효기간이 만료되기 전 30일까지 이를 완료하여야 한다.

③ 제12조부터 제19조까지의 규정은 장기요양인정의 갱신절차에 관하여 준용한다.

제21조(장기요양등급 등의 변경) ① 장기요양급여를 받고 있는 수급자는 장기요양등급, 장기요양급여의 종류 또는 내용을 변경하여 장기요양급여를 받고자 하는 경우 공단에 변경신청을 하여야 한다.

② 제12조부터 제19조까지의 규정은 장기요양등급의 변경절차에 관하여 준용한다.

제22조(장기요양인정 신청 등에 대한 대리) ① 장기요양급여를 받고자 하는 자 또는 수급자가 신체적·정신적인 사유로 이 법에 따른 장기요양인정의 신청, 장기요양인정의 갱신신청 또는 장기요양등급의 변경신청 등을 직접 수행할 수 없을 때 본인의 가족이나 친족, 그 밖의 이해관계인은 이를 대리할 수 있다.

② 다음 각 호의 어느 하나에 해당하는 사람은 관할 지역 안에 거주하는 사람 중 장기요양급여를 받고자 하는 사람 또는 수급자가 제1항에 따른 장기요양인정 신청 등을 직접 수행할 수 없을 때 본인 또는 가족의 동의를 받아 그 신청을 대리할 수 있다. <개정 2019.4.23.>

  1. 「사회보장급여의 이용·제공 및 수급권자 발굴에 관한 법률」 제43조에 따른 사회복지전담공무원

  2. 「치매관리법」 제17조에 따른 치매안심센터의 장(장기요양급여를 받고자 하는 사람 또는 수급자가 같은 법 제2조제2호에 따른 치매환자인 경우로 한정한다)

③ 제1항 및 제2항에도 불구하고 장기요양급여를 받고자 하는 자 또는 수급자가 제1항에 따른 장기요양인정신청 등을 할 수 없는 경우 특별자치시장·특별자치도지사·시장·군수·구청장이 지정하는 자는 이를 대리할 수 있다. <개정 2013.8.13.>

④ 제1항부터 제3항까지의 규정에 따른 장기요양인정신청 등의 방법 및 절차 등에 관하여 필요한 사항은 보건복지부령으로 정한다.

제4장 장기요양급여의 종류

제23조(장기요양급여의 종류) ① 이 법에 따른 장기요양급여의 종류는 다음 각 호와 같다. <개정 2011.6.7., 2015.12.29., 2018.12.11.>

  1. 재가급여

가. 방문요양 : 장기요양요원이 수급자의 가정 등을 방문하여 신체활동 및 가사활동 등을 지원하는 장기요양급여
　　나. 방문목욕 : 장기요양요원이 목욕설비를 갖춘 장비를 이용하여 수급자의 가정 등을 방문하여 목욕을 제공하는 장기요양급여
　　다. 방문간호 : 장기요양요원인 간호사 등이 의사, 한의사 또는 치과의사의 지시서(이하 "방문간호지시서"라 한다)에 따라 수급자의 가정 등을 방문하여 간호, 진료의 보조, 요양에 관한 상담 또는 구강위생 등을 제공하는 장기요양급여
　　라. 주·야간보호 : 수급자를 하루 중 일정한 시간 동안 장기요양기관에 보호하여 신체활동 지원 및 심신기능의 유지·향상을 위한 교육·훈련 등을 제공하는 장기요양급여
　　마. 단기보호 : 수급자를 보건복지부령으로 정하는 범위 안에서 일정 기간 동안 장기요양기관에 보호하여 신체활동 지원 및 심신기능의 유지·향상을 위한 교육·훈련 등을 제공하는 장기요양급여
　　바. 기타재가급여 : 수급자의 일상생활·신체활동 지원 및 인지기능의 유지·향상에 필요한 용구를 제공하거나 가정을 방문하여 재활에 관한 지원 등을 제공하는 장기요양급여로서 대통령령으로 정하는 것
　2. 시설급여 : 장기요양기관에 장기간 입소한 수급자에게 신체활동 지원 및 심신기능의 유지·향상을 위한 교육·훈련 등을 제공하는 장기요양급여
　3. 특별현금급여
　　가. 가족요양비 : 제24조에 따라 지급하는 가족장기요양급여
　　나. 특례요양비 : 제25조에 따라 지급하는 특례장기요양급여
　　다. 요양병원간병비 : 제26조에 따라 지급하는 요양병원장기요양급여
　② 제1항제1호 및 제2호에 따라 장기요양급여를 제공할 수 있는 장기요양기관의 종류 및 기준과 장기요양급여 종류별 장기요양요원의 범위·업무·보수교육 등에 관하여 필요한 사항은 대통령령으로 정한다.
　③ 장기요양급여의 제공 기준·절차·방법·범위, 그 밖에 필요한 사항은 보건복지부령으로 정한다.

제24조(가족요양비) ① 공단은 다음 각 호의 어느 하나에 해당하는 수급자가 가족 등으로부터 제23조제1항제1호가목에 따른 방문요양에 상당한 장기요양급여를 받은 때 대통령령으로 정하는 기준에 따라 해당 수급자에게 가족요양비를 지급할 수 있다. <개정 2019.1.15.>
　1. 도서·벽지 등 장기요양기관이 현저히 부족한 지역으로서 보건복지부장관이 정하여 고시하는 지역에 거주하는 자
　2. 천재지변이나 그 밖에 이와 유사한 사유로 인하여 장기요양기관이 제공하는 장기요양급여를 이용하기가 어렵다고 보건복지부장관이 인정하는 자
　3. 신체·정신 또는 성격 등 대통령령으로 정하는 사유로 인하여 가족 등으로부터 장기요양을 받아야 하는 자

② 제1항에 따른 가족요양비의 지급절차와 그 밖에 필요한 사항은 보건복지부령으로 정한다.

제25조(특례요양비) ① 공단은 수급자가 장기요양기관이 아닌 노인요양시설 등의 기관 또는 시설에서 재가급여 또는 시설급여에 상당한 장기요양급여를 받은 경우 대통령령으로 정하는 기준에 따라 해당 장기요양급여비용의 일부를 해당 수급자에게 특례요양비로 지급할 수 있다. <개정 2019.1.15.>
② 제1항에 따라 장기요양급여가 인정되는 기관 또는 시설의 범위, 특례요양비의 지급절차, 그 밖에 필요한 사항은 보건복지부령으로 정한다.

제26조(요양병원간병비) ① 공단은 수급자가 「의료법」 제3조제2항제3호라목에 따른 요양병원에 입원한 때 대통령령으로 정하는 기준에 따라 장기요양에 사용되는 비용의 일부를 요양병원간병비로 지급할 수 있다. <개정 2009.1.30., 2011.6.7.>
② 제1항에 따른 요양병원간병비의 지급절차와 그 밖에 필요한 사항은 보건복지부령으로 정한다.

제5장 장기요양급여의 제공

제27조(장기요양급여의 제공) ① 수급자는 제17조제1항에 따른 장기요양인정서와 같은 조 제3항에 따른 표준장기요양이용계획서가 도달한 날부터 장기요양급여를 받을 수 있다. <개정 2018.12.11.>
② 제1항에도 불구하고 수급자는 돌볼 가족이 없는 경우 등 대통령령으로 정하는 사유가 있는 경우 신청서를 제출한 날부터 장기요양인정서가 도달되는 날까지의 기간 중에도 장기요양급여를 받을 수 있다.
③ 수급자는 장기요양급여를 받으려면 장기요양기관에 장기요양인정서와 표준장기요양이용계획서를 제시하여야 한다. 다만, 수급자가 장기요양인정서 및 표준장기요양이용계획서를 제시하지 못하는 경우 장기요양기관은 공단에 전화나 인터넷 등을 통하여 그 자격 등을 확인할 수 있다. <신설 2018.12.11.>
④ 장기요양기관은 제3항에 따라 수급자가 제시한 장기요양인정서와 표준장기요양이용계획서를 바탕으로 장기요양급여 제공 계획서를 작성하고 수급자의 동의를 받아 그 내용을 공단에 통보하여야 한다. <신설 2018.12.11.>
⑤제2항에 따른 장기요양급여 인정 범위와 절차, 제4항에 따른 장기요양급여 제공 계획서 작성 절차에 관한 구체적인 사항 등은 대통령령으로 정한다. <개정 2018.12.11.>
[제목개정 2018.12.11.]

제27조의2(특별현금급여수급계좌) ① 공단은 특별현금급여를 받는 수급자의 신청이 있는 경우에는 특별현금급여를 수급자 명의의 지정된 계좌(이하 "특별현금급여수급계좌"라 한다)로 입금하여야 한다. 다만, 정보통신장애나 그 밖에 대통령령으로 정하는 불가피한 사유로 특별현금급여수급계좌로 이체할 수 없을 때에는 현금 지급 등 대통령령으로 정하는 바에 따라 특별현금급여를 지급할 수 있다.
② 특별현금급여수급계좌가 개설된 금융기관은 특별현금급여만이 특별현금급여수급계좌에 입금되도록 관리하여야 한다.
③ 제1항에 따른 신청방법·절차와 제2항에 따른 특별현금급여수급계좌의 관리에 필요한 사항은 대통령령으로 정한다.
[본조신설 2016.12.2.]

제28조(장기요양급여의 월 한도액) ① 장기요양급여는 월 한도액 범위 안에서 제공한다. 이 경우 월 한도액은 장기요양등급 및 장기요양급여의 종류 등을 고려하여 산정한다.
② 제1항에 따른 월 한도액의 산정기준 및 방법, 그 밖에 필요한 사항은 보건복지부령으로 정한다.

제28조의2(급여외행위의 제공 금지) ① 수급자 또는 장기요양기관은 장기요양급여를 제공받거나 제공할 경우 다음 각 호의 행위(이하 "급여외행위"라 한다)를 요구하거나 제공하여서는 아니 된다.
1. 수급자의 가족만을 위한 행위
2. 수급자 또는 그 가족의 생업을 지원하는 행위
3. 그 밖에 수급자의 일상생활에 지장이 없는 행위
② 그 밖에 급여외행위의 범위 등에 관한 구체적인 사항은 보건복지부령으로 정한다.
[본조신설 2018.12.11.]

제29조(장기요양급여의 제한) 공단은 장기요양급여를 받고 있는 자가 정당한 사유 없이 제15조제4항에 따른 조사나 제60조 또는 제61조에 따른 요구에 응하지 아니하거나 답변을 거절한 경우 장기요양급여의 전부 또는 일부를 제공하지 아니하게 할 수 있다.
[전문개정 2018.12.11.]
[시행일 : 2019.12.12.] 제29조

제30조(장기요양급여의 제한 등에 관한 준용) 「국민건강보험법」 제53조제1항제4호, 같은 조 제2항부터 제6항까지 및 제54조는 이 법에 따른 보험료 체납자 등에 대한 장기요양급여의 제한 및 장기요양급여의 정지에 관하여 준용한다. 이 경우 "가입자"는 "장기요양보험가입자"로, "보험급여"는 "장기요양급여"로 본다. <개정 2011.12.31.>

제6장 장기요양기관

제31조(장기요양기관의 지정) ① 제23조제1항제1호에 따른 재가급여 또는 같은 항 제2호에 따른 시설급여를 제공하는 장기요양기관을 운영하려는 자는 소재지를 관할 구역으로 하는 특별자치시장·특별자치도지사·시장·군수·구청장으로부터 지정을 받아야 한다. <개정 2013.8.13., 2018.12.11.>
② 제1항에 따라 장기요양기관으로 지정받으려는 자는 보건복지부령으로 정하는 장기요양에 필요한 시설 및 인력을 갖추어야 한다. <개정 2018.12.11.>
③ 특별자치시장·특별자치도지사·시장·군수·구청장이 제1항에 따른 지정을 하려는 경우에는 다음 각 호의 사항을 검토하여 장기요양기관을 지정하여야 한다. 이 경우 특별자치시장·특별자치도지사·시장·군수·구청장은 공단에 관련 자료의 제출을 요청하거나 그 의견을 들을 수 있다. <신설 2018.12.11.>
 1. 장기요양기관을 운영하려는 자의 장기요양급여 제공 이력
 2. 장기요양기관을 운영하려는 자 및 장기요양요원이 이 법에 따라 받은 행정처분의 내용
 3. 장기요양기관의 운영 계획
 4. 그 밖에 특별자치시장·특별자치도지사·시장·군수·구청장이 장기요양기관으로 지정하는 데 필요하다고 인정하여 정하는 사항
④ 특별자치시장·특별자치도지사·시장·군수·구청장은 제1항에 따라 장기요양기관을 지정한 때 지체 없이 지정 명세를 공단에 통보하여야 한다. <개정 2013.8.13., 2018.12.11.>
⑤ 제23조제1항제1호에 따른 재가급여를 제공하는 장기요양기관 중 의료기관이 아닌 자가 설치·운영하는 장기요양기관이 방문간호를 제공하는 경우에는 방문간호의 관리책임자로서 간호사를 둔다. <신설 2018.12.11.>
⑥장기요양기관의 지정절차와 그 밖에 필요한 사항은 보건복지부령으로 정한다. <개정 2018.12.11.>
[시행일 : 2019.12.12.] 제31조

제32조 삭제 <2018.12.11.>
[시행일 : 2019.12.12.] 제32조

제32조의2(결격사유) 다음 각 호의 어느 하나에 해당하는 자는 제31조에 따른 장기요양기관으로 지정받을 수 없다. <개정 2018.3.13., 2018.12.11.>
 1. 미성년자, 피성년후견인 또는 피한정후견인
 2. 「정신건강증진 및 정신질환자 복지서비스 지원에 관한 법률」 제3조제1호의 정신질환자. 다만, 전문의가 장기요양기관 설립·운영 업무에 종사하는 것이 적합하다고 인정하는 사람은 그러하지 아니하다.
 3. 「마약류 관리에 관한 법률」 제2조제1호의 마약류에 중독된 사람

4. 파산선고를 받고 복권되지 아니한 사람
5. 금고 이상의 실형을 선고받고 그 집행이 종료(집행이 종료된 것으로 보는 경우를 포함한다)되거나 집행이 면제된 날부터 5년이 경과되지 아니한 사람
6. 금고 이상의 형의 집행유예를 선고받고 그 유예기간 중에 있는 사람
7. 대표자가 제1호부터 제6호까지의 규정 중 어느 하나에 해당하는 법인
[본조신설 2015.12.29.]
[시행일 : 2019.12.12.] 제32조의2

제33조(장기요양기관의 시설·인력에 관한 변경) ① 장기요양기관의 장은 시설 및 인력 등 보건복지부령으로 정하는 중요한 사항을 변경하려는 경우에는 보건복지부령으로 정하는 바에 따라 특별자치시장·특별자치도지사·시장·군수·구청장의 변경지정을 받아야 한다.
② 제1항에 따른 사항 외의 사항을 변경하려는 경우에는 보건복지부령으로 정하는 바에 따라 특별자치시장·특별자치도지사·시장·군수·구청장에게 변경신고를 하여야 한다.
③ 제1항 및 제2항에 따라 변경지정을 하거나 변경신고를 받은 특별자치시장·특별자치도지사·시장·군수·구청장은 지체 없이 해당 변경 사항을 공단에 통보하여야 한다.
[전문개정 2018.12.11.]
[시행일 : 2019.12.12.] 제33조

제34조(장기요양기관 정보의 안내 등) ① 장기요양기관은 수급자가 장기요양급여를 쉽게 선택하도록 하고 장기요양기관이 제공하는 급여의 질을 보장하기 위하여 장기요양기관별 급여의 내용, 시설·인력 등 현황자료 등을 공단이 운영하는 인터넷 홈페이지에 게시하여야 한다.
② 제1항에 따른 게시 내용, 방법, 절차, 그 밖에 필요한 사항은 보건복지부령으로 정한다.

제35조(장기요양기관의 의무 등) ① 장기요양기관은 수급자로부터 장기요양급여 신청을 받은 때 장기요양급여의 제공을 거부하여서는 아니 된다. 다만, 입소정원에 여유가 없는 경우 등 정당한 사유가 있는 경우는 그러하지 아니하다.
② 장기요양기관은 제23조제3항에 따른 장기요양급여의 제공 기준·절차 및 방법 등에 따라 장기요양급여를 제공하여야 한다.
③ 장기요양기관의 장은 장기요양급여를 제공한 수급자에게 장기요양급여비용에 대한 명세서를 교부하여야 한다.
④ 장기요양기관의 장은 장기요양급여 제공에 관한 자료를 기록·관리하여야 하며, 장기요양기관의 장 및 그 종사자는 장기요양급여 제공에 관한 자료를 거짓으

로 작성하여서는 아니 된다. <신설 2010.3.17., 2015.12.29.>

⑤ 장기요양기관은 제40조제1항 단서에 따라 면제받거나 같은 조 제3항에 따라 감경받는 금액 외에 영리를 목적으로 수급자가 부담하는 재가 및 시설 급여비용(이하 "본인부담금"이라 한다)을 면제하거나 감경하는 행위를 하여서는 아니 된다. <신설 2013.8.13., 2018.12.11.>

⑥ 누구든지 영리를 목적으로 금전, 물품, 노무, 향응, 그 밖의 이익을 제공하거나 제공할 것을 약속하는 방법으로 수급자를 장기요양기관에 소개, 알선 또는 유인하는 행위 및 이를 조장하는 행위를 하여서는 아니 된다. <신설 2013.8.13.>

⑦ 제3항에 따른 장기요양급여비용의 명세서, 제4항에 따라 기록·관리하여야 할 장기요양급여 제공 자료의 내용 및 보존기한, 그 밖에 필요한 사항은 보건복지부령으로 정한다. <개정 2010.3.17., 2013.8.13.>

[제목개정 2013.8.13.]

[시행일 : 2019.12.12.] 제35조

제35조의2(장기요양기관 재무·회계기준) ① 장기요양기관의 장은 보건복지부령으로 정하는 재무·회계에 관한 기준(이하 "장기요양기관 재무·회계기준"이라 한다)에 따라 장기요양기관을 투명하게 운영하여야 한다. 다만, 장기요양기관 중 「사회복지사업법」 제34조에 따라 설치한 사회복지시설은 같은 조 제3항에 따른 재무·회계에 관한 기준에 따른다.

② 보건복지부장관은 장기요양기관 재무·회계기준을 정할 때에는 장기요양기관의 특성 및 그 시행시기 등을 고려하여야 한다.

[본조신설 2016.5.29.]

제35조의3(인권교육) ① 장기요양기관 중 대통령령으로 정하는 기관을 운영하는 자와 그 종사자는 인권에 관한 교육(이하 이 조에서 "인권교육"이라 한다)을 받아야 한다. <개정 2018.12.11.>

② 장기요양기관 중 대통령령으로 정하는 기관을 운영하는 자는 해당 기관을 이용하고 있는 장기요양급여 수급자에게 인권교육을 실시할 수 있다. <개정 2018.12.11.>

③ 보건복지부장관은 제1항 및 제2항에 따른 인권교육을 효율적으로 실시하기 위하여 인권교육기관을 지정할 수 있다. 이 경우 예산의 범위에서 인권교육에 소요되는 비용을 지원할 수 있으며, 지정을 받은 인권교육기관은 보건복지부장관의 승인을 받아 인권교육에 필요한 비용을 교육대상자로부터 징수할 수 있다.

④ 보건복지부장관은 제3항에 따라 지정을 받은 인권교육기관이 다음 각 호의 어느 하나에 해당하면 그 지정을 취소하거나 6개월 이내의 기간을 정하여 업무의 정지를 명할 수 있다. 다만, 제1호에 해당하면 그 지정을 취소하여야 한다.

1. 거짓이나 그 밖의 부정한 방법으로 지정을 받은 경우
2. 제5항에 따라 보건복지부령으로 정하는 지정요건을 갖추지 못하게 된 경우
3. 인권교육의 수행능력이 현저히 부족하다고 인정되는 경우

⑤ 제1항 및 제2항에 따른 인권교육의 대상·내용·방법, 제3항에 따른 인권교육기관의 지정 및 제4항에 따른 인권교육기관의 지정취소·업무정지 처분의 기준 등에 필요한 사항은 보건복지부령으로 정한다.
[본조신설 2018.3.13.]
[시행일 : 2019.12.12.] 제35조의3

제35조의4(장기요양요원의 보호) ① 장기요양기관의 장은 장기요양요원이 다음 각 호의 어느 하나에 해당하는 경우로 인한 고충의 해소를 요청하는 경우 업무의 전환 등 대통령령으로 정하는 바에 따라 적절한 조치를 하여야 한다.
  1. 수급자 및 그 가족이 장기요양요원에게 폭언·폭행·상해 또는 성희롱·성폭력 행위를 하는 경우
  2. 수급자 및 그 가족이 장기요양요원에게 제28조의2제1항 각 호에 따른 급여외행위의 제공을 요구하는 경우
② 장기요양기관의 장은 장기요양요원에게 다음 각 호의 행위를 하여서는 아니 된다.
  1. 장기요양요원에게 제28조의2제1항 각 호에 따른 급여외행위의 제공을 요구하는 행위
  2. 수급자가 부담하여야 할 본인부담금의 전부 또는 일부를 부담하도록 요구하는 행위
[본조신설 2018.12.11.]

제35조의5(보험 가입) ① 장기요양기관은 종사자가 장기요양급여를 제공하는 과정에서 발생할 수 있는 수급자의 상해 등 법률상 손해를 배상하는 보험(이하 "전문인 배상책임보험"이라 한다)에 가입할 수 있다.
② 공단은 장기요양기관이 전문인 배상책임보험에 가입하지 않은 경우 그 기간 동안 제38조에 따라 해당 장기요양기관에 지급하는 장기요양급여비용의 일부를 감액할 수 있다.
③ 제2항에 따른 장기요양급여비용의 감액 기준 등에 관하여 필요한 사항은 보건복지부령으로 정한다.
[본조신설 2019.4.23.]

제36조(장기요양기관의 폐업 등의 신고 등) ① 장기요양기관의 장은 폐업하거나 휴업하고자 하는 경우 폐업이나 휴업 예정일 전 30일까지 특별자치시장·특별자치도지사·시장·군수·구청장에게 신고하여야 한다. 신고를 받은 특별자치시장·특별자치도지사·시장·군수·구청장은 지체 없이 신고 명세를 공단에 통보하여야 한다. <개정 2013.8.13.>
② 특별자치시장·특별자치도지사·시장·군수·구청장은 장기요양기관의 장이 유효기간이 끝나기 30일 전까지 제32조의4에 따른 지정 갱신 신청을 하지 아니

하는 경우 그 사실을 공단에 통보하여야 한다. <신설 2018.12.11.>

③ 장기요양기관의 장은 장기요양기관을 폐업하거나 휴업하려는 경우 또는 장기요양기관의 지정 갱신을 하지 아니하려는 경우 보건복지부령으로 정하는 바에 따라 수급자의 권익을 보호하기 위하여 다음 각 호의 조치를 취하여야 한다. <신설 2015.12.29., 2018.12.11., 2019.4.23.>

1. 해당 장기요양기관을 이용하는 수급자가 다른 장기요양기관을 선택하여 이용할 수 있도록 계획을 수립하고 이행하는 조치
2. 해당 장기요양기관에서 수급자가 제40조제1항 및 제2항에 따라 부담한 비용 중 정산하여야 할 비용이 있는 경우 이를 정산하는 조치
3. 그 밖에 수급자의 권익 보호를 위하여 필요하다고 인정되는 조치로서 보건복지부령으로 정하는 조치

④ 특별자치시장·특별자치도지사·시장·군수·구청장은 제1항에 따라 폐업·휴업 신고를 접수한 경우 또는 장기요양기관의 장이 유효기간이 끝나기 30일 전까지 제32조의4에 따른 지정 갱신 신청을 하지 아니한 경우 장기요양기관의 장이 제3항 각 호에 따른 수급자의 권익을 보호하기 위한 조치를 취하였는지의 여부를 확인하고, 인근지역에 대체 장기요양기관이 없는 경우 등 장기요양급여에 중대한 차질이 우려되는 때에는 장기요양기관의 폐업·휴업 철회 또는 지정 갱신 신청을 권고하거나 그 밖의 다른 조치를 강구하여야 한다. <개정 2015.12.29., 2018.12.11., 2019.4.23.>

⑤ 특별자치시장·특별자치도지사·시장·군수·구청장은 「노인복지법」 제43조에 따라 노인의료복지시설 등(장기요양기관이 운영하는 시설인 경우에 한한다)에 대하여 사업정지 또는 폐지 명령을 하는 경우 지체 없이 공단에 그 내용을 통보하여야 한다. <개정 2013.8.13., 2015.12.29., 2018.12.11.>

⑥ 장기요양기관의 장은 제1항에 따라 폐업·휴업 신고를 할 때 또는 장기요양기관의 지정 갱신을 하지 아니하여 유효기간이 만료될 때 보건복지부령으로 정하는 바에 따라 장기요양급여 제공 자료를 공단으로 이관하여야 한다. 다만, 휴업 신고를 하는 장기요양기관의 장이 휴업 예정일 전까지 공단의 허가를 받은 경우에는 장기요양급여 제공 자료를 직접 보관할 수 있다. <신설 2010.3.17., 2013.8.13., 2018.12.11.>

[제목개정 2018.12.11.]

[시행일 : 2019.12.12.] 제36조

제36조의2(시정명령) 특별자치시장·특별자치도지사·시장·군수·구청장은 장기요양기관 재무·회계기준을 위반한 장기요양기관에 대하여 6개월 이내의 범위에서 일정한 기간을 정하여 시정을 명할 수 있다.

[본조신설 2016.5.29.]

제37조(장기요양기관 지정의 취소 등) ① 특별자치시장·특별자치도지사·시장·군수·구청장은 장기요양기관이 다음 각 호의 어느 하나에 해당하는 경우 그 지정을 취소하거나 6개월의 범위에서 업무정지를 명할 수 있다. 다만, 제1호, 제2호의2, 제3호의5, 제7호, 또는 제8호에 해당하는 경우에는 지정을 취소하여야 한다. <개정 2013.8.13., 2015.12.29., 2018.12.11.>

1. 거짓이나 그 밖의 부정한 방법으로 지정을 받은 경우
1의2. 제28조의2를 위반하여 급여외행위를 제공한 경우. 다만, 장기요양기관의 장이 그 위반행위를 방지하기 위하여 해당 업무에 관하여 상당한 주의와 감독을 게을리하지 아니한 경우는 제외한다.
2. 제31조제2항에 따른 지정기준에 적합하지 아니한 경우
2의2. 제32조의2 각 호의 어느 하나에 해당하게 된 경우. 다만, 제32조의2제7호에 해당하게 된 법인의 경우 3개월 이내에 그 대표자를 변경하는 때에는 그러하지 아니하다.
3. 제35조제1항을 위반하여 장기요양급여를 거부한 경우
3의2. 제35조제5항을 위반하여 본인부담금을 면제하거나 감경하는 행위를 한 경우
3의3. 제35조제6항을 위반하여 수급자를 소개, 알선 또는 유인하는 행위 및 이를 조장하는 행위를 한 경우
3의4. 제35조의4제2항 각 호의 어느 하나를 위반한 경우
3의5. 제36조제1항에 따른 폐업 또는 휴업 신고를 하지 아니하고 1년 이상 장기요양급여를 제공하지 아니한 경우
3의6. 제36조의2에 따른 시정명령을 이행하지 아니하거나 회계부정 행위가 있는 경우
3의7. 정당한 사유 없이 제54조에 따른 평가를 거부·방해 또는 기피하는 경우
4. 거짓이나 그 밖의 부정한 방법으로 재가 및 시설 급여비용을 청구한 경우
5. 제61조제2항에 따른 자료제출 명령에 따르지 아니하거나 거짓으로 자료제출을 한 경우나 질문 또는 검사를 거부·방해 또는 기피하거나 거짓으로 답변한 경우
6. 장기요양기관의 종사자 등이 다음 각 목의 어느 하나에 해당하는 행위를 한 경우. 다만, 장기요양기관의 장이 그 행위를 방지하기 위하여 해당 업무에 관하여 상당한 주의와 감독을 게을리하지 아니한 경우는 제외한다.
    가. 수급자의 신체에 폭행을 가하거나 상해를 입히는 행위
    나. 수급자에게 성적 수치심을 주는 성폭행, 성희롱 등의 행위
    다. 자신의 보호·감독을 받는 수급자를 유기하거나 의식주를 포함한 기본적 보호 및 치료를 소홀히 하는 방임행위
    라. 수급자를 위하여 증여 또는 급여된 금품을 그 목적 외의 용도에 사용하는 행위
    마. 폭언, 협박, 위협 등으로 수급자의 정신건강에 해를 끼치는 정서적 학대행위

7. 업무정지기간 중에 장기요양급여를 제공한 경우

8. 「부가가치세법」제8조에 따른 사업자등록 또는 「소득세법」제168조에 따른 사업자등록이나 고유번호가 말소된 경우

② 특별자치시장·특별자치도지사·시장·군수·구청장은 제1항에 따라 지정을 취소하거나 업무정지명령을 한 경우에는 지체 없이 그 내용을 공단에 통보하고, 보건복지부령으로 정하는 바에 따라 보건복지부장관에게 통보한다. 이 경우 시장·군수·구청장은 관할 특별시장·광역시장 또는 도지사를 거쳐 보건복지부장관에게 통보하여야 한다. <개정 2013.8.13.>

③ 삭제 <2018.12.11.>

④ 삭제 <2018.12.11.>

⑤ 특별자치시장·특별자치도지사·시장·군수·구청장은 제1항에 따라 장기요양기관이 지정취소 또는 업무정지되는 경우에는 해당 장기요양기관을 이용하는 수급자의 권익을 보호하기 위하여 적극적으로 노력하여야 한다. <신설 2019.4.23.>

⑥ 특별자치시장·특별자치도지사·시장·군수·구청장은 제5항에 따라 수급자의 권익을 보호하기 위하여 보건복지부령으로 정하는 바에 따라 다음 각 호의 조치를 하여야 한다. <신설 2015.12.29., 2018.12.11., 2019.4.23.>

1. 제1항에 따른 행정처분의 내용을 우편 또는 정보통신망 이용 등의 방법으로 수급자 또는 그 보호자에게 통보하는 조치

2. 해당 장기요양기관을 이용하는 수급자가 다른 장기요양기관을 선택하여 이용할 수 있도록 하는 조치

⑦ 제1항에 따라 지정취소 또는 업무정지되는 장기요양기관의 장은 해당 기관에서 수급자가 제40조제1항 및 제2항에 따라 부담한 비용 중 정산하여야 할 비용이 있는 경우 이를 정산하여야 한다. <신설 2019.4.23.>

⑧ 다음 각 호의 어느 하나에 해당하는 자는 제31조에 따른 장기요양기관으로 지정받을 수 없다. <개정 2013.8.13., 2015.12.29., 2018.12.11., 2019.4.23.>

1. 제1항에 따라 지정취소를 받은 후 3년이 지나지 아니한 자(법인인 경우 그 대표자를 포함한다)

2. 제1항에 따라 업무정지명령을 받고 업무정지기간이 지나지 아니한 자(법인인 경우 그 대표자를 포함한다)

⑨ 제1항에 따른 행정처분의 기준은 보건복지부령으로 정한다. <개정 2013.8.13., 2015.12.29., 2018.12.11., 2019.4.23.>

[시행일 : 2019.12.12.] 제37조

제37조의2(과징금의 부과 등) ① 특별자치시장·특별자치도지사·시장·군수·구청장은 제37조제1항 각 호의 어느 하나(같은 항 제4호는 제외한다)에 해당하는 행위를 이유로 업무정지명령을 하여야 하는 경우로서 그 업무정지가 해당 장기요양기관을 이용하는 수급자에게 심한 불편을 줄 우려가 있는 등 보건복지부장관이 정하는 특별한 사유가 있다고 인정되는 경우에는 업무정지명령을 갈음하여

2억원 이하의 과징금을 부과할 수 있다. 다만, 제37조제1항제6호를 위반한 행위로서 보건복지부령으로 정하는 경우에는 그러하지 아니하다. <개정 2018.3.13., 2018.12.11.>

② 특별자치시장·특별자치도지사·시장·군수·구청장은 제37조제1항제4호에 해당하는 행위를 이유로 업무정지명령을 하여야 하는 경우로서 그 업무정지가 해당 장기요양기관을 이용하는 수급자에게 심한 불편을 줄 우려가 있는 등 보건복지부장관이 정하는 특별한 사유가 있다고 인정되는 경우에는 업무정지명령을 갈음하여 거짓이나 그 밖의 부정한 방법으로 청구한 금액의 5배 이하의 금액을 과징금으로 부과할 수 있다. <개정 2018.12.11.>

③ 제1항 및 제2항에 따른 과징금을 부과하는 위반행위의 종류 및 위반의 정도 등에 따른 과징금의 금액과 과징금의 부과절차 등에 필요한 사항은 대통령령으로 정한다.

④ 특별자치시장·특별자치도지사·시장·군수·구청장은 제1항 및 제2항에 따라 과징금을 내야 할 자가 납부기한까지 내지 아니한 경우에는 지방세 체납처분의 예에 따라 징수한다.

⑤ 특별자치시장·특별자치도지사·시장·군수·구청장은 제1항 및 제2항에 따른 과징금의 부과와 징수에 관한 사항을 보건복지부령으로 정하는 바에 따라 기록·관리하여야 한다.

[본조신설 2013.8.13.]
[시행일 : 2019.12.12.] 제37조의2

제37조의3(위반사실 등의 공표) ① 특별자치시장·특별자치도지사·시장·군수·구청장은 장기요양기관이 거짓으로 재가·시설 급여비용을 청구하였다는 이유로 제37조 또는 제37조의2에 따른 처분이 확정된 경우로서 다음 각 호의 어느 하나에 해당하는 경우에는 위반사실, 처분내용, 장기요양기관의 명칭·주소, 장기요양기관의 장의 성명, 그 밖에 다른 장기요양기관과의 구별에 필요한 사항으로서 대통령령으로 정하는 사항을 공표할 수 있다.

 1. 거짓으로 청구한 금액이 1천만원 이상인 경우
 2. 거짓으로 청구한 금액이 장기요양급여비용 총액의 100분의 10 이상인 경우

② 특별자치시장·특별자치도지사·시장·군수·구청장은 제1항에 따른 공표 여부 등을 심의하기 위하여 공표심의위원회를 설치·운영할 수 있다.

③ 제1항에 따른 공표 여부의 결정 방법, 공표 방법·절차 및 제2항에 따른 공표심의위원회의 구성·운영 등에 필요한 사항은 대통령령으로 정한다.

[본조신설 2013.8.13.]

제37조의4(행정제재처분 효과의 승계) ① 제37조제1항 각 호의 어느 하나에 해당하는 행위를 이유로 한 행정제재처분(이하 "행정제재처분"이라 한다)의 효과는 그 처분을 한 날부터 3년간 다음 각 호의 어느 하나에 해당하는 자에게 승계된

다. <개정 2015.12.29., 2018.12.11.>

1. 장기요양기관을 양도한 경우 양수인
2. 법인이 합병된 경우 합병으로 신설되거나 합병 후 존속하는 법인
3. 장기요양기관 폐업 후 같은 장소에서 장기요양기관을 운영하는 자 중 종전에 행정제재처분을 받은 자(법인인 경우 그 대표자를 포함한다)나 그 배우자 또는 직계혈족

② 행정제재처분의 절차가 진행 중일 때에는 다음 각 호의 어느 하나에 해당하는 자에 대하여 그 절차를 계속 이어서 할 수 있다. <개정 2015. 12. 29.>

1. 장기요양기관을 양도한 경우 양수인
2. 법인이 합병된 경우 합병으로 신설되거나 합병 후 존속하는 법인
3. 장기요양기관 폐업 후 3년 이내에 같은 장소에서 장기요양기관을 운영하는 자 중 종전에 위반행위를 한 자(법인인 경우 그 대표자를 포함한다)나 그 배우자 또는 직계혈족

③ 제1항 및 제2항에도 불구하고 제1항 각 호의 어느 하나 또는 제2항 각 호의 어느 하나에 해당하는 자(이하 "양수인등"이라 한다)가 양수, 합병 또는 운영 시에 행정제재처분 또는 위반사실을 알지 못하였음을 증명하는 경우에는 그러하지 아니하다.

④ 행정제재처분을 받았거나 그 절차가 진행 중인 자는 보건복지부령으로 정하는 바에 따라 지체 없이 그 사실을 양수인등에게 알려야 한다.

[본조신설 2013.8.13.]

[시행일 : 2019.12.12.] 제37조의4

제37조의5(장기요양급여 제공의 제한) ① 특별자치시장·특별자치도지사·시장·군수·구청장은 장기요양기관의 종사자가 거짓이나 그 밖의 부정한 방법으로 재가급여비용 또는 시설급여비용을 청구하는 행위에 가담한 경우 해당 종사자가 장기요양급여를 제공하는 것을 1년의 범위에서 제한하는 처분을 할 수 있다.

② 특별자치시장·특별자치도지사·시장·군수·구청장은 제1항에 따른 처분을 한 경우 지체 없이 그 내용을 공단에 통보하여야 한다.

③ 제1항 및 제2항에 따른 장기요양급여 제공 제한 처분의 기준·방법, 통보의 방법·절차, 그 밖에 필요한 사항은 보건복지부령으로 정한다.

[본조신설 2015.12.29.]

제7장 재가 및 시설 급여비용 등

제38조(재가 및 시설 급여비용의 청구 및 지급 등) ① 장기요양기관은 수급자에게 제23조에 따른 재가급여 또는 시설급여를 제공한 경우 공단에 장기요양급여비용을 청구하여야 한다.

② 공단은 제1항에 따라 장기요양기관으로부터 재가 또는 시설 급여비용의 청구를 받은 경우 이를 심사하여 그 내용을 장기요양기관에 통보하여야 하며, 장기요양에 사용된 비용 중 공단부담금(재가 및 시설 급여비용 중 본인부담금을 공제한 금액을 말한다)을 해당 장기요양기관에 지급하여야 한다. <개정 2018.12.11., 2019.1.15.>

③ 공단은 제54조제2항에 따른 장기요양기관의 장기요양급여평가 결과에 따라 장기요양급여비용을 가산 또는 감액조정하여 지급할 수 있다.

④ 공단은 제2항에도 불구하고 장기요양급여비용을 심사한 결과 수급자가 이미 낸 본인부담금이 제2항에 따라 통보한 본인부담금보다 더 많으면 두 금액 간의 차액을 장기요양기관에 지급할 금액에서 공제하여 수급자에게 지급하여야 한다. <신설 2019.1.15.>

⑤ 공단은 제4항에 따라 수급자에게 지급하여야 하는 금액을 그 수급자가 납부하여야 하는 장기요양보험료 및 그 밖에 이 법에 따른 징수금(이하 "장기요양보험료등"이라 한다)과 상계(相計)할 수 있다. <신설 2019.1.15.>

⑥ 장기요양기관은 지급받은 장기요양급여비용 중 보건복지부장관이 정하여 고시하는 비율에 따라 그 일부를 장기요양요원에 대한 인건비로 지출하여야 한다. <신설 2016.5.29., 2019.1.15.>

⑦ 제1항부터 제3항까지의 규정에 따른 재가 및 시설 급여비용의 심사기준, 장기요양급여비용의 가감지급의 기준, 청구절차 및 지급방법 등에 관한 사항은 보건복지부령으로 정한다. <개정 2016.5.29., 2019.1.15.>

[제목개정 2016.5.29.]
[시행일 : 2019.12.12.] 제38조제2항

제39조(재가 및 시설 급여비용의 산정) ① 재가 및 시설 급여비용은 급여종류 및 장기요양등급 등에 따라 제45조에 따른 장기요양위원회의 심의를 거쳐 보건복지부장관이 정하여 고시한다.

② 보건복지부장관은 제1항에 따라 재가 및 시설 급여비용을 정할 때 대통령령으로 정하는 바에 따라 국가 및 지방자치단체로부터 장기요양기관의 설립비용을 지원받았는지 여부 등을 고려할 수 있다.

③ 제1항에 따른 재가 및 시설 급여비용의 구체적인 산정방법 및 항목 등에 관하여 필요한 사항은 보건복지부령으로 정한다.

제40조(본인부담금) ① 재가 및 시설 급여비용은 다음 각 호와 같이 수급자가 부담한다. 다만, 수급자 중 「의료급여법」 제3조제1항제1호에 따른 수급자는 그러하지 아니하다. <개정 2015.12.29., 2019.1.15.>

1. 재가급여 : 해당 장기요양급여비용의 100분의 15
2. 시설급여 : 해당 장기요양급여비용의 100분의 20

② 다음 각 호의 장기요양급여에 대한 비용은 수급자 본인이 전부 부담한다.

1. 이 법의 규정에 따른 급여의 범위 및 대상에 포함되지 아니하는 장기요양급여

2. 수급자가 제17조제1항제2호에 따른 장기요양인정서에 기재된 장기요양급여의 종류 및 내용과 다르게 선택하여 장기요양급여를 받은 경우 그 차액

3. 제28조에 따른 장기요양급여의 월 한도액을 초과하는 장기요양급여

③ 다음 각 호의 어느 하나에 해당하는 자에 대해서는 본인부담금의 100분의 60의 범위에서 보건복지부장관이 정하는 바에 따라 차등하여 감경할 수 있다. <개정 2009.5.21., 2010.3.17., 2018.3.27., 2018.12.11.>

1. 「의료급여법」제3조제1항제2호부터 제9호까지의 규정에 따른 수급권자

2. 소득·재산 등이 보건복지부장관이 정하여 고시하는 일정 금액 이하인 자. 다만, 도서·벽지·농어촌 등의 지역에 거주하는 자에 대하여 따로 금액을 정할 수 있다.

3. 천재지변 등 보건복지부령으로 정하는 사유로 인하여 생계가 곤란한 자

④ 제1항부터 제3항까지의 규정에 따른 본인부담금의 산정방법, 감경절차 및 감경방법 등에 관하여 필요한 사항은 보건복지부령으로 정한다. <개정 2009.5.21., 2018.3.27., 2018.12.11.>

[제목개정 2018.12.11.]

[시행일 : 2019.12.12.] 제40조

제41조(가족 등의 장기요양에 대한 보상) ① 공단은 장기요양급여를 받은 금액의 총액이 보건복지부장관이 정하여 고시하는 금액 이하에 해당하는 수급자가 가족 등으로부터 제23조제1항제1호 가목에 따른 방문요양에 상당한 장기요양을 받은 경우 보건복지부령으로 정하는 바에 따라 본인부담금의 일부를 감면하거나 이에 갈음하는 조치를 할 수 있다. <개정 2018.12.11.>

② 제1항에 따른 본인부담금의 감면방법 등 필요한 사항은 보건복지부령으로 정한다. <개정 2018.12.11.>

[시행일 : 2019.12.12.] 제41조

제42조(방문간호지시서 발급비용의 산정 등) 제23조제1항제1호다목에 따라 방문간호지시서를 발급하는데 사용되는 비용, 비용부담방법 및 비용 청구·지급절차 등에 관하여 필요한 사항은 보건복지부령으로 정한다.

제43조(부당이득의 징수) ① 공단은 장기요양급여를 받은 자 또는 장기요양급여비용을 받은 자가 다음 각 호의 어느 하나에 해당하는 경우 그 장기요양급여 또는 장기요양급여비용에 상당하는 금액을 징수한다. <개정 2015.12.29., 2018.12.11.>

1. 제15조제5항에 따른 등급판정 결과 같은 조 제4항 각 호의 어느 하나에 해당하는 것으로 확인된 경우

2. 제28조의 월 한도액 범위를 초과하여 장기요양급여를 받은 경우

3. 제29조 또는 제30조에 따라 장기요양급여의 제한 등을 받을 자가 장기요양급여를 받은 경우

    4. 제37조제1항제4호에 따른 거짓이나 그 밖의 부정한 방법으로 재가 및 시
       설 급여비용을 청구하여 이를 지급받은 경우
    5. 그 밖에 이 법상의 원인 없이 공단으로부터 장기요양급여를 받거나 장기
       요양급여비용을 지급받은 경우
② 공단은 제1항의 경우 거짓 보고 또는 증명에 의하거나 거짓 진단에 따라 장기
요양급여가 제공된 때 거짓의 행위에 관여한 자에 대하여 장기요양급여를 받은
자와 연대하여 제1항에 따른 징수금을 납부하게 할 수 있다.
③ 공단은 제1항의 경우 거짓이나 그 밖의 부정한 방법으로 장기요양급여를 받은
자와 같은 세대에 속한 자(장기요양급여를 받은 자를 부양하고 있거나 다른 법령
에 따라 장기요양급여를 받은 자를 부양할 의무가 있는 자를 말한다)에 대하여
거짓이나 그 밖의 부정한 방법으로 장기요양급여를 받은 자와 연대하여 제1항에
따른 징수금을 납부하게 할 수 있다.
④ 공단은 제1항의 경우 장기요양기관이 수급자로부터 거짓이나 그 밖의 부정한
방법으로 장기요양급여비용을 받은 때 해당 장기요양기관으로부터 이를 징수하
여 수급자에게 지체 없이 지급하여야 한다. 이 경우 공단은 수급자에게 지급하여
야 하는 금액을 그 수급자가 납부하여야 하는 장기요양보험료등과 상계할 수 있
다. <개정 2019.1.15.>
[시행일 : 2019.12.12.] 제43조

제44조(구상권) ① 공단은 제3자의 행위로 인한 장기요양급여의 제공사유가 발생
하여 수급자에게 장기요양급여를 행한 때 그 급여에 사용된 비용의 한도 안에서
그 제3자에 대한 손해배상의 권리를 얻는다.
② 공단은 제1항의 경우 장기요양급여를 받은 자가 제3자로부터 이미 손해배상을
받은 때 그 손해배상액의 한도 안에서 장기요양급여를 행하지 아니한다.

제8장 장기요양위원회

제45조(장기요양위원회의 설치 및 기능) 다음 각 호의 사항을 심의하기 위하여
보건복지부장관 소속으로 장기요양위원회를 둔다.
    1. 제9조제2항에 따른 장기요양보험료율
    2. 제24조부터 제26조까지의 규정에 따른 가족요양비, 특례요양비 및 요양병
       원간병비의 지급기준
    3. 제39조에 따른 재가 및 시설 급여비용
    4. 그 밖에 대통령령으로 정하는 주요 사항

제46조(장기요양위원회의 구성) ① 장기요양위원회는 위원장 1인, 부위원장 1인을 포함한 16인 이상 22인 이하의 위원으로 구성한다.

② 위원장이 아닌 위원은 다음 각 호의 자 중에서 보건복지부장관이 임명 또는 위촉한 자로 하고, 각 호에 해당하는 자를 각각 동수로 구성하여야 한다.

1. 근로자단체, 사용자단체, 시민단체(「비영리민간단체 지원법」 제2조에 따른 비영리민간단체를 말한다), 노인단체, 농어업인단체 또는 자영자단체를 대표하는 자
2. 장기요양기관 또는 의료계를 대표하는 자
3. 대통령령으로 정하는 관계 중앙행정기관의 고위공무원단 소속 공무원, 장기요양에 관한 학계 또는 연구계를 대표하는 자, 공단 이사장이 추천하는 자

③ 위원장은 보건복지부차관이 되고, 부위원장은 위원 중에서 위원장이 지명한다.

④ 장기요양위원회 위원의 임기는 3년으로 한다. 다만, 공무원인 위원의 임기는 재임기간으로 한다.

제47조(장기요양위원회의 운영) ① 장기요양위원회 회의는 구성원 과반수의 출석으로 개의하고 출석위원 과반수의 찬성으로 의결한다.

② 장기요양위원회의 효율적 운영을 위하여 분야별로 실무위원회를 둘 수 있다.

③ 이 법에서 정한 것 외에 장기요양위원회의 구성·운영, 그 밖에 필요한 사항은 대통령령으로 정한다.

제8장의2 장기요양요원지원센터

<신설 2016.5.29.>

제47조의2(장기요양요원지원센터의 설치 등) ① 국가와 지방자치단체는 장기요양요원의 권리를 보호하기 위하여 장기요양요원지원센터를 설치·운영할 수 있다. <개정 2018.12.11.>

② 장기요양요원지원센터는 다음 각 호의 업무를 수행한다.

1. 장기요양요원의 권리 침해에 관한 상담 및 지원
2. 장기요양요원의 역량강화를 위한 교육지원
3. 장기요양요원에 대한 건강검진 등 건강관리를 위한 사업
4. 그 밖에 장기요양요원의 업무 등에 필요하여 대통령령으로 정하는 사항

③ 장기요양요원지원센터의 설치·운영 등에 필요한 사항은 보건복지부령으로 정하는 바에 따라 해당 지방자치단체의 조례로 정한다.

[본조신설 2016.5.29.]

제9장 관리운영기관

제48조(관리운영기관 등) ① 장기요양사업의 관리운영기관은 공단으로 한다.
　② 공단은 다음 각 호의 업무를 관장한다. <개정 2010.3.17., 2018.12.11., 2019.1.15.>
　　1. 장기요양보험가입자 및 그 피부양자와 의료급여수급권자의 자격관리
　　2. 장기요양보험료의 부과·징수
　　3. 신청인에 대한 조사
　　4. 등급판정위원회의 운영 및 장기요양등급 판정
　　5. 장기요양인정서의 작성 및 표준장기요양이용계획서의 제공
　　6. 장기요양급여의 관리 및 평가
　　7. 수급자 및 그 가족에 대한 정보제공·안내·상담 등 장기요양급여 관련
　　　 이용지원에 관한 사항
　　8. 재가 및 시설 급여비용의 심사 및 지급과 특별현금급여의 지급
　　9. 장기요양급여 제공내용 확인
　　10. 장기요양사업에 관한 조사·연구 및 홍보
　　11. 노인성질환예방사업
　　12. 이 법에 따른 부당이득금의 부과·징수 등
　　13. 장기요양급여의 제공기준을 개발하고 장기요양급여비용의 적정성을 검토
　　　 하기 위한 장기요양기관의 설치 및 운영
　　14. 그 밖에 장기요양사업과 관련하여 보건복지부장관이 위탁한 업무
　③ 공단은 제2항제13호의 장기요양기관을 설치할 때 노인인구 및 지역특성 등을
고려한 지역 간 불균형 해소를 고려하여야 하고, 설치 목적에 필요한 최소한의 범
위에서 이를 설치·운영하여야 한다. <신설 2010.3.17., 2015.12.29.>
　④「국민건강보험법」제17조에 따른 공단의 정관은 장기요양사업과 관련하여 다
음 각 호의 사항을 포함·기재한다. <개정 2010.3.17., 2011.12.31.>
　　1. 장기요양보험료
　　2. 장기요양급여
　　3. 장기요양사업에 관한 예산 및 결산
　　4. 그 밖에 대통령령으로 정하는 사항
[시행일 : 2019.12.12.]

제49조(공단의 장기요양사업 조직 등) 공단은「국민건강보험법」제29조에 따라
공단의 조직 등에 관한 규정을 정할 때 장기요양사업을 수행하기 위하여 두는 조
직 등을 건강보험사업을 수행하는 조직 등과 구분하여 따로 두어야 한다. 다만,
제48조제2항제1호 및 제2호의 자격관리와 보험료 부과·징수업무는 그러하지 아
니하다. <개정 2011.12.31.>

제50조(장기요양사업의 회계) ① 공단은 장기요양사업에 대하여 독립회계를 설치·운영하여야 한다.

② 공단은 장기요양사업 중 장기요양보험료를 재원으로 하는 사업과 국가·지방자치단체의 부담금을 재원으로 하는 사업의 재정을 구분하여 운영하여야 한다. 다만, 관리운영에 필요한 재정은 구분하여 운영하지 아니할 수 있다.

제51조(권한의 위임 등에 관한 준용) 「국민건강보험법」제32조 및 제38조는 이 법에 따른 이사장의 권한의 위임 및 준비금에 관하여 준용한다. 이 경우 "보험급여"는 "장기요양급여"로 본다. <개정 2011.12.31.>

제52조(등급판정위원회의 설치) ① 장기요양인정 및 장기요양등급 판정 등을 심의하기 위하여 공단에 장기요양등급판정위원회를 둔다.

② 등급판정위원회는 특별자치시·특별자치도·시·군·구 단위로 설치한다. 다만, 인구 수 등을 고려하여 하나의 특별자치시·특별자치도·시·군·구에 2 이상의 등급판정위원회를 설치하거나 2 이상의 특별자치시·특별자치도·시·군·구를 통합하여 하나의 등급판정위원회를 설치할 수 있다. <개정 2013.8.13.>

③ 등급판정위원회는 위원장 1인을 포함하여 15인의 위원으로 구성한다.

④ 등급판정위원회 위원은 다음 각 호의 자 중에서 공단 이사장이 위촉한다. 이 경우 특별자치시장·특별자치도지사·시장·군수·구청장이 추천한 위원은 7인, 의사 또는 한의사가 1인 이상 각각 포함되어야 한다. <개정 2013.8.13.>

1. 「의료법」에 따른 의료인
2. 「사회복지사업법」에 따른 사회복지사
3. 특별자치시·특별자치도·시·군·구 소속 공무원
4. 그 밖에 법학 또는 장기요양에 관한 학식과 경험이 풍부한 자

⑤ 등급판정위원회 위원의 임기는 3년으로 하되, 한 차례만 연임할 수 있다. 다만, 공무원인 위원의 임기는 재임기간으로 한다. <개정 2018.12.11.>

[시행일 : 2019.12.12.]

제53조(등급판정위원회의 운영) ① 등급판정위원회 위원장은 위원 중에서 특별자치시장·특별자치도지사·시장·군수·구청장이 위촉한다. 이 경우 제52조제2항 단서에 따라 2 이상의 특별자치시·특별자치도·시·군·구를 통합하여 하나의 등급판정위원회를 설치하는 때 해당 특별자치시장·특별자치도지사·시장·군수·구청장이 공동으로 위촉한다. <개정 2013.8.13.>

② 등급판정위원회 회의는 구성원 과반수의 출석으로 개의하고 출석위원 과반수의 찬성으로 의결한다.

③ 이 법에 정한 것 외에 등급판정위원회의 구성·운영, 그 밖에 필요한 사항은 대통령령으로 정한다.

제54조(장기요양급여의 관리·평가) ① 공단은 장기요양기관이 제공하는 장기요양급여 내용을 지속적으로 관리·평가하여 장기요양급여의 수준이 향상되도록 노력하여야 한다.

② 공단은 장기요양기관이 제23조제3항에 따른 장기요양급여의 제공 기준·절차·방법 등에 따라 적정하게 장기요양급여를 제공하였는지 평가를 실시하고 그 결과를 공단의 홈페이지 등에 공표하는 등 필요한 조치를 할 수 있다. <개정 2016.5..29.>

③제2항에 따른 장기요양급여 제공내용의 평가 방법 및 평가 결과의 공표 방법, 그 밖에 필요한 사항은 보건복지부령으로 정한다. <개정 2016.5.29.>

제10장 심사청구 및 재심사청구

제55조(심사청구) ① 장기요양인정·장기요양등급·장기요양급여·부당이득·장기요양급여비용 또는 장기요양보험료 등에 관한 공단의 처분에 이의가 있는 자는 공단에 심사청구를 할 수 있다. <개정 2018.12.11.>

② 제1항에 따른 심사청구는 그 처분이 있음을 안 날부터 90일 이내에 문서(「전자정부법」제2조제7호에 따른 전자문서를 포함한다)로 하여야 하며, 처분이 있은 날부터 180일을 경과하면 이를 제기하지 못한다. 다만, 정당한 사유로 그 기간에 심사청구를 할 수 없었음을 증명하면 그 기간이 지난 후에도 심사청구를 할 수 있다. <개정 2018.12.11.>

③ 제1항에 따른 심사청구 사항을 심사하기 위하여 공단에 장기요양심사위원회(이하 "심사위원회"라 한다)를 둔다. <개정 2018.12.11.>

④ 심사위원회의 구성·운영 및 위원의 임기, 그 밖에 필요한 사항은 대통령령으로 정한다. <개정 2018.12.11.>

[제목개정 2018.12.11.]

[시행일 : 2019.12.12.]

제56조(재심사청구) ① 제55조에 따른 심사청구에 대한 결정에 불복하는 사람은 그 결정통지를 받은 날부터 90일 이내에 장기요양재심사위원회(이하 "재심사위원회"라 한다)에 재심사를 청구할 수 있다. <개정 2018.12.11.>

② 재심사위원회는 보건복지부장관 소속으로 두고, 위원장 1인을 포함한 20인 이내의 위원으로 구성한다. <개정 2018.12.11.>

③ 재심사위원회의 위원은 관계 공무원, 법학, 그 밖에 장기요양사업 분야의 학식과 경험이 풍부한 자 중에서 보건복지부장관이 임명 또는 위촉한다. 이 경우 공무원이 아닌 위원이 전체 위원의 과반수가 되도록 하여야 한다. <개정 2018.12.11.>

④ 재심사위원회의 구성·운영 및 위원의 임기, 그 밖에 필요한 사항은 대통령령으로 정한다. <개정 2018.12.11.>

[제목개정 2018.12.11.]
[시행일 : 2019.12.12.]

제57조(행정소송) 공단의 처분에 이의가 있는 자와 제55조에 따른 심사청구 또는 제56조에 따른 재심사청구에 대한 결정에 불복하는 자는 「행정소송법」으로 정하는 바에 따라 행정소송을 제기할 수 있다. <개정 2018.12.11.>
[시행일 : 2019.12.12.]

제11장 보칙

제58조(국가의 부담) ① 국가는 매년 예산의 범위 안에서 해당 연도 장기요양보험료 예상수입액의 100분의 20에 상당하는 금액을 공단에 지원한다. <개정 2019.1.15.>
② 국가와 지방자치단체는 대통령령으로 정하는 바에 따라 의료급여수급권자의 장기요양급여비용, 의사소견서 발급비용, 방문간호지시서 발급비용 중 공단이 부담하여야 할 비용(제40조제1항 단서 및 제3항제1호에 따라 면제 및 감경됨으로 인하여 공단이 부담하게 되는 비용을 포함한다) 및 관리운영비의 전액을 부담한다.
③ 제2항에 따라 지방자치단체가 부담하는 금액은 보건복지부령으로 정하는 바에 따라 특별시·광역시·특별자치시·도·특별자치도와 시·군·구가 분담한다. <개정 2013.8.13.>
④ 제2항 및 제3항에 따른 지방자치단체의 부담액 부과, 징수 및 재원관리, 그 밖에 필요한 사항은 대통령령으로 정한다.

제59조(전자문서의 사용) ① 장기요양사업에 관련된 각종 서류의 기록, 관리 및 보관은 보건복지부령으로 정하는 바에 따라 전자문서로 한다. <개정 2013.8.13.>
② 공단 및 장기요양기관은 장기요양기관의 지정신청, 재가·시설 급여비용의 청구 및 지급, 장기요양기관의 재무·회계정보 처리 등에 대하여 전산매체 또는 전자문서교환방식을 이용하여야 한다. <개정 2016.5.29.>
③ 제1항 및 제2항에도 불구하고 정보통신망 및 정보통신서비스 시설이 열악한 지역 등 보건복지부장관이 정하는 지역의 경우 전자문서·전산매체 또는 전자문서교환방식을 이용하지 아니할 수 있다.

제60조(자료의 제출 등) ① 공단은 장기요양급여 제공내용 확인, 장기요양급여의 관리·평가 및 장기요양보험료 산정 등 장기요양사업 수행에 필요하다고 인정할 때 다음 각 호의 어느 하나에 해당하는 자에게 자료의 제출을 요구할 수 있다.
　1. 장기요양보험가입자 또는 그 피부양자 및 의료급여수급권자
　2. 수급자 및 장기요양기관
② 제1항에 따라 자료의 제출을 요구받은 자는 성실히 이에 응하여야 한다.

제61조(보고 및 검사) ① 보건복지부장관 또는 특별자치시장·특별자치도지사·시장·군수·구청장은 다음 각 호의 어느 하나에 해당하는 자에게 보수·소득이나 그 밖에 보건복지부령으로 정하는 사항의 보고 또는 자료의 제출을 명하거나 소속 공무원으로 하여금 관계인에게 질문을 하게 하거나 관계 서류를 검사하게 할 수 있다. <개정 2013. 8. 13.>
  1. 장기요양보험가입자
  2. 피부양자
  3. 의료급여수급권자
② 보건복지부장관 또는 특별자치시장·특별자치도지사·시장·군수·구청장은 다음 각 호의 어느 하나에 해당하는 자에게 장기요양급여의 제공 명세, 재무·회계에 관한 사항 등 장기요양급여에 관련된 자료의 제출을 명하거나 소속 공무원으로 하여금 관계인에게 질문을 하게 하거나 관계 서류를 검사하게 할 수 있다. <개정 2013.8.13., 2016.5.29.>
  1. 장기요양기관
  2. 장기요양급여를 받은 자
③ 제1항 및 제2항의 경우에 소속 공무원은 그 권한을 표시하는 증표 및 조사기간, 조사범위, 조사담당자, 관계 법령 등 보건복지부령으로 정하는 사항이 기재된 서류를 지니고 이를 관계인에게 내보여야 한다. <개정 2015. 12. 29.>
④ 제1항 및 제2항에 따른 질문 또는 검사의 절차·방법 등에 관하여는 이 법에서 정하는 사항을 제외하고는 「행정조사기본법」에서 정하는 바에 따른다. <신설 2015.12.29.>

제62조(비밀누설금지) 다음 각 호에 해당하는 자는 업무수행 중 알게 된 비밀을 누설하여서는 아니 된다. <개정 2013.8.13.>
  1. 특별자치시·특별자치도·시·군·구, 공단, 등급판정위원회 및 장기요양기관에 종사하고 있거나 종사한 자
  2. 제24조부터 제26조까지의 규정에 따른 가족요양비·특례요양비 및 요양병원간병비와 관련된 급여를 제공한 자

제62조의2(유사명칭의 사용금지) 이 법에 따른 장기요양보험 사업을 수행하는 자가 아닌 자는 보험계약 또는 보험계약의 명칭에 노인장기요양보험 또는 이와 유사한 용어를 사용하지 못한다.
[본조신설 2018.12.11.]

제63조(청문) 특별자치시장·특별자치도지사·시장·군수·구청장은 다음 각 호의 어느 하나에 해당하는 처분 또는 공표를 하려는 경우에는 청문을 하여야 한다. <개정 2015.12.29.>
  1. 제37조제1항에 따른 장기요양기관 지정취소 또는 업무정지명령
  2. 삭제 <2018.12.11.>

3. 제37조의3에 따른 위반사실 등의 공표
4. 제37조의5제1항에 따른 장기요양급여 제공의 제한 처분
[전문개정 2013.8.13.]
[시행일 : 2019.12.12.]

제64조(시효 등에 관한 준용) 「국민건강보험법」 제91조, 제92조, 제96조, 제103조, 제104조, 제107조, 제111조 및 제112조는 시효, 기간의 계산, 자료의 제공, 공단 등에 대한 감독, 권한의 위임 및 위탁, 업무의 위탁, 단수처리 등에 관하여 준용한다. 이 경우 "보험료"를 "장기요양보험료"로, "보험급여"를 "장기요양급여"로, "요양기관"을 "장기요양기관"으로, "건강보험사업"을 "장기요양사업"으로 본다. <개정 2011.12.31.>

제65조(다른 법률에 따른 소득 등의 의제금지) 이 법에 따른 장기요양급여로 지급된 현금 등은 「국민기초생활 보장법」 제2조제8호 및 제9호의 소득 또는 재산으로 보지 아니한다.

제66조(수급권의 보호) ① 장기요양급여를 받을 권리는 양도 또는 압류하거나 담보로 제공할 수 없다. <개정 2016.12.2.>
② 제27조의2제1항에 따른 특별현금급여수급계좌의 예금에 관한 채권은 압류할 수 없다. <신설 2016.12.2.>

제66조의2(벌칙 적용에서 공무원 의제) 등급판정위원회, 장기요양위원회, 제37조의3제2항에 따른 공표심의위원회, 심사위원회 및 재심사위원회 위원 중 공무원이 아닌 사람은 「형법」 제127조 및 제129조부터 제132조까지의 규정을 적용할 때에는 공무원으로 본다.
[본조신설 2018.12.11.]

제66조의3(소액 처리) 공단은 징수 또는 반환하여야 할 금액이 1건당 1,000원 미만인 경우(제38조제5항 및 제43조제4항 후단에 따라 각각 상계할 수 있는 지급금 및 장기요양보험료등은 제외한다)에는 징수 또는 반환하지 아니한다. 다만, 「국민건강보험법」 제106조에 따른 소액 처리 대상에서 제외되는 건강보험료와 통합하여 징수 또는 반환되는 장기요양보험료의 경우에는 그러하지 아니하다.
[본조신설 2019.1.15.]

제12장 벌칙

제67조(벌칙) ① 다음 각 호의 어느 하나에 해당하는 자는 2년 이하의 징역 또는 2천만원 이하의 벌금에 처한다. <개정 2018.12.11.>
  1. 제31조를 위반하여 지정받지 아니하고 장기요양기관을 운영하거나 거짓이나 그 밖의 부정한 방법으로 지정받은 자
  2. 삭제 <2018.12.11.>
  3. 제35조제5항을 위반하여 본인부담금을 면제 또는 감경하는 행위를 한 자
  4. 제35조제6항을 위반하여 수급자를 소개, 알선 또는 유인하는 행위를 하거나 이를 조장한 자
  5. 제62조를 위반하여 업무수행 중 알게 된 비밀을 누설한 자
② 다음 각 호의 어느 하나에 해당하는 자는 1년 이하의 징역 또는 1천만원 이하의 벌금에 처한다. <개정 2015.12.29., 2018.12.11., 2019.4.23.>
  1. 제35조제1항을 위반하여 정당한 사유 없이 장기요양급여의 제공을 거부한 자
  2. 거짓이나 그 밖의 부정한 방법으로 장기요양급여를 받거나 다른 사람으로 하여금 장기요양급여를 받게 한 자
  3. 정당한 사유 없이 제36조제3항 각 호에 따른 권익보호조치를 하지 아니한 사람
  4. 제37조제7항을 위반하여 수급자가 부담한 비용을 정산하지 아니한 자
[전문개정 2013.8.13.]
[시행일 : 2019.12.12.]

제68조(양벌규정) 법인의 대표자, 법인이나 개인의 대리인·사용인 및 그 밖의 종사자가 그 법인 또는 개인의 업무에 관하여 제67조에 해당하는 위반행위를 한 때에는 그 행위자를 벌하는 외에 그 법인 또는 개인에 대하여도 해당 조의 벌금형을 과한다. 다만, 법인 또는 개인이 그 위반행위를 방지하기 위하여 해당 업무에 관하여 상당한 주의와 감독을 게을리하지 아니한 경우에는 그러하지 아니하다. <개정 2010.3.17.>

제69조(과태료) ① 정당한 사유 없이 다음 각 호의 어느 하나에 해당하는 자에게는 500만원 이하의 과태료를 부과한다. <개정 2010.3.17., 2013.8.13., 2015.12.29., 2018.12.11.>
  1. 삭제 <2013.8.13.>
  2. 제33조를 위반하여 변경지정을 받지 아니하거나 변경신고를 하지 아니한 자 또는 거짓이나 그 밖의 부정한 방법으로 변경지정을 받거나 변경신고를 한 자
  2의2. 제34조를 위반하여 장기요양기관에 관한 정보를 게시하지 아니하거나 거짓으로 게시한 자

2의3. 제35조제3항을 위반하여 수급자에게 장기요양급여비용에 대한 명세서를 교부하지 아니하거나 거짓으로 교부한 자
3. 제35조제4항을 위반하여 장기요양급여 제공 자료를 기록·관리하지 아니하거나 거짓으로 작성한 사람
3의2. 제35조의4제2항 각 호의 어느 하나를 위반한 자
4. 제36조제1항 또는 제6항을 위반하여 폐업·휴업 신고 또는 자료이관을 하지 아니하거나 거짓이나 그 밖의 부정한 방법으로 신고한 자
4의2. 제37조의4제4항을 위반하여 행정제재처분을 받았거나 그 절차가 진행 중인 사실을 양수인등에게 지체 없이 알리지 아니한 자
5. 삭제 <2013.8.13.>
6. 거짓이나 그 밖의 부정한 방법으로 수급자에게 장기요양급여비용을 부담하게 한 자
7. 제60조 또는 제61조에 따른 보고 또는 자료제출 요구·명령에 따르지 아니하거나 거짓으로 보고 또는 자료제출을 한 자나 질문 또는 검사를 거부·방해 또는 기피하거나 거짓으로 답변한 자
8. 거짓이나 그 밖의 부정한 방법으로 장기요양급여비용 청구에 가담한 사람
9. 제62조의2를 위반하여 노인장기요양보험 또는 이와 유사한 용어를 사용한 자
② 제1항에 따른 과태료는 대통령령으로 정하는 바에 따라 관할 특별자치시장·특별자치도지사·시장·군수·구청장이 부과·징수한다. <신설 2013.8.13.>
[시행일 : 2019.12.12.]

제70조 삭제 <2013.8.13.>

부칙

<제16369호, 2019.4.23.>

이 법은 공포 후 6개월이 경과한 날부터 시행한다. 다만, 제22조제2항의 개정규정은 공포한 날부터 시행하고, 법률 제15881호 노인장기요양보험법 일부개정법률 제36조제3항·제4항, 제37조제5항부터 제9항까지 및 제67조제2항의 개정규정은 2019년 12월 12일부터 시행한다.

▣ 편저 김종석 ▣

• 대한실무법률편찬연구회 회장

• 저서 : 소법전
계약서작성 처음부터 끝까지(공저)
이것도 모르면 대부업체 이용하지마세요
민법지식법전
산업재해 이렇게 해결하라
근로자인 당신 이것만이라도 꼭 알아 둡시다.
계약서 작성방법, 여기 다 있습니다.
생활법률백과
이혼절차와 재산분할의 이해
보험 Q&A로 알아보자

문답식으로 풀어본
장기요양보험 정보와 혜택

초판 1쇄 인쇄 2020년 3월 5일
초판 1쇄 발행 2020년 3월 10일

편 저 김종석
발행인 김현호
발행처 법문북스
공급처 법률미디어

주소 서울 구로구 경인로 54길4(구로동 636-62)
전화 02)2636-2911~2, **팩스** 02)2636-3012
홈페이지 www.lawb.co.kr

등록일자 1979년 8월 27일
등록번호 제5-22호

ISBN 978-89-7535-823-4 (13360)

정가 18,000원

법문북스 & 법률미디어 <법률전문서적>

홈페이지 http://www.lawb.co.kr
전화 02-2636-2911 / 팩스 02-2636-3012

도 서 명	저 자	정 가
스마트한 공탁신청절차와 방법	이창범	70,000
환경 공해 법규 정보지식총람	대한실무법률편찬연구회	70,000
친족 상속 라이브러리	이기옥	48,000
정석 법인등기실무	김만길	180,000
판례사례 형사소송 실제	김창범	180,000
사이버범죄 수사총람	이창복	160,000
계약법 서식 사례 대전	김만기	120,000
범죄수사규칙	신현덕	160,000
병의원 약국 법규총람	대한의료법령편찬연구회	90,000
법정증언의 이해	박병종 외	120,000
(증보판)수사·형사 서류작성 실무	이창범	150,000
여성 청소년 범죄 수사실무총서	박태곤	160,000
형사특별법 수사실무총서	박태곤	160,000
형법 수사실무총서	박태곤	160,000
수사서류 작성과 요령 실무총서	박태곤	160,000
신부동산등기실무	최돈호	180,000
(사례별)종합법률 서식대전	김만기	180,000
민사소송 집행 실무총람	김만기	180,000
민법백과사전(3권)	대한민사법실무연구회	90,000
민법백과사전(2권)	대한민사법실무연구회	90,000
민법백과사전(1권)	대한민사법실무연구회	90,000
민법백과사전(전3권세트)	대한민사법실무연구회	270,000
부동산등기소송정해	최돈호	60,000
여성 청소년 범죄 수사실무총서	박태곤	160,000
정석 형벌법 실무정해(형사특별법)	김창범	160,000
정석 형벌법 실무정해(형법)	김창범	160,000
정석 형벌법 실무정해(전2권)	김창범	320,000
나홀로 가압류 가처분 개시부터 종결까지	김만기	70,000
종합 건설 대법전	대한건축건설법령연구회	80,000
나홀로 민사소송 개시에서 종결까지	김만기	70,000
수사 형사 서류작성 실무	이창범 /감수 신현덕	150,000
의료분쟁 사고소송총람	이창범 외	180,000
정통형사소송법실무	대한법률실무연구회	180,000
정통상업등기실무	김만기	180,000
정통부동산등기 실무	김만기	180,000